존중받지 못하는 자들을 위한 정치학

존중받지 못하는 자들을 위한 정치학

프랜시스 후쿠야마 지음 | 이수경 옮김

존엄에 대한 요구와 분노의 정치에 대하여

한국경제신문

줄리아와 데이비드, 존에게

2016년 11월 도널드 트럼프(Donald J. Trump)가 미국 대통령으로 당선되지 않았다면 나는 이 책을 쓰지 않았을 것이다. 많은 국민들과 마찬가지로 나 역시 선거 결과에 놀랐을 뿐만 아니라 이 사건이 향후 미국과 세계에 어떤 영향을 미칠지 걱정스러웠다. 트럼프의 당선은 그해에 세계를 놀라게 한 두 번째 투표 결과였다. 첫 번째는 같은 해 6월 영국이 국민투표를 통해 유럽연합(EU) 탈퇴를 결정한 일이었다.

나는 이 사건들을 목도하기 전 20여 년간 현대 정치 제도의 발달 연구에 힘을 쏟았다. 국가와 법치주의, 민주적 책임성이라는 개념이 어떻게 태동했는가, 그것들이 어떻게 발전하고 상호작용하며 진화했는가, 그리고 어떤 식으로 쇠퇴할 수 있는가 하는 주제 말이다. 트럼프가 당선되기 훨씬 전에 나는 미국 정치 제도가 쇠퇴하고 있다는 글을 발표했다. 막강한 영향력을 가진 이익 집단들에 휘둘리고 자기 개혁 능력을 상실한 경직된 구조에 갇혀버린 미국 정치의 현실을 개탄했다.

트럼프는 그러한 쇠퇴의 결과물인 동시에 기여자였다. 정치적 아웃사이더인 그는 대선에 출마하면서, 국민에게 위임받은 권한을 이용해 국가 시스템을 대대적으로 개혁하고 원래의 기능을 회복시키겠다고 약속했다. 당파 싸움으로 인한 정치적 교착 상태에 신물이 난 국민들은 내가 '비토크라시(vetocracy)'라고 지칭한 상황을 혁파하고 미국을 다시 하나로 만들어줄 강력한 지도자를 갈망하고 있었다. 상대 정파의 정책을 무조건 거부하는 극단적인 파당 정치가 나타나고 조직력을 갖춘 이익 집단들이 다수의 행동이나 의지를 가로막는 미국 정치의 현상을 나는 비토크라시라고 명명한 바 있다. 트럼프의 포퓰리즘은 우리가 처음 목격하는 것이 아니다. 과거에도 포퓰리즘은 1932년 프랭클린 루스벨트(Franklin D. Roosevelt)가 대통령에 당선될 수 있었던 요인이었으며 이후 두 세대에 걸쳐 미국 정치의 모습을 재편했다.

트럼프 후보의 문제점은 정책과 성품이라는 두 가지 측면과 관련됐다. 트럼프의 경제 민족주의는 그를 지지하는 유권자들의 삶을 개선하기보단 악화시킬 가능성이 높았고, 민주적 동맹자들보다 권위주의 독재자들을 선호하는 그의 명백한 성향은 국제 사회 질서를 위태롭게 만들기에 충분해 보였다. 성품과 관련해서 보자면 미국 대통령 자리에 트럼프보다 더 부적합한 인물을 상상하기는 힘들었다. 흔히 훌륭한 리더 하면 연상되는 덕목들(정직, 신뢰성, 현명한 판단력, 공익에 대한 헌신, 근본적인 윤리 기준)을 그에게선 전혀 찾아볼 수 없었다. 그는 평생 자기 홍보에만 열을 올리며 몰두했고 자신의 길을 가로막는 사람이나 규칙은 어떤 수단을 동원해서라도 해결하는 인물이었다.

트럼프는 국제 정치라는 보다 큰 그림 속에 형성된 트렌드를 대표적으로 보여준 인물이었다. 그 트렌드란 바로 포퓰리스트 민족주의의 득세다.[1] 포퓰리스트 지도자는 민주적 선거를 통해 부여받은 정당성을 이용해 권력 강화를 추구한다. 또한 카리스마를 바탕으로 자신이 '민중'과 직접 연결돼 있음을 강조하는데, 이때 민중이란 국민의 다수를 배제한 좁은 의미의 민족적 조건으로 규정된 집단인 경우가 많다. 포퓰리스트 지도자는 제도를 싫어하고, 현대 자유민주주의 국가에서 리더 개인의 권력을 제한하는 견제와 균형 장치들(사법 기관, 입법부, 독립 언론, 초당파적 관료 집단 등)의 힘을 약화시키고 싶어 한다. 트럼프 외에 러시아의 블라디미르 푸틴(Vladimir Putin) 대통령, 터키의 레제프 타이이프 에르도안(Recep Tayyip Erdoğan) 대통령, 헝가리의 빅토르 오르반(Viktor Orbán) 총리, 폴란드의 야로스와프 카친스키(Jarosław Kaczyński) 전 총리, 필리핀의 로드리고 두테르테(Rodrigo Duterte) 대통령도 이같은 포퓰리스트 지도자에 속한다.

민주주의는 1970년대 중반부터 세계적으로 크게 확산되기 시작했지만 이런 추세는 래리 다이아몬드(Larry Diamond)의 표현대로 '글로벌 후퇴기'에 접어들었다.[2] 1970년 지구상에 선거민주주의 국가는 35개에 불과했지만 이후 30년간 꾸준히 증가해 2000년대 초에는 약 120개국에 이르렀다. 민주주의 확산에 급격히 가속도가 붙은 것은 1989~1991년, 즉 동유럽과 소비에트 연방에서 공산주의 체제 붕괴와 함께 민주화 물결이 일어난 시기였다. 그러나 2000년대 중반 이후에는 이 같은 추세가 역전되어 민주 국가의 수가 줄어들었다. 한편 중국을 필두로 하는 권위주의 국가들은 국제 사회에서의 존재감을 점점 더 공고히해왔다.

튀니지, 우크라이나, 미얀마 등 아직 민주주의를 완전히 뿌리내리지 못한 나라들에서 실효성 있는 제도를 마련하기 위해 힘겹게 고군분투하는 현실, 또는 미국의 군사 개입 이후 아프가니스탄과 이라크에서 자유민주주의가 정착하는 데 실패했다는 사실은 그리 놀랍지 않다. 러시아가 권위주의 전통으로 회귀한 것도 실망스럽기는 하지만 별로 놀라운 현상은 아니다. 그보다 훨씬 더 예상치 못한 놀라운 일은 바로 기존 민주 국가 내부에서 민주주의에 대한 위협이 일어나는 현실이었다. 헝가리는 동유럽권에서 공산주의 체제를 가장 먼저 벗어던진 나라들 중 하나였다. 헝가리는 북대서양조약기구(NATO)와 유럽연합에 가입하면서, 정치학자들의 평가처럼 '공고화된' 자유민주 국가로서 유럽 사회에 복귀하는 것처럼 보였다. 그러나 오르반 총리와 그가 이끄는 피데스당의 통치 하에서 현재 헝가리는 오르반이 말한 '비자유 민주주의(illiberal democracy)'를 보여주는 대표적인 나라가 되었다. 하지만 헝가리의 퇴보보다 훨씬 더 놀라운 것은 각각 브렉시트와 트럼프 대통령 당선이 결정된 영국과 미국의 투표 결과였다. 영국과 미국은 현대 자유주의 국제 질서의 토대를 세운 선두적인 민주 국가이고 1980년대에 각각 마거릿 대처(Margaret Thatcher)와 로널드 레이건(Ronald Reagan) 정부 하에서 '신자유주의' 혁명이 일어난 나라였다. 하지만 이 두 나라마저도 편협한 민족주의로 돌아선 듯 보였다.

이쯤에서 나는 이 책의 기원을 되짚어보지 않을 수 없다. 내가 1989년 논문 〈역사의 종말?(The End of History?)〉을 발표하고 1992년 《역사의 종말(The End of History and the Last Man)》을 출간한 이후로,[3] 많은 사람이 특정한 역사적 사건들의 발생을 근거로 제시하면서 내 주장에 오류가 있는 것 아니냐는 의문을 제기했다. 예컨대 페루의 쿠데타, 발칸반도의 전쟁, 미국 9·11 테러, 글로벌 금융 위기, 또는 가장 최근 것으로는 트럼프 대통령 당선과 앞서 기술한 포퓰리스트 민족주의 물결 등의 사건 말이다.

그런 비판의 대부분은 내 논지를 오해한 데서 비롯된 것이었다. 우선 나는 '역사'라는 단어를 게오르크 헤겔(Georg Hegel)과 카를 마르크스(Karl Marx)의 관점에 입각한 의미로 사용했다. 즉 내가 말하는 것은 인간 사회가 오랜 시간에 걸쳐 진화하는 과정으로서의 역사이며 이 역사는 '발전' 또는 '근대화'라는 개념으로도 표현이 가능하다. 또 '종말(end)'이라는 단어는 '종료'를 뜻하기 위해서가 아니라 '목표' 내지는 '목적'에 해당하는 의미로 사용했다. 마르크스는 역사의 종착점이 공산주의 유토피아가 될 것이라고 했지만, 나는 인류 발전의 종착역이 시장경제와 결합된 자유주의 국가일 것이라고 본 헤겔의 관점이 더 타당한 결론이라고 주장했다.[4]

그렇다고 해서 그간 내 견해에 변화가 전혀 없었다는 얘기는 아니다. 내 관점을 최대한 충실하게 재검토하고 숙고해《정치 질서의 기원(The Origins of Political Order)》과《정치 질서와 정치 쇠퇴(Political Order and Political Decay)》를 출간했다. 이 두 권의 책은 오늘날의 세계 정치에 대한 나의 견해를 바탕으로《역사의 종말》을 보완해 다시 쓴 결과물로 봐도 무방하다.[5] 내 생각에 일어난 가장 중요한 변화는 다음 두 가지, 즉 현대적인 비인격적 국가를 만드는 일의 어려움(나는 이와 관련해 '덴마크 민주주의에 도착하기(getting to Denmark)'라는 표현을 썼다), 그리고 현대 자유민주주의가 쇠퇴하거나 퇴보할 수 있는 가능성과 관련된다.

나를 비판하는 이들이 놓치고 있는 점이 또 있다. 그들은 나의 논문 제목 끝에 물음표가 붙어 있다는 점을 간과했으며,《역사의 종말》에서 프리드리히 니체(Friedrich Nietzsche)의 '마지막 인간(the Last Man)'을 다룬 끝부분을 제대로 읽지 않았다.

논문과 저서에서 나는 민족주의와 종교가 세계 정치에 미치는 영향력이 당분간은 사라지지 않을 것이라고 말했다. 그 이유는 오늘날의 자유민주주의가 투모스(영어로 'thymos' 또는 'thumos', 그리스어로 'θυμός', 우리말로 '혈기', '격정', '기개'에 가까운 뜻을 가지며 소크라테스가 인간의 혼에 대해 설명할 때 용기, 분노, 격분, 자부심 등이 일어나는 부분을 가리키는 말이다. 정확히 일대일로 대응하는 우리말 단어를 찾기 힘든 개념으로서 역자는 '투모스'로 음역하는 것을 택했다 - 옮긴이)의 문제를 완전히 해결하지는 못했기 때문이다.

인간 영혼을 구성하는 한 부분인 투모스는 존엄을 인정받으려는 열망이 비롯되는 곳이다. '대등 욕망(isothymia)'은 타인과 평등하게 인정받고 싶은 욕구이고, '우월 욕망(megalothymia)'은 우월함을 인정받고 싶은 욕구다. 현대 자유민주주의 체제는 최소한도의 평등한 존중을 지향한다고 표방하며 대체로 그 약속을 이행하는바, 이러한 평등 개념은 개인의 권리, 법치주의, 선거권 등으로 구현돼 있다. 하지만 그렇다고 해서 민주 국가 국민들이 반드시 현실의 삶에서 실제로 평등하게 인정받는 것은 아니다. 특히 소외의 역사를 가진 집단의 구성원들은 더욱 그렇다. 국민 전체가 존중받지 못한다고 느낄 수도 있고(이는 공격적인 민족주의의 득세에 힘을 실어줬다), 어떤 집단에서는 자신들이 믿는 종교가 모욕당한다고 느끼기도 한다. 그러므로 대등 욕망은 앞으로도 계속 평등한 인정에 대한 요구를 추동하는 원동력일 것이며 그런 요구가 완벽하게 충족되는 길은 아직 요원해 보인다.

또 다른 중요한 문제는 우월 욕망이다. 자유민주주의는 인류에게 평화와 번영을 가져다주는 데 성공적인 역할을 했다(물론 최근에는 그 역할이 다소 불안해졌지만). 이와 같은 풍요롭고 안정적인 사회는 니체가 말한 마지막 인간에게 어울리는 공간이다. 마지막 인간은 '가슴이 없는 인간'으로서 소비를 통한 만족만을 추구하며 살지만 내면의 중심에는 아무것도 없는, 즉 기꺼이 분투하며 스스로를 희생할 가치가 있다고 믿는 원대한 목표나 이상이 없는 인간형이다. 그런데 모든 사람이 소비와 안락한 삶에서 만족을 느끼는 것은 아니다. 우월 욕망은 예외성을 좋아한다. 예컨대 위험한 리스크를 감수하고, 기념비적인 투쟁에 뛰어들고, 큰 영향력을 발휘하는 것 말이다. 왜냐하면 이런 행동을 함으로써 다른 이들보다 우월하다는 인정을 받을 수 있기 때문이다. 우월 욕망은 에이브러햄 링컨(Abraham Lincoln)이나 윈스턴 처칠(Winston Churchill), 또는 넬슨 만델라(Nelson Mandela) 같은 영웅적 리더를 낳기도 하지만, 절대 권력을 휘두르며 사회를 재앙에 빠트리는 독재자를 만들어내기도 한다. 여기에 속하는 예로 카이사르(Julius Caesar)나 히틀러(Adolf Hitler), 마오쩌둥을 들 수 있다.

역사적으로 볼 때 우월 욕망이 어느 사회에나 존재했다는 점을 감안하건대, 그것은 극복하거나 무력화시킬 수 있는 것이 아니라 모종의 방향으로 승화시키거나 완화할 수밖에 없는 욕망이다. 내가 《역사의 종말》의 마지막 장에서 고찰한 문제는 시장경제와 결합한 자유민주주의라는 시스템이 우월 욕망의 충분한 배출 통로를 제공할 것인가 하는 점이었다. 과거 미국을 세운 건국의 아버지들 역시 우월 욕망과 관련된 문제를 날카롭게 인식하고 있었다. 그들은 북아메리카에 공화주의 정치를 수립하는 과정에서 로마 공화정 붕괴의 역사를 떠올림과 동시에 독재적 전제정치라는 문제를 우려했다. 그 결과 그들이 고안한 해결책은 권력을 분산해 리더 개인에게 힘이 집중되는 것을 막는 견제와 균형의 원리에 기초한 헌정 체제였다. 나는 《역사의 종말》에서 시장경제 역시 우월 욕망이 배출되는 통로를 제공한다고 말한 바 있다. 기업가는 막대한 부를 쌓는 동시에 사회의 전반적인 번영에도 기여할 수 있다. 또는 철인 3종 경기에 출전하는 사람이나 등정에 성공한 히말라야 봉우리 개수의 신기록을 세우는 사람, 세계 최고의 인터넷 기업을 설립하는 사람에게서도 우리는 우월 욕망을 엿볼 수 있다.

나는 《역사의 종말》에서 트럼프를 언급했었다. 야망이 대단히 높은 인물로서 인정받으려는 욕망이 안전한 방향으로 승화되어 비즈니스 세계(그리고 후에는 엔터테인먼트 분야)로 발산된 사례라고 말이다. 당시 나는 25년이 흐른 후 그가 사업적 성공과 유명세에 만족하지 못하고 정계로 진출해 대통령에 당선될 것이라는 사실을 거의 짐작하지 못했다. 하지만 이런 현상이 자유민주주의가 맞을 수 있는 잠재적 위협들, 그리고 자유 사회에서의 투모스라는 중심적 문제와 관련해 내가 제시했던 전반적인 주장과 모순된다고 할 수는 없다.[6] 카이사르, 히틀러, 페론(Juan Domingo Perón, 1895~1974, 아르헨티나의 전 대통령 - 옮긴이) 등 트럼프와 유사한 인간형은 과거에도 늘 존재했다. 이들은 자국 사회를 재앙의 길로 이끌어 전쟁이나 경제 침체로 내몰았다. 이들 리더는 권력을 강화하고 원하는 방향으로 나아가기 위해 자신이 속한 민족 집단이나 종교, 또는 특정한 삶의 방식이 인정받지 못한다고 느끼는 대중의 분노를 이용했다. 이 지점에서 우월 욕망과 대등 욕망이 손을 잡게 된다.

이 책에서 나는 1992년부터 파고들기 시작한 이후 줄곧 관련 글을 통해 발표해온 주제들을 다시 지면에 불러올 것이다. 즉 투모스, 인정, 존엄, 정체성, 이민, 민족주의, 종교, 문화 등이 그것이다. 특히 여기에는 2005년 이민과 정체성을 주제로 진행한 립셋 기념 강연(Lipset Memorial Lecture), 그리고 2011년 이민과 유럽의 정체성을 주제로 제네바에서 진행한 랫시스 재단(Latsis Foundation) 강연 내용이 포함돼 있다.[7] 이 책의 일부 페이지에서는 내가 전작들에 썼던 내용이 재등장할 것이다. 같은 내용이 중복된다고 느껴지더라도 넓은 마음으로 양해해주길 부탁드린다. 그러나 확신하건대 이런 일련의 주제를 탐구한 후 오늘날의 정치 현상들과 관련지어 일관성 있는 논지를 전개하려고 시도했던 사람은 거의 없을 것이다.

존엄 인정에 대한 요구는 오늘날 세계 정치에서 일어나는 많은 현상을 하나로 묶는 마스터 개념이다. 그것은 백인 민족주의나 대학 캠퍼스에 나타나는 정체성 정치에만 국한되는 것이 아니라 구시대적 민족주의의 고조와 정치화된 이슬람교 같은 보다 넓은 차원의 현상들과도 관련된다. 이 책에서 나는 경제적 동기라고 믿어지는 많은 것들이 사실은 인정받기 위한 요구에 뿌리를 두고 있으며, 따라서 단순히 경제적 수단만으로는 충족시킬 수 없다고 주장할 것이다. 이는 오늘날 우리가 포퓰리즘에 어떻게 대응해야 하는가 하는 문제에 직접적이고도 중요한 시사점을 던져준다.

헤겔에 따르면 인정을 위한 투쟁은 인류 역사를 이끌어가는 원동력이다. 그는 인정 욕구에 대한 유일한 합리적 해결책은 모든 인간이 존엄성을 인정받는 '보편적 인정(universal recognition)'이라고 말했다. 그동안 보편적 인정은 민족, 종교, 종파, 인종, 민족성, 성별 등을 근거로 하는 부분적 형태의 인정들, 또는 우월함을 인정받고 싶어 하는 개인들에게 도전받아왔다. 정체성 정치의 부상은 오늘날 자유민주주의 국가들이 직면한 주요 위협들 중 하나다. 만일 인간 존엄성에 대한 보다 보편적인 이해로 다시 돌아가지 못한다면 우리 인류는 끊임없는 갈등에서 벗어나지 못할 것이다.

책을 쓰는 동안 내게 조언을 제공해준 많은 친구와 동료에게 감사의 말을 전하고 싶다. 셰리 버먼(Sheri Berman), 게하드 캐스퍼(Gerhard Casper), 패트릭 샤모렐(Patrick Chamorel), 마크 코도버(Mark Cordover), 캐서린 크레이머(Katherine Cramer), 래리 다이아몬드, 밥 포크너(Bob Faulkner), 짐 피어론(Jim Fearon), 데이비드 후쿠야마(David Fukuyama), 샘 길(Sam Gill), 애나 그리즈말라-부세(Anna Gryzmala-Busse), 마거릿 레비(Margaret Levi), 마크 릴라(Mark Lilla), 케이트 맥나마라(Kate McNamara), 야스차 뭉크(Yascha Mounk), 마크 플래트너(Marc Plattner), 리 로스(Lee Ross), 수전 셸(Susan Shell), 스티브 스테드먼(Steve Stedman), 캐스린 스토너(Kathryn Stoner)에게 감사드린다.

파라 스트라우스 앤드 지루(Farrar, Straus and Giroux) 출판사의 담당 편집자 에릭 친스키(Eric Chinski)에게 특별한 감사를 전한다. 그는 지칠 줄 모르는 에너지로 여러 권의 책을 나와 함께 작업했다. 그의 논리적 사고와 언어 감각, 중요한 문제들에 대한 폭넓은 지식은 책의 완성에 크나큰 도움이 됐다. 아울러 이 책과 전작들의 출간에 도움을 준 프로파일 북스(Profile Books)의 앤드루 프랭클린(Andrew Franklin)에게도 감사드린다.

나의 저작권 에이전트인 인터내셔널 크리에이티브 매니지먼트(International Creative Management)의 에스더 뉴버그(Esther Newberg)와 커티스 브라운(Curtis Brown)의 소피 베이커(Sophie Baker), 그리고 그들과 함께 일하는 모든 팀원에게 감사드린다. 이들은 미국과 세계 여러 나라에서 내 책들이 출간되는 과정을 멋지게 이끌었다.

연구조교인 애너 어자일스(Ana Urgiles), 에릭 길리엄(Eric Gilliam), 러셀 클라리다(Russell Clarida), 니콜 사우서드(Nicole Southard)에게도 감사드린다. 이들은 집필에 필요한 자료를 확보하는 과정에 귀중한 도움을 주었다.

내 가족들, 특히 책을 쓸 때마다 신중한 독자이자 비평가가 되어주는 아내 로라(Laura)의 응원과 도움에 감사의 마음을 전한다.

캘리포니아주 팰러앨토와 카멀바이더시에서

1장

존엄의 정치

세계 정치는 2010년대에 진입한 이후 급격하게 변화했다. 1970년대 초부터 2000년대 중반까지 전 세계적으로 새뮤얼 헌팅턴(Samuel Huntington)이 말한 민주화의 '제3의 물결'이 일어났다. 선거민주주의 체제로 분류되는 나라의 수가 이 기간에 약 35개국에서 110개국 이상으로 증가했다. 이 기간에 자유민주주의는 세계 대다수의 나라에서 기본 정치 형태가 되었다. 비록 아직 현실적인 정착과는 거리가 멀었다 해도 적어도 자유민주주의에 대한 열망만은 가득했다.[1]

정치 제도 측면에서 이런 변화가 일어나는 동안 한편으로는 국가들 간의 경제적 상호의존성이 증가하면서 세계화가 진행됐다. 이런 세계화를 뒷받침한 것은 관세 및 무역에 관한 일반 협정(General Agreement on Tariffs and Trade, GATT)과 이를 계승한 조직인 세계무역기구(World Trade Organization, WTO) 등의 자유주의 경제 체제였다. 이후 유럽연합과 북미자유무역협정(North American Free Trade Agreement, NAFTA)을 비롯한 많은 지역 무역 협정들도 등장했다. 이 기간에 국제 무역 및 투자 영역 성장률은 글로벌 GDP 성장률을 앞질렀고 세계 경제의 번영을 추동한 주요 동력으로 평가됐다. 1970년에서 2008년 사이에 세계적으로 재화 및 서비스 생산량이 4배로 증가하면서 사실상 거의 모든 지역에서 성장이 일어났다. 한편 개발도상국들의 극빈층 숫자는 1993년 전체 인구 대비 42퍼센트에서 2011년 17퍼센트로 줄어들었다. 5세가 되기 전에 사망하는 아동의 비율은 1960년에 22퍼센트였지만 2016년에는 5퍼센트 이하로 떨어졌다.[2]

  그러나 자유주의 세계 질서가 지구촌 모든 이들에게 행복을 안겨준 것은 아니었다. 많은 국가에서, 특히 선진국들에서 불평등이 크게 심화됐다. 경제 성장의 수혜를 받은 것은 주로 고학력 엘리트층이었던 것이다.[3] 아울러 경제 성장이란 곧 세계 각지로 이동하는 재화와 자본, 사람이 증가하는 것을 의미했기 때문에 커다란 사회 변화가 곳곳에서 일어났다. 개발도상국에서는 과거 전기도 들어오지 않는 곳에 살던 사람들이 대도시에서 생활하면서 TV는 물론 휴대폰으로 인터넷까지 이용하기 시작했다. 노동 시장도 새로운 환경에 적응하면서 변하기 시작했다. 수많은 사람이 자신과 가족의 삶을 위한 더 나은 기회를 찾으려고, 또는 자국의 열악한 노동 조건에서 탈출하기 위해 국경 너머 해외로 이동했다. 중국과 인도 등지에서 신흥 중산층이 크게 늘어나 선진국의 기존 중산층이 하던 역할을 대체했다. 제조업은 유럽과 미국을 떠나 동아시아를 비롯해 노동력이 싼 지역들로 꾸준히 이동했다. 이와 동시에 점차 서비스 중심으로 변해가는 새로운 경제에서 여성들이 남성들을 대체했으며, 한편에서는 스마트 기계들이 저숙련 노동자들을 대체하기 시작했다.

개방된 자유주의 세계 질서를 향해 돌진하던 추진력은 2000년 대 중반부터 흔들리기 시작하다가 결국 그 흐름이 반전됐다. 이런 변화는 두 가지 금융 위기와 동시에 일어났다. 하나는 2008년 미국 서브프라임(subprime) 시장에서 초래돼 이후 대침체로 이어진 금융 위기, 다른 하나는 그리스의 파산 위기로 유로화 및 유럽연합이 위협을 맞은 금융 위기다. 두 시기 모두에 엘리트적 정책으로 인해 심각한 불경기와 높은 실업률이 발생하고 전 세계 수많은 평범한 노동자들의 소득이 하락했다. 미국과 유럽연합은 자유주의 세계를 이끄는 양대 산맥이었기에 이 같은 경제적 위기는 자유민주주의라는 체제의 평판에 타격을 입혔다.

민주주의 이론의 세계적 석학 래리 다이아몬드는 이런 금융 위기 이후의 세계를 '민주주의의 후퇴'라는 말로 규정했다. 세계 거의 모든 지역에서 민주주의 국가 숫자가 감소한 것이다.[4] 중국과 러시아를 비롯한 다수의 권위주의 국가들은 국제 사회에서 존재감을 공고히 하며 한층 목소리를 높이기 시작했다. 중국은 발전과 경제적 부에 이르는 길로서 비민주적인 '차이나 모델(China model)'을 내세우기 시작했고, 러시아는 유럽연합과 미국의 자유주의가 타락했다며 강하게 비판했다. 헝가리, 터키, 태국, 폴란드 등 1990년대에 성공적인 자유민주주의 나라처럼 보였던 많은 국가가 어느새 다시 권위주의적 통치로 되돌아갔다. 2011년 '아랍의 봄' 민주화 시위로 중동 곳곳에서 독재 정권이 무너졌지만 이후 이 지역에서 안정된 민주주의 정착을 향한 희망은 무참히 좌절됐고 리비아, 예멘, 이라크, 시리아 등 여러 나라가 내전 상황으로 진입했다. 9·11 사태를 일으킨 테러리스트 세력은 미국의 아프가니스탄 및 이라크 침공으로도 완파되지 않았다. 오히려 전 세계의 비자유주의적이고 폭력적인 이슬람교도들을 이끄는 정신적 기둥인 이슬람국가(Islamic State of Iraq and Syria, ISIS)라는 모습으로 변형됐다. ISIS의 끈질긴 생명력만큼이나 놀라운 것은 수많은 무슬림 청년이 중동이나 유럽에서의 상대적으로 안전한 삶을 버리고 ISIS에 가담하기 위해 시리아로 향하는 현상이었다.

이 같은 일들보다 더 놀랍고 어쩌면 훨씬 더 중대한 의미를 내포한 사건은 2016년 두 가지 투표 결과였다. 즉 유럽연합 탈퇴를 결정한 영국의 투표, 그리고 트럼프의 대통령 당선이라는 미국 대선 결과다. 이 두 나라 유권자들의 주요 관심사는 경제 이슈였으며 특히 실직과 탈산업화라는 현실에 직면하고 있던 노동자 계층은 더욱 그러했다. 그러나 경제 이슈 못지않게 중요한 것은 계속되는 이민자들의 대량 유입에 대한 반감이었다. 이민자들이 본국 노동자들의 일자리를 빼앗고 오랜 세월에 걸쳐 확립된 문화적 정체성을 훼손한다고 여겨진 것이다. 다른 여러 선진국에서도 반(反)이민과 반유럽연합을 내세우는 정당들이 득세했다. 프랑스의 국민전선, 네덜란드의 자유당, 독일의 '독일을 위한 대안', 오스트리아의 자유당이 대표적이다. 유럽 대륙 전역에 이슬람 테러리즘에 대한 두려움이 확산됐으며 부르카, 니캅, 부르키니 등 무슬림 정체성을 표현하는 특정 복장에 대한 금지 여부를 둘러싼 논쟁이 벌어졌다.

20세기 정치에서는 경제 이슈를 중심으로 좌파-우파의 스펙트럼이 형성된바, 좌파는 더 확실한 평등을 요구하고 우파는 더 많은 자유를 요구했다. 진보 정치는 노동자와 노조를 중심으로, 그리고 더 나은 사회 보장과 경제적 재분배를 지향하는 사회민주주의 정당들을 중심으로 움직였다. 반면 우파는 정부의 크기를 줄여 경제적 간섭을 최소화하고 민간 부문을 확대하는 것에 주력했다. 그런데 2010년대에는 세계 많은 지역에서 이 같은 스펙트럼이 정체성을 중심으로 하는 스펙트럼으로 대체되고 있는 것으로 보인다. 좌파는 경제적 평등의 확대보다는 흑인, 이민자, 여성, 히스패닉, 성소수자(LGBT), 난민 등 다양한 소외된 집단의 권익을 증진하는 데 더 힘을 쏟아왔다. 한편 우파는 대개 인종이나 민족성, 또는 종교와 연결된 전통적인 정체성을 보호하려는 애국자로 스스로를 재정의한다.

적어도 마르크스까지 거슬러 올라가는 오랜 전통에서는 정치 투쟁을 경제 투쟁의 반영물로, 본질적으로 파이 조각을 둘러싼 싸움으로 본다. 실제로 이런 유형의 갈등은 2010년대의 풍경

한쪽을 차지하고 있다. 세계화 이후 상당히 많은 인구가 세계적으로 일어난 전반적 경제 성장의 수혜를 받지 못하고 뒤처졌다. 2000년에서 2016년 사이 미국에서는 국민 절반의 실질소득이 증가하지 않았고, GDP에서 상위 인구 1퍼센트가 차지하는 비율이 1974년 9퍼센트에서 2008년 24퍼센트로 높아졌다.[5]

그러나 물질적 이득에 대한 욕구도 중요하지만 인간을 움직이는 다른 동기들도 존재하며, 이 동기들이야말로 현재 세계에서 일어나는 여러 이질적 사건을 보다 설득력 있게 설명할 수 있다. 이는 오늘날 목격되는 '분노의 정치'에도 적용된다. 많은 경우에 정치 지도자는 집단의 존엄성이 모욕당하거나 폄하되거나 무시당해왔다고 호소하면서 지지자들을 결집시키곤 했다. 이런 분노는 해당 집단의 존엄을 공적으로 인정받으려는 요구를 낳는다. 그동안 굴욕을 경험했다고 느끼며 존엄을 회복하고 싶어 하는 집단은 단순히 경제적 이득만 추구하는 사람들보다 감정적으로 훨씬 더 강한 영향력을 가진다.

푸틴 러시아 대통령은 구소련 붕괴를 비극이라고 표현했을 뿐만 아니라 1990년대에 유럽과 미국이 러시아의 힘이 약해진 상황을 이용해 NATO를 동진(東進)시켜 러시아 국경 쪽으로 확장했다고 비난했다. 그는 서구 정치인들이 도덕적으로 우월한 태도를 보인다며 혐오하고, 국제 사회에서 러시아가 약한 지역 국가(과거 오바마 대통령은 이렇게 표현했다)가 아닌 강대국으로 인정받기를 원한다. 2017년에 오르반 헝가리 총리는 자신이 2010년 재집권에 성공한 것은 "우리 헝가리 국민들이 우리의 조국과 우리의 자존심, 그리고 우리의 미래를 되찾기로 결심했음"을 분명히 보여주는 사건이라고 말했다.[6] 중국의 시진핑 주석은 자국이 겪은 과거 '100년의 굴욕'을 거듭 상기시키며, 미국과 일본을 비롯한 여러 나라가 중국이 지난 수천 년 역사 동안 누렸던 강대국의 지위를 회복하는 것을 막으려고 한다고 말한다. 알카에다의 설립자 오사마 빈 라덴(Osama bin Laden)이 열네 살이었을 때 그의 어머니는 아들이 팔레스타인 관련 뉴스에 유독 집착하는 것을 발견했다. "사우디아라비아의 집에서 TV를 보는 아들의 얼굴에 눈물이 흘러내렸다"고 한다.[7] 존중받지 못하고 굴욕당하는 무슬림을 보면서 빈 라덴이 느낀 분노는, 훗날 자신들의 종교와 신념이 세계 곳곳에서 공격과 억압을 당한다고 믿고 그것을 지키고자 기꺼이 자원해 시리아로 향하는 무슬림 청년들에게서도 똑같이 목격된다. 그들은 이슬람국가를 통해 과거 이슬람 문명의 영광을 되살리기를 희망했다.

모욕적 대우에 대한 분노는 민주 국가들에서도 강력하게 등장했다. '흑인의 생명은 소중하다(Black Lives Matter)' 운동은 퍼거슨, 볼티모어, 뉴욕 등 미국 여러 도시에서 아프리카계 미국인이 경찰에 의해 사망한 일련의 사건을 배경으로 일어났으며, 얼핏 우연한 사고처럼 보이는 경찰 폭력의 희생자들에게 관심을 가져주기를 세계 사회에 호소했다. 미국의 대학 캠퍼스와 회사들에서는 성폭행과 성희롱이 남성이 여성을 평등한 인격체로 여기지 않는다는 증거라고 여겨졌다. 과거에는 뚜렷한 차별의 대상으로 여겨지지 않았던 트렌스젠더들도 갑자기 관심을 받게 되었다. 그리고 트럼프에게 표를 던진 많은 국민은 사회 내에서 자신의 자리를 빼앗길지 모른다는 불안감이 덜했던 과거의 좋은 시절을 떠올리면서 자신들의 행동을 통해 '미국을 다시 위대하게' 만들 수 있기를 소망했다. 시공간 상으로 멀리 떨어져 있긴 하지만 푸틴의 지지자들이 서구 엘리트의 오만함과 경멸적 태도에 느낀 감정은, 자신들의 문제가 동부와 서부의 도심 엘리트 계층 및 그들과 손잡은 미디어에게 무시당하고 있다고 느낀 미국 농촌 유권자들이 경험한 감정과 유사하다.

분노의 정치를 주도하는 리더들은 서로를 쉽게 알아본다. 푸틴과 트럼프가 서로에게 느끼는 공감은 개인적 차원의 것이라기보다는 그들이 공통되게 지향하는 민족주의에서 기인한다. 오르반 총리는 이렇게 말했다. "일각에서는 현재 서구 세계에서 일어나는 변화와 미국 대통령의 부상을 두고, 세계 정치라는 경기장에서 초국가적 엘리트(즉 '글로벌' 엘리트)와 애국주의에 기초한 민족적 엘리트 사이에 투쟁이 벌어지고 있다고 표현한다." 물론 오르반 자신은 일찌감치 후자에 속했다.[8]

위에 언급한 모든 사례의 집단은(러시아나 중국 같은 거대 국가이든,

미국이나 영국의 유권자들이든) 자신의 정체성이 충분히 인정받지 못하고 있다고 생각한다. 국가의 경우 외부 세계에게 인정받지 못한다고, 유권자 집단의 경우 동일 사회의 다른 구성원들에게 인정받지 못한다고 느끼는 것이다. 정체성은 민족, 종교, 민족성, 성적 성향, 성별 등을 토대로 매우 다양하게 형성되며 이들 정체성은 모두 정체성 정치라는 공통된 현상이 표출되는 매개물이다.

'정체성(identity)'과 '정체성 정치(identity politics)'라는 용어는 상당히 최근에 등장했다. 정체성이라는 개념은 1950년대에 심리학자 에릭 에릭슨(Erik Erikson)에 의해 대중화되었고, 정체성 정치는 1980년대와 1990년대의 문화정치학을 배경으로 수면 위로 떠올랐다. 오늘날 정체성이라는 말은 매우 다양한 의미로 쓰인다. 어떤 경우에는 단순히 사회적 범주나 역할을 지칭하고, 어떤 경우에는 개인에 대한 기본 정보를 의미한다(예컨대 "내 신원(identity)이 도난당했다"고 말할 때). 이런 방식으로 정체성은 예부터 지금까지 늘 존재해왔다.[9]

이 책에서 나는 정체성을 특정한 의미로 사용하면서 이를 통해 정체성이 오늘날 정치에서 왜 그토록 중요한지 분석할 것이다. 정체성은 자신의 내적 자아, 그리고 그 내적 자아의 가치나 존엄을 충분히 인정해주지 않는 사회적 규칙 및 규범을 가진 외부 세계, 이 둘을 구분함으로써 자라난다. 인류 역사 내내 개인들은 자신이 속한 사회와 불화하고 갈등을 겪어왔다. 그러나 비로

소 현대에 와서야 개인의 진정한 내적 자아는 본질적 가치를 지니고 외부 사회는 그 가치를 평가할 때 구조적 문제와 불공평성을 갖고 있다는 시각이 확립됐다. 내적 자아를 사회 규칙에 순응하도록 만들어야 하는 것이 아니라 사회 자체가 변화해야 하는 것이다.

내적 자아는 인간 존엄의 기본 토대다. 그런데 그 존엄의 성격은 가변적인 것으로서 시대에 따라 변화했다. 과거 여러 문화권에서는 오직 소수의 사람들만 존엄을 지닌다고 여겨졌다. 예컨대 기꺼이 목숨을 걸고 전쟁터에 나가는 전사들이 대표적이다. 어떤 사회에서는 주체적 행위 능력을 지닌 인간으로서 갖는 본질적 가치에 기초해 존엄을 모든 인간의 속성으로 본다. 그런가 하면 어떤 사회에서는 기억과 경험을 공유하는 보다 큰 집단에 소속되는 것이 존엄의 조건이 된다.

인간 내면의 존엄감은 인정을 추구한다. 만일 다른 이들이 내 가치를 공적으로 인정해주지 않거나, 또는 더 나쁜 경우 나를 폄하하거나 내 존재 자체를 인정하지 않는다면 내가 스스로 자신의 가치를 인식하는 것으로는 충분하지 않다. 자존감은 타인의 존중에서 비롯된다. 인간은 본성적으로 인정을 갈망하기 때문에 현대의 정체성 감각은 신속하게 정체성 정치로 진화하며, 이 정체성 정치에서는 개인들이 자신의 가치를 공적으로 인정받기를 요구한다. 따라서 정체성 정치는 민주주의 혁명이나 새로운 사회 운동, 민족주의와 이슬람주의, 미국의 대학 캠퍼스에서 목격되는 정치에 이르기까지 오늘날 세계에서 일어나는 정치 투쟁들의 상당 부분을 아우르는 현상이다. 헤겔은 인정받기 위한 투쟁이 인류 역사를 끌어가는 궁극적인 원동력이자 근대적 세계의 출현을 이해하기 위한 핵심 열쇠라고 주장했다.

물론 지난 50여 년간 진행된 세계화가 가져온 경제적 불평등은 오늘날의 정치를 설명하는 주요 요인이지만, 경제적 고통은 모욕당한다는 감정과 결합되는 순간 훨씬 더 깊어진다. 실제로 많은 경우에 우리가 경제적 동기라고 생각하는 것에는 부와 자원을 얻으려는 단순한 욕망이 아니라 돈을 지위의 상징으로 여기고 돈으로 존중을 살 수 있다는 사실이 반영돼 있다. 근대의 경제 이론은 인간은 자신이 얻는 '효용', 다시 말해 물질적 행복의 극대화에 목표를 두는 합리적 주체이며 정치는 그런 효용 극대화를 위한 행동이 확장된 결과물일 뿐이라는 가정을 토대로 구축되었다. 그러나 인간의 행동을 제대로 이해하려면 오늘날의 담론 대부분을 지배하고 있는 이 같은 단순한 경제적 모델을 뛰어넘어서 인간의 동기를 이해하려고 시도해야 한다. 인간이 이성적이고 합리적인 행동을 하는 존재라는 사실, 이기심에 따라 움직이면서 더 많은 부와 자원을 추구한다는 사실에는 아무도 이의를 제기할 수 없다. 그러나 인간 심리는 단순한 경제적 모델이 설명하는 것보다 훨씬 더 복잡하다. 오늘날의 정체성 정치를 본격적으로 분석하기에 앞서 먼저 우리는 인간의 동기와 행동이라는 주제를 심층적으로 살펴볼 필요가 있다. 다시 말해 우리에게는 인간 영혼을 바라보는 보다 나은 이론이 필요하다.

2장

영혼의
세 번째 부분

대개 정치학 이론은 인간 행동에 관한 이론을 토대로 세운다. 주변 세계에 관한 풍부한 경험적 정보를 활용해 인간 행동의 일정한 패턴을 파악하고, 그 행동과 주변 환경 사이의 인과관계를 찾아내고자 하는 것이다. 이론을 세우는 능력은 인간이라는 종이 성공적으로 진화하는 데 중요한 요인이었다. 현실적인 사람들은 종종 이론이나 이론화를 냉소하지만 사실 그들 자신도 항상 모종의 표현되지 않은 이론에 따라 행동하고 있다.

근대 경제학도 그런 하나의 이론을 기본 토대로 삼는다. 바로 인간이 '효용 극대화를 추구하는 합리적 존재'라는 이론이다. 경제학에서 보는 인간은 자신의 뛰어난 인지 능력을 이용해 이기심을 충족시키는 개인이다. 이 이론에는 몇 가지 가정이 포함돼 있다. 첫 번째는 계산의 기본 단위가 가족이나 종족, 국가, 또는 여타 종류의 사회 집단이 아니라 개인이라는 가정이다. 사람들이 서로 협력하는 경우 그것은 혼자 행동하는 것보다 함께 협력하는 것이 자신의 이익 증진에 더 효과적이라고 판단하기 때문이다.

두 번째 가정은 '효용(utility)'의 본질, 다시 말해 개인의 '효용 함수(utility function)'의 바탕이 되는 개인적 선호(선호 대상이 자동차든, 성적 만족이든, 즐거운 휴가든)의 본질과 관련된다. 경제학에서는 개인들이 선택하는 최종적 선호 또는 효용에 대해 왈가왈부하지 않는다. 그것은 각 개인에게 달린 문제인 것이다. 경제학은 오로지 사람들의 선호가 합리적으로 추구되는 방식에만 관심을 갖는다. 따라서 10억 달러의 수익을 더 올리려고 애쓰는 헤지펀드 매니저와 동료들을 구하려고 수류탄 위로 자기 몸을 던지는 병사는 둘 다 각자의 효용을 극대화하고자 하는 것이다. 짐작건대 안타깝게도 금세기 정치 지형의 일부가 된 자살 폭탄 테러범들은 사후 천국에서 만날 처녀들의 숫자를 극대화하려고 애쓰고 있는 것 같다(이슬람 극단주의 세력은 자살폭탄테러를 교육하면서 자살 폭탄으로 죽으면 행복한 천국에 갈 수 있다고 주장한다 - 옮긴이).

문제는 선호를 물질적 이기심(예컨대 소득이나 부의 추구)이라는 범위로 제한하지 않으면 경제 이론이 예측적 가치가 거의 없다는 점이다. 만일 효용의 개념을 확장해 이기적인 행동과 이타적인 행동 모두를 포함한다면, 우리는 인간이 무엇이 됐든 자신이 추구하고 싶은 것을 추구하는 존재라는 동어반복 이상의 무언가를 말하기 힘들다. 정말로 필요한 것은, 왜 어떤 사람은 돈과 안정을 추구하는 반면 어떤 사람은 대의를 위해 죽음을 택하거나 타인을 돕는 데 시간과 돈을 투자하는지 그 이유를 설명해주는 이론이다. 테레사 수녀(Mother Teresa)도 월스트리트의 헤지펀드 매니저도 둘 다 자신의 효용을 극대화하려는 것이라는 설명은 그들의 동기와 관련해 중요한 무언가를 놓치고 있다.

실제로 대부분의 경제학자들은 효용이 모종의 물질적 이기심을 토대로 하며 그런 이기심이 다른 종류의 동기들을 능가한다고 가정한다. 현대의 자유시장주의 경제학자들과 전통적 마르크스주의자들 모두 그런 관점을 견지하며, 후자의 경우 역사가 자신의 경제적 이기심을 추구하는 사회 계급들에 의해 형성된다고 보았다. 오늘날 경제학이 꽤 높은 지위를 누리는 지배적인 사회과학이 된 것은 상당히 많은 경우에 사람들이 경제학에서 말하는 보다 제한적인 종류의 동기에 따라 행동하기 때문이다. 물질적 유인(誘因)은 중요하다. 공산주의 중국에서 집단농장의 생산량이 낮았던 것은 농민들의 잉여 수확량 소유가 금지돼 있었기 때문이다. 자연히 그들은 열심히 일하지 않고 적당히 게으름을 부렸다. 과거 공산주의 세계에는 "국가는 임금을 주는 척하고 우리(노동자)는 일하는 척한다"라는 말이 있을 정도였다. 그런데 1970년대 말 농민들이 잉여 수확물을 소유할 수 있도록 하자 농업 생산량이 4년도 안 돼 두 배로 증가했다. 2008년 금융 위기가 발생한 원인들 중 하나는, 투자은행 직원들이 단기 실적만 잘 올려 엄청난 급여를 받고 나서 자신들이 진행한 위험한 투자가 몇 년 뒤 가져온 끔찍한 결과에 아무런 책임도 지지 않았기 때문이다. 이 문제를 해결하기 위해서는 그들을 움직이는 물질적 유인을 변화시켜야 했다.

그러나 전통적 경제 모델이 인간 행동의 꽤 많은 부분을 설명해주기는 해도 거기에는 약점도 많다. 지난 20년 동안 대니얼 카너먼(Daniel Kahneman)과 아모스 트버스키(Amos Tversky)를 비롯한 여러 행동경제학자와 심리학자들은 기존 경제 모델의 기본 가정에 강한 의문을 제기해왔다. 이들은 인간이 실제로는 합리적으로 행동하지 않는다는 사실, 예컨대 더 최적의 전략 대신에 디폴트 행동을 선택하거나 생각하는 수고를 아끼기 위해 다른 이들의 행동을 따라한다는 사실을 보여줬다.[1]

행동경제학은 합리적 선택 주체로서의 인간을 강조하는 기존 패러다임이 지닌 약점을 분명히 지적하긴 했지만 인간 행동을 설명하는 확실한 대안적 모델을 제시하지는 못했다. 특히 사람들이 보이는 근본적 선호의 본질에 대한 설명이 부족했다. 경제 이론은 수류탄 위로 몸을 던지는 병사나 자살 폭탄 테러범, 또는 물질적 이기심이 아닌 다른 동기가 작동하는 것으로 보이는 다른 많은 사례에 대해 만족스러운 설명을 내놓지 못한다. 인간이 음식이나 돈에 대해 욕구를 갖고 있는 것과 마찬가지로 고통스럽거나 위험하거나 비용이 많이 드는 어떤 것에 대해서도 '욕구'를 갖고 있다고 말하기는 힘들다. 그러므로 우리는 오늘날 지배적인 힘을 발휘하는 경제 모델을 벗어나 인간 행동을 설명하는 다른 방식에 눈을 돌릴 필요가 있다. 이처럼 보다 넓은 접근법은 과거부터 늘 존재해왔다. 문제는 우리가 한때 알고 있던 것을 종종 잊어버린

서 많은 비판을 받아왔지만, 이와 같은 구분은 프로이트가 말한 개념, 즉 욕망을 나타내는 이드(id)와 대개는 사회적 압력의 결과로 그 욕망을 제어하는 자아에 대략적으로 상응한다고 할 수 있다. 그런데 소크라테스는 레온티오스(Leontius)라는 아테네인의 일화를 들려주면서 또 다른 종류의 행동을 언급한다. 레온티오스는 길을 가다가 사형집행자 옆에 시체들이 누워 있는 곳을 지나가게 된다. 그는 한편으론 시체를 보고 싶은 마음이 들지만 또 한편으론 보지 않고 외면하려고 애쓴다. 그렇게 마음속으로 갈등하다가 결국 보기로 하고선 자기 자신을 향해 이렇게 말한다. "자, 봐라, 이 몹쓸 것아. 저 좋은 구경거리를 마음껏 봐라."[3] 레온티오스는 시체를 구경하고 싶은 욕구를 충족시키고 싶었지만 그것이 천박한 행동임을 알고 있었다. 그리고 자신의 마음속 욕구에 굴복했다는 사실 때문에 분노와 자기혐오를 느낀다. 소크라테스는 이렇게 말한다.

> "그리고 다른 많은 경우에도 우리가 목격하지 않는가? 욕구가 어떤 사람을 헤아리는 부분과 반대되는 방향으로 가게끔 강요할 때, 그 사람은 스스로를 책망하고 그의 격정(기개)이 분개하면서 자기 안에서 그런 강요를 하는 부분에 대항하는 경우 말일세. 마치 두 당파가 싸우는 상황처럼 그런 사람의 격정(기개)은 이성과 한편이 되어 싸우지."[4]

우리는 이것을 보다 현대적인 예시로 전환해볼 수 있다. 즉 마약이나 알코올 중독자가 마약을 또 흡입하거나 술을 마시는 것이 자신에게 해롭다는 것을 잘 알면서도 이를 실행에 옮기고 나서 나약해진 자신에게 깊은 혐오감을 느끼는 경우를 생각해보면 된다. 소크라테스의 말에서 '격정(기개)'에 해당하는 그리스어는 'thymos(투모스)'로, 이는 영혼 중에서 자기 자신을 향한 분노가 일어나는 부분을 가리킨다.

이어 소크라테스는 영혼에서 시체를 보지 않으려고 하는 부분이 또 다른 욕구에 해당하는지 아니면 헤아리는 부분의 한 측면인지 글라우콘에게 묻는다. 전자의 관점은 어떤 욕구가 제한되는 것은 다른 더 중요한 욕구가 그 원래의 욕구를 대체한다고 헤아려질 때(즉 이성적 추론)뿐이라 보는 현대 경제학의 관점에 해당한다. 이제 소크라테스는 영혼의 세 번째 부분이 있느냐는 질문을 던진다.

"격정(기개)적인 부분에 대해 우리가 밝힌 것이 아까 말한 것과는 정반대가 되었네. 아까 우리는 그것이 욕구하는 부분과 관련된다고 추정했지만, 이제는 완전히 다르게 영혼 안에서 일어나는 싸움에서 그것이 헤아리는 부분의 편에 서서 무장을 한다고 말하고 있으니까 말이지."

"참으로 그렇군요." 글라우콘이 말했다.

"그렇다면 그 격정(기개)적인 부분은 헤아리는 부분과도 다른 것인가, 아니면 헤아리는 부분의 일종이라서 결과적으로 영혼에는 세 부분이 아니라 두 부분, 즉 헤아리는 부분과 욕구하는 부분만 있는 것인가? 아니면 나라를 구성하고 지탱하는 세 부류, 즉 돈을 버는 부류, 보조하는 부류, 숙의 결정 부류가 있었던 것처럼 영혼에도 이 세 번째의 격정(기개)적인 부분이 있는가? 나쁜 양육으로 타락하지 않는 한 그 본성상 헤아리는 부분을 보조하는 역할을 하는 것 말일세."[5]

글라우콘은 격정(기개)적인 부분, 즉 투모스가 또 다른 욕구도, 이성의 한 측면도 아니며 그것들과 별개의 부분이라는 점에 대해 곧장 소크라테스와 의견 일치에 도달한다. 투모스는 분노와 자부심이 비롯되는 곳이다. 레온티오스는 자기 내면에 시체를 구경하고 싶은 욕구에 저항하는 훌륭한 자아가 있다고 생각했고 그에 대해 자부심이 있었다. 그런데 결국 욕구에 굴복하게 되자 그런 내적 기준에 부합해 행동하지 못한 스스로에게 분노했다.

근대 경제학이 출현하기 무려 2천 년도 더 전에 소크라테스와 글라우콘은 경제학이 자각하지 못한 중요한 무언가를 이해하고 있었다. 욕구와 이성은 인간 영혼을 구성하는 부분들이지만, 세 번째 부분인 투모스는 그 둘과 완전히 구분되어 별도로 작동한다. 투모스는 가치의 판단이 일어나는 곳이다. 마약 중독자가 생산적인 직원이나 헌신적인 어머니가 되고 싶어 하듯이, 레온티오스는 자신이 시체를 구경하는 일 따위는 하지 않을 사람이라고 생각했다. 인간은 먹을 것과 마실 것, 람보르기니 스포츠카, 또는 마약처럼 자기 외부에 있는 대상들만 원하는 존재가 아니다. 인간은 또한 자신의 가치나 존엄에 대해 긍정적인 평가를 받기를 갈망한다. 이런 평가는 레온티오스의 경우처럼 자기 내면에서 일어나기도 하지만 대개는 해당 개인의 가치를 '인정'해주는 다른 사회 구성원들에 의해 내려진다. 만일 긍정적인 평가를 받으면 자부심을 느끼지만, 그렇지 못한 경우 분노(무시당한다고 생각될 때)나 수치심(남들의 기대에 부응하지 못했다고 생각될 때)을 느끼게 된다.

영혼의 이 세 번째 부분인 투모스는 오늘날 목격되는 정체성 정치와 밀접한 관련을 지닌다. 정치적 행위자들은 여러 경제 이슈를 두고 투쟁을 벌인다. 예컨대 세율을 낮출 것인가 높일 것인가 하는 문제, 정부의 세입을 민주 사회의 여러 다양한 요구자들에게 어떻게 분배할 것인가 하는 문제 등 말이다. 그러나 사실 정치적 행위의 상당히 많은 부분은 경제적 자원과 관련성이 적다.

예를 들어 동성결혼을 생각해보자. 21세기에 들어선 이후 동성결혼 운동은 선진국들에 불길처럼 퍼져나갔다. 여기에는 분명 동성 커플을 위한 생존자 취득권(공동 소유자 한 명이 사망했을 때 생존자가 공유 재산의 권리를 취득하는 권리)이나 유산 상속 문제 같은 경제적 측면들도 존재한다. 그러나 이런 경제적 이슈의 많은 부분은 시민 결합 제도(civil union, 동성 커플에게 결혼한 이성애자 부부와 유사한 법적 지위를 보장해 실질적으로 여러 혜택을 부여하는 것 – 옮긴이)에서 재산과 관련된 새로운 규칙들을 통해 해결될 수 있고, 실제로도 많은 경우에 해결되었다. 하지만 시민 결합은 전통적인 결혼보다 더 낮은 지위를 가질 것이 분명했다. 동성 커플이 법적으로 함께할 수 있을지는 몰라도 그들의 결합은 남녀 간의 결합과 다르다는 사회적 시각 때문이다. 이는 자신이 속한 사회의 정치 시스템에서 동성애자의 평등한 존엄성을 명시적으로 '인정'해주기를 바라는 수많은 사람들로선 받아들일 수 없는 결과였다. 동성결혼이 가능해지는 것은 그러한 평등한 존엄성의 표시였다. 그리고 동성결혼에 반대하는 이들은 그와 상반되는 것을 요구했다. 즉 이성애자의 결합과 전통적인 가족 형태가 더 우월한 존엄을 지닌다고 확실히 인정받기를 원한 것이다. 동성결혼을 둘러싸고 소비되는 감정들은 경제적인 문제보다는 존엄에 대한 주장과 훨씬 더 크게 관련돼 있었다.

이와 유사하게, 할리우드 영화 제작자 하비 와인스틴(Harvey Weinstein)의 성범죄에 관한 폭로가 나온 후 촉발된 미투 운동으로 사회 곳곳에서 드러난 여성들의 분노는 근본적으로 존중과 관련된 것이었다. 힘을 가진 남성이 약한 위치의 여성을 강압적으로 다루는 방식에는 경제적 측면도 개입되지만, 여성을 능력이나 인격 같은 특성들이 아니라 성적 매력이나 외모로만 평가하는 그

룻된 행태는 동등한 부나 권력을 가진 남성들과 여성들 사이에서도 목격되곤 했다.

하지만 투모스와 정체성을 다루는 우리의 논의가 너무 앞서가고 있는 듯싶다. 여기서 다시 《국가》로 돌아가보자. 《국가》에서 소크라테스는 투모스를 모든 사람이 똑같은 수준으로 공유하는 특성이라거나 그것이 매우 다양한 형태로 모습을 드러낸다고 말하지 않는다. 그가 이론상으로 수립한 나라에서는 투모스가 특정 부류의 사람들과 연관돼 있는 것으로 보인다. 바로 적들로부터 나라를 지키는 역할을 맡은 부류, 즉 수호자 또는 보조자로 불리는 군인들이다. 이들 군인은 욕구 및 그것의 만족을 추구하는 상인들과도 다르고 이성을 이용해 최선의 통치 방법을 결정하는 통치 계급과도 다르다. 소크라테스는 수호자들이 격정적인 성향을 가져야 하고 쉽게 거칠어진다고 설명하면서 그들을 낯선 자 앞에서는 사나워지고 주인에게는 충성하는 개에 비유한다. 그들은 군인이므로 용감해야 한다. 또한 상인들이나 통치자들과 달리 목숨이 위태로워지는 위험을 기꺼이 무릅쓰고 역경을 견뎌야 한다. 그들이 위험을 감수하게 이끄는 것은 이성이나 욕구라기보다는 분노와 자부심이다.

소크라테스의 이 같은 대화에서 우리는 고대 그리스 사회의 모습을, 사실상 여러 문명사회의 모습을 엿볼 수 있다. 당시에는 자신 또는 자신의 조상이 군인이라는 사실로 인해 높은 사회적 지위를 누리는 귀족들이 있었다. 이상적 인간형을 뜻하는 그리스어 '칼로스카가토스(kaloskagathos)'는 '아름답고 훌륭한 사람'을 뜻했고, 오늘날 '귀족'이라는 뜻으로 쓰이는 단어 'aristocracy'는 '최고의 사람들에 의한 지배'를 뜻하는 그리스어에서 유래했다. 군인들은 그들이 가진 덕목 때문에, 즉 공익을 위해 기꺼이 목숨을 건다는 사실 때문에 상인들과는 도덕적으로 다른 존재라고 여겨졌다. 명예는 합리적 효용 극대화(근대 경제 모델의 핵심 개념)를 의도적으로 거부하는 이들, 자신의 가장 중요한 효용, 즉 목숨을 기꺼이 위험에 빠트리는 이들에게만 쌓이는 것이었다.

오늘날 우리는 과거의 귀족들을 상당히 냉소적인 시각으로 바라보는 경향이 있다. 기껏해야 거만한 기생충 같은 부류라고, 최악의 경우 나머지 사회 구성원들을 이용해먹는 폭력적인 약탈자라고 생각하는 것이다. 그들의 자손을 보는 시각은 훨씬 더 냉랭하다. 자손들은 높은 지위를 스스로 노력해서 얻은 것이 아니라 우연히 좋은 가문에 태어났다는 이유로 누리기 때문이다. 그러나 우리는 과거 귀족 사회에 뿌리 깊은 믿음이, 즉 명예나 존경은 모든 사람에게 주어지는 것이 아니라 목숨을 기꺼이 내던지는 사람에게만 돌아가야 한다는 믿음이 있었다는 사실을 알아야 한다. 이와 유사한 정서는 현대 민주 사회의 시민들에게서도 목격된다. 우리가 조국을 위해 목숨을 바치는 병사들, 또는 생명의 위험을 무릅쓰고 맡은 임무를 수행하는 경찰과 소방관들에게 존경심을 보내는 것을 생각해보라. 존엄이나 존경은 누구에게나 돌아가는 것이 아니다. 특히 자기 자신의 물질적 행복을 최대화하는 것이 주요 목표인 상인이나 일꾼에게는 더더욱 어울리지 않는다. 귀족들은 자신을 남들보다 더 훌륭한 존재라고 생각했으며 우월함을 인정받으려는 욕구, 즉 우월 욕망이 있었다. 민주주의 출현 이전의 사회들은 사회적 계급을 토대로 형성 및 운영됐으므로 특정 계급의 사람들에게 타고난 우월성이 있다는 이런 생각은 사회 질서 유지에 매우 중요한 역할을 했다.

우월 욕망에 수반되는 문제는, 일부 사람들은 우월함을 인정받고 그보다 훨씬 많은 수의 나머지 사람들은 열등한 존재로 여겨져 인간으로서의 가치를 공적으로 인정받지 못할 수 있다는 점이다. 소크라테스와 글라우콘은 투모스를 주로 수호자(군인)들과 연관지어 설명하기는 하지만, 인간에게는 누구나 영혼의 세 부분이 있다는 생각도 견지한 것으로 보인다. 수호자가 아닌 이들에게도 자존심이 있으며, 귀족이 그들의 뺨을 때리며 비키라고 명령하거나, 사회적 신분이 높은 자가 그들의 딸이나 아내를 성적 노리개로 삼으려고 억지로 데려가면 그들의 자존심은 상처를 입는다. 특정 집단의 사람들은 언제나 우월함을 인정받고 싶어 하지만, 모욕당한다고 느끼는 쪽에서는 강력한 분노의 감정이 일어나기 마련이다. 그리고 우리는 특정한 종류의 높은 성취를 거둔 사람들(예: 뛰어난 운동선수나 음악가)에게 기꺼이 칭송을 보내지만 사실

많은 사회적 명예들은 진정한 우월함보다는 사회적 관습에 기초하고 있다. 또 우리는 엉뚱한 이유로 인정받는 사람들(예컨대 과시욕 넘치는 사교계 명사나 우리보다 하등 나은 것이 없어 보이는 리얼리티 쇼 인기 출연자)을 보며 종종 분개한다.

따라서 인간을 움직이는 또 다른 강력한 동기는 남들에게 뒤지지 않게, 남들과 동등하게 인정받으려는 '대등 욕망'이다.[6] 우월 욕망은 경제학자 로버트 프랭크(Robert Frank)가 말한 '지위재(positional good)'에 해당한다. 즉 우월 욕망은 타인과 비교한 개인의 상대적 지위에 기초하므로 그 본질상 타인과 공유할 수 없는 무언가다.[7] 근대 민주주의의 탄생 과정은 우월 욕망이 밀려나고 그 자리가 대등 욕망으로 대체된 과정이라고 할 수 있다. 소수의 엘리트만을 인정하던 사회가 구성원 모두의 타고난 평등함을 인정하는 사회로 대체된 것이다. 계급화되어 있던 유럽의 여러 사회에서 평범한 민중의 권리를 인정하기 시작했고, 거대한 제국에 가려져 있던 여러 민족이 평등하고 독립된 지위를 획득하려고 애쓰기 시작했다. 미국 정치 역사 속의 주요 투쟁들(노예제와 차별 정책, 노동자 권리, 여성 평등과 관련한)도 결국 정치 시스템이 평등한 권리를 인정해주는 개인들의 범위를 확대해야 한다는 요구였다.

하지만 이야기가 그렇게 간단하지만은 않다. 현대의 정체성 정치를 이끄는 힘은 사회에서 무시당하고 소외당해온 집단들의 평등한 인정에 대한 요구다. 그런데 이 같은 평등한 인정에 대한 욕망은 해당 집단의 우월성을 인정해 달라는 요구로 쉽게 변형될 수 있다. 이는 오늘날 민족주의와 민족적 정체성, 그리고 종교 극단주의자들의 정치에서 쉽게 목격되는 현상이다.

대등 욕망과 관련된 또 다른 문제는 인간의 어떤 활동은 불가피하게 다른 활동보다 더 큰 존경을 받기 마련이라는 점과 관련된다. 이를 부인하는 것은 인간이 발휘하는 탁월한 능력의 가능성을 부인하는 것과 같다. 예컨대 나는 피아노를 연주할 줄 모르므로 당연히 이 분야에 관한 한 글렌 굴드(Glenn Gould)나 아르투르 루빈스타인(Arthur Rubinstein)과 동등하다고 말할 수 없다. 어떤 사회에서든 위험을 감지하는 즉시 줄행랑치는 겁쟁이나 또는 심한 경우 조국을 적에게 팔아먹는 자보다 공익을 위해 목숨을 내던지는 군인이나 경찰관에게 더 큰 존경을 표한다. 모두가 동등한 가치를 지녔다고 인정하려다 보면 특정한 의미에서 실제로 더 뛰어나고 우월한 사람들의 가치를 인정하지 못할 수도 있다.

대등 욕망은 하나의 인간으로서 지닌 기본적인 동등한 가치를 인정하자는 요구다. 미국 독립선언문에도 천명되었듯 민주 사회에서는 "모든 인간이 평등하게 태어났다"고 강조한다. 하지만 역사적으로 볼 때 누가 '모든 인간'에 속할 자격이 있는지에 관해서는 일관된 의견 일치가 이뤄지지 않았다. 미국 독립선언 채택 당시 "모든 인간이 평등하게 태어났다"는 말은 가난한 백인과 흑인 노예, 아메리카 토착 원주민, 여성에게는 해당되지 않았다. 더욱이 인간은 저마다 매우 다양한 재능과 능력을 가졌기 때문에 정치적 목적과 관련해 인간을 어떤 의미에서 평등하다고 인정할 것인지를 생각해봐야 한다. 미국 독립선언문에서는 인간의 평등이 "자명한" 진리라고 말하고 있지만 평등을 어떻게 이해해야 하는가에 관한 충분한 길잡이는 제시하지 못한다.

투모스는 영혼에서 인정을 추구하는 부분이다. 《국가》에서는 군인으로서 자기 목숨을 기꺼이 내던지는 활동에 근거해 한정된 부류의 사람들만이 존엄의 인정을 추구했다. 하지만 인간은 누구나 내면에 인정에 대한 욕망을 갖고 있는 것으로 보인다. 상인이나 장인, 또는 길거리의 거지도 모욕의 고통을 느낄 수 있다. 그러나 그 감정은 미발달된 감정이고 그들은 자신이 존중받아야 할 이유를 명확히 자각하지 못한다. 그들이 속한 사회가 자신들은 귀족과 동등한 가치를 지닌 존재가 아니라고 말하고 있기 때문이다. 사회의 평가를 받아들이지 않을 이유가 어디 있단 말인가? 인류 역사의 많은 시간 동안 대다수의 사람들은 이런 운명 속에 살았다.

투모스는 과거부터 지금까지 늘 존재해온 인간 본성의 보편적 측면이지만, 인간은 누구나 존중받을 가치가 있는 내면의 자아가 있고 주변 사회가 그것을 인정하지 않는 것은 잘못이라는 생각은 비교적 최근에 등장한 시각이다. 따라서 정체성이라는 개념은 투모스에 뿌리를 두고 있지만 근대에 와서야 그 모습을 드러냈다.

정체성이 내적 자아 및 외적 자아라는 개념과, 그리고 내적 자아가 외적 자아보다 더 가치 있다는 급진적 관점과 결합하게 된 것이다. 이를 초래한 원인은 자아에 대한 관점에 일어난 변화, 그리고 경제적 및 기술적 변화로 급속도로 진화하기 시작한 사회 현실이었다.

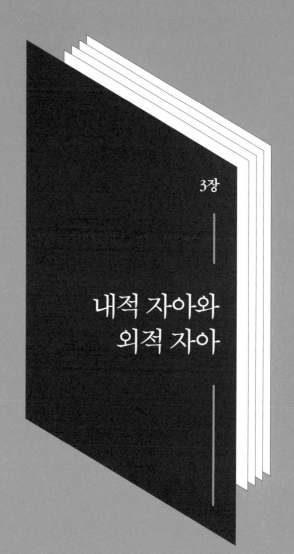

3장

내적 자아와
외적 자아

인간 본성에 늘 존재해온 부분인 투모스와 달리 현대적 의미의 정체성의 전신이라고 할 만한 개념은 수백 년 전 사회의 근대화가 시작될 무렵에야 등장했다. 그 출발점은 유럽이었지만 이후 정체성 개념은 널리 퍼져나가 사실상 지구상 모든 사회에 뿌리를 내리게 되었다.

정체성의 기본 토대가 된 것은 개인의 내면과 외부 세계, 이 둘을 구분하는 자각이다. 개인들이 자기 내부에 숨겨진 진정한 정체성이 존재하고 그 정체성이 주변 사회에서 해당 개인에게 부여한 역할과 다투며 불화한다고 생각하는 것이다. 현대적 의미의 정체성에서는 자기진실성을, 표현되지 못하는 내적 자아에 대한 인정을 매우 중요하게 여긴다. 즉 정체성이 외적 자아가 아니라 내적 자아의 편에 서 있다. 때때로 개인은 내적 자아가 무엇인지 혼란스러워하며 자신이 외부 힘에 의해 어쩔 수 없이 거짓된 삶을 살고 있다는 막연한 느낌을 갖는다. 이는 '과연 나는 누구인가?'라는 질문에 대한 골몰로 이어질 수 있다. 그 답을 찾으려는 탐구는 소외감과 불안감을 낳고, 그런 감정은 개인이 스스로 내적 자아를 받아들이고 그것을 공적으로 인정받을 때에야 해소될 수 있다. 그리고 내적 자아를 제대로 인정해주는 외부 사회를 가정하려면 사회라는 것을 근본적으로 변화할 수 있는 존재로 상정해야 한다.

어떤 의미에서 볼 때 서구 세계에서 정체성 개념은 16세기 종교개혁 시기에 탄생했다고 할 수 있다. 정체성 개념을 최초로 표현한 인물은 아우구스티누스 수도회의 수사였던 마르틴 루터(Martin Luther)다. 루터는 전통적인 신학 교육을 받고 비텐베르크 대학의 교수가 되었다. 그는 10년 동안 많은 책을 읽으며 사색함과 동시에 자신의 내적 자아와 싸우며 고뇌했다. 한 역사학자는 그에 대해 이렇게 썼다. "루터는 신 앞에서 절망에 빠지곤 했다. 그는 신께 받아들여지고 구원받는다는 확신을 얻고 싶었지만 자신의 내면을 들여다보면 죄뿐이었다. 그리고 가차 없는 의로움으로써 심판하시는 신 앞에서 회개를 위한 그의 노력과 신의 은총을 갈구하는 마음은 헛된 것이 될 뿐이었다."[1] 루터는 가톨릭교회에서 권하는 고행과 금욕을 실천해봤지만 결국 그런 것으로는 신을 회유하거나 신에게 자비를 간청할 수 없다는 사실을 깨달았다. 그는 교회가 고백성사, 고행, 자선 행위, 성인 숭배 등을 통해 오로지 개인의 외적 자아에만 초점을 둔다고 생각했다. 그가 보기에 그런 것들은 별로 의미가 없었다. 왜냐하면 하나님의 은총은 결국 그분께서 베푸는 사랑이라는 형태로만 내려지는 것이기 때문이다.

루터는 외면적이고 사회적인 존재로서의 자아보다 내적 자아의 가치를 높게 판단한 최초의 서구 사상가들 중 한 명이었다. 그는 인간에게 두 가지, 즉 내면의 영적 자아와 외부의 육체적 존재가 있다고 생각했다. "그 어떤 외적인 것도 그리스도인의 의(義)와 자유를 얻는 데 영향을 미치지 못하므로" 오로지 내적 인간(자아)만이 구원되어 새롭게 태어날 수 있다.

> 로마서 10장 10절에서 "사람이 마음으로 믿어 의에 이른다"고 한 것과 같이 믿음은 오로지 내적 인간 안에서만 다스리고, 또한 오로지 믿음만이 사람을 의롭게 하므로, 다음과 같은 사실은 분명하다. 내적 인간은 그 어떤 외적 행위를 통해서도 의에 이르거나 자유로워지거나 구원받을 수 없으며, 그 어떤 행위도 이 내적 인간과는 아무 관련이 없다.[2]

외적 행위가 아니라 오직 믿음만이 인간을 의롭게 하고 구원한다는 이런 생각('이신칭의(以信稱義)'라고 하며 이후 개신교의 핵심 교리가 된다)은 가톨릭교회의 존재 이유에 타격을 주었다. 교회는 인간과 신의 사이에서 둘을 이어주는 매개자였기 때문이다. 하지만 교회는 의식(儀式)과 행위들을 통해 외적 인간만을 돌볼 뿐이었다. 루터는 중세 교회의 타락과 부패에 큰 실망을 느꼈다. 그러나 그보다 더 의미심장한 깨달음은 교회 자체가 불필요하며 사실상

신에게 억지로 죄 사함을 얻어내거나 신을 회유하려고 하는 불경한 존재라는 생각이었다. 루터는 사회에 의해 복종당하는 나약한 개인이 될 생각이 없었다. 그보다는 사회 자체가 내적 인간의 요구에 맞게 변화하는 것이 옳다고 보았다. 루터가 애초에 직접적으로 의도하지는 않았지만 종교개혁은 바로 그 같은 결과를 초래했다. 즉 보편교회로서의 가톨릭의 위상이 하락하고, 가톨릭에서 분리된 여러 개신교가 생겨났으며, 지배적인 사회 구조보다 각 개인 신도의 믿음을 더 중시하는 일련의 사회적 변화들이 일어난 것이다.

그동안 사회이론가들은 종교개혁 이후 유럽에서 일어난 거대한 변화(이른바 '근대화')가 물질적 제반 조건이 촉발한 결과였는지, 아니면 루터 같은 이들의 사상이 추동한 결과였는지를 두고 논쟁을 벌여왔다. 마르크스와 신고전주의 경제학자들은 루터의 사상이 물질적 조건이 만들어낸 파생물이라고 말했다. 다시 말해 당시 독일 군주들의 분열과 그들 사이에 팽배해진 경제적 불만이 없었더라면 루터의 견해가 그렇게 널리 퍼져나가지 못했을 것이라고 말이다. 반면 사회학자 막스 베버(Max Weber)는 사상의 결정적 중요성을 주장했다. 경제학자들이 주목하는 바로 그 물질적 조건들이 형성될 수 있었던 까닭은 그것들에 대한 사람들의 관점이 변화함으로써 그 타당성을 인정받았기 때문이라고 말이다. 과거에 유사한 물질적 조건 하에서도 똑같은 결과가 발생하지 않은 것은 지적 분위기와 풍토가 달랐기 때문이라는 것이다.

나는 두 입장 모두 진실의 일부를 포착하고 있다고 생각한다. 인과관계가 동시에 양방향으로 작동하기 때문이다. 분명 물질적 조건은 특정한 사상에 대한 사람들의 수용성에 중요한 영향을 미친다. 하지만 사상에는 그 고유의 내적 논리가 존재하며, 사상이 제공하는 인지적 프레임이 없다면 사람들은 자신의 물질적 조건을 다르게 해석할 것이다. 이는 우리가 정체성 개념의 진화를 이해하는 데 중요한 의미를 지닌다. 그 진화 과정을 이끈 두 가지 원동력이 사상의 진화, 그리고 유럽에 사회경제적 근대화가 시작되면서 변화한 사회 전반의 조건들이었기 때문이다.

사상과 관련해서 보자면 내적 자아와 외적 자아의 구분, 그리고 후자보다 전자를 더 중요시하는 관점의 출발점은 루터이며 이는 꽤 중요한 의미를 지닌다.[*] 정체성이라는 문제와 씨름한 이후의 많은 사상가들과 마찬가지로 루터 역시 자기 자신을 이해하려는 고통스러운 탐구에서부터 시작했으며 신 앞에서 의로움을 얻을 방법을 찾고자 고뇌했다. 이 내적 인간은 결코 훌륭하지 않은 죄인일 뿐이었다. 하지만 그럼에도 내면의 믿음, 즉 그 어떤 외적 행위로도 드러낼 수 없는 믿음을 통해 구원받을 수 있었다. 따라

---

[*] 루터 이전에 아우구스티누스(Aurelius Augustinus)도 그와 유사하게 《고백록》에서 자신의 내적 자아에 대한 고통스러운 탐구를 진행했다. 그러나 루터와 달리 그는 기존 사회 제도를 비판하지 않았고 그의 저서가 당대의 정치와 사회에 대격변을 촉발하지도 않았다.

서 루터는 정체성 문제에서 핵심적인 관점, 즉 인간의 깊은 내적 자아는 오직 개인적인 자기 성찰을 통해서만 드러날 수 있는 여러 층위를 갖고 있다는 관점의 주창자라고 볼 수 있다.

하지만 루터는 정체성에 관한 보다 현대적인 관점과는 다소 멀리 떨어져 있다. 그는 내적 자아의 자유를 높이 평가했지만 그 내적 자아는 오직 한 가지 차원하고만 관련됐다. 즉 하나님의 은총을 입는 것과 믿음 말이다. 이는 하나님을 선택하거나 선택하지 않거나 하는 양자택일의 문제였다. 힌두교도나 불교도가 되는 것은 선택지에 포함되지 않았고, 스스로 게이나 레즈비언임을 밝힘으로써 개인의 진정한 정체성을 드러내는 문제와도 전혀 무관했다. 루터는 내적 자아를 고통스럽게 응시하긴 했어도 삶이 아무 의미나 가치가 없는 것처럼 느껴지는 '의미의 위기'를 겪지는 않았다. 삶의 의미가 없어진다는 것은 그에게 상상할 수 없는 일이었을 것이다. 그는 보편 교회를 거부했지만 근본적인 기독교 신앙에 충실한 인간이었다.[3]

루터의 사상이 현대적 의미의 정체성과 거리가 있는 또 다른 이유는 새로운 자유를 얻은 그의 내적 자아가 공적 인정을 추구하지는 않았기 때문이다. 실제로 그는 자기 내면의 동기를 들여다보며 고뇌했다. 즉 "스스로를 사욕(私慾, 온전히 하나님을 기쁘게 하기 위해서가 아니라 자기 자신을 위해 올바른 일을 하는 죄)에서 벗어날 수 없는 구제불능의 죄인이라고 생각하면서" 자기만족이라는 타락을 피하려고 애썼다.[4] 루터는 살아 있는 동안 많은 인정을 받았고 역사적 의미가 있는 의로운 분노를 표출할 줄 알았던 인물이지만, 그의 신앙 원칙은 어떤 공적인 승인이 아니라 인간 개인과 신의 직접적이고 사적인 관계를 토대로 구축됐다.

그럼에도 루터에게서 내적 자아와 외적 자아의 구분이 확립되었다는 점에는 중요한 의의가 있다. 그리고 이를 토대로 루터의 기독교적 세계관을 수용하지 않는 다른 후대 사상가들에 의해 새로운 형태의 내적 자아 해방이 실현될 수 있었다.

18세기 후반에는 현대적 정체성의 핵심을 이루는 사상이 한층 발전해 세속적인 형태를 띠게 된다. 캐나다의 정치철학자 찰스 테일러(Charles Taylor)가 이 과정에 대해 심도 깊고 믿을 만한 글을 저술한바, 여기서 중심 역할을 하는 인물은 철학자 장 자크 루소다.[5] 루소는 민주주의, 인권, 공산주의, 인류학, 환경결정론을 비롯한 현대의 수많은 영역에 중요한 영향을 미치게 될 다양한 사상의 원천이 되는 인물이었다. 그러나 그의 다양한 정치적, 사회적, 개인적 저술들을 하나로 관통하는 테마는 인간의 내적 자아가 천성적으로 선하다는 관점이었다.[6]

루소는 내적 인간을 바라보는 기독교의 도덕적 평가를 반대로 뒤집었다. 루터를 비롯한 기독교도들은 원죄라는 개념을 믿었다. 즉 기독교에서 볼 때 인간은 오직 하나님의 사랑을 통해서만 구원받을 수 있는 타락한 존재였다. 루소는《인간 불평등 기원론

(Discourse on the Origins of Inequality)》에서 최초의 인간(즉 자연 상태의 인간)은 죄 없는 순수한 존재였다고 주장했다. 본래 자연 상태의 인간에게는 우리가 흔히 죄나 악과 연관지어 떠올리는 특성들(질투, 탐욕, 폭력, 증오 등)이 없었다는 것이다. 루소의 설명에 따르면 사회가 없었을 당시의 인간은 두려움을 느끼는 고독한 존재였고, 제한된 욕구를 갖고 있었으며, 그들에게 성행위는 자연스러운 것이었으나 가족은 그렇지 않았다. 또한 이때 인간은 탐욕이나 시기심이 없었고 그들이 느끼는 자연적 감정이란 타인의 고통에 대한 연민뿐이었다.

루소는 인간의 불행이 사회가 형성되면서 시작됐다고 말한다. 자연 상태의 인간은 동물을 지배하게 되면서 사회를 이루며 타락하기 시작했고 "내면에 자만이 싹트기 시작"했다. 이후 인간은 상호 보호와 생존의 이점을 위해 협력하기 시작했고, 이러한 밀접한 유대로 인해 "마음속에 특정한 관계들에 대한 자각이 생겨났다. (…) 우리가 훌륭한, 사소한, 강한, 약한, 민첩한, 느린, 두려운, 용감한 등의 단어로 표현하는 것들이 생겨났다". 타인들을 비교하고 평가하기 시작한 것은 인간 불행의 근원이었다. "서로를 평가하고 존경이라는 개념이 생겨나기 시작하자 이내 각 개인들이 존경받고자 하는 욕구가 생겨났고, 누구라도 타인에게 존경을 보내길 거부하는 것은 더는 안전한 행동이 아니었다." 루소는 '자애심(自愛心, amour de soi)'에서 '이기심(amour propre)'으로 옮겨가는 것을 강하게 비난한다. 즉 자기 자신을 보존하려는 단순하고 원초적인 자기애가 자만심과 사회적 인정에 대한 욕구로 변하는 것 말이다.[7]

루소는 야금(冶金)과 농업이 발달하면서 사유재산이 등장했다고 말한다. 사유재산 축적은 인간을 현저히 부유하게 만들었지만 한편으로는 개인들 간의 빈부 및 권력 차이를 크게 벌려놓았고 아울러 질투, 시기, 자만, 수치심이 가득해지게 만들었다. 그러므로 루소는 《인간 불평등 기원론》의 2부 도입부에서 이렇게 말한다.

> 땅에 울타리를 친 후에 "이건 내 땅이야"라고 말하고 다른 사람들이 그 말을 믿을 만큼 순진하다고 생각한 최초의 사람이 문명사회를 세운 사람이었다. (…) 만일 누군가 그 말뚝을 뽑아버리거나 도랑을 메우고 동료 인간들에게 "이 사기꾼의 말을 듣지 마시오. 땅의 열매가 평등하게 우리 모두의 것이고 땅은 누구의 소유도 아니라는 사실을 잊는다면 우리는 파멸할 것이오!"라고 외쳤다면 인류는 얼마나 많은 범죄와 전쟁, 살인, 비극과 공포를 면할 수 있었겠는가.[8]

루소는 이런 불평등과 폭력의 재앙 상태에서 인류를 끌어내기 위한 처방 2가지를 제시했다. 《사회계약론(The Social Contract)》에 제시한 첫 번째 처방은 정치적 해법으로, 그는 시민들을 공화주의적 덕목으로 통합하는 '일반 의지(general will)'를 통해 모두가 원래의 평등으로 돌아갈 수 있다고 주장했다. 시민들은 정치적 공동체 안에서 서로 협력하지만, 공공선을 향한 일반 의지가 지배하는 이 공동체에서는 의견 충돌이나 다원성을 허용하지 않는다. 일반 의지에의 복종을 거부하는 사람이 있다면 강제로 복종시켜야 한다. 이 해법은 다양성을 억누르고 사고의 획일성을 요구하는 최초의 전체주의라는 타당한 비판을 받아왔다.

두 번째 처방은 정치적이 아닌 개인적인 차원에서 제안된다. 그는 말년의 저작《고독한 산책자의 몽상(Reveries of a Solitary Walker)》에서 최초 인간(사회가 출현하기 이전의 인간)의 의식 상태로 다시 돌아가려고 노력한다. 그는《인간 불평등 기원론》에서 "인류가 가진 최초의 감정은 자신의 존재에 대한 느낌이었다"라고 말한 바 있다.《고독한 산책자의 몽상》에서는 이 '존재감(sentiment de l'existence)'이, 개인이 후천적으로 획득한 여러 층위의 사회적 감성 아래 숨겨진 진정한 자아를 발견하려고 노력할 때 경험하는 충만함과 행복이라는 감정으로 다시 나타난다.[9] 훗날 루소의 존재감은 오늘날 정체성 정치의 뿌리에 놓여 있는 개념인 체험(lived experience)으로 변형되어 나타난다.

이렇듯 루소는 인간 본성과 관련해 자신만의 독특한 입장을 분명히 밝힌다. 그는 자연 상태의 인간이 폭력적이고 잔인하며 이기적이었다는 토머스 홉스의 주장을 반박한다. 또한 그는 사유

재산이 자연스러운 것이었다는 존 로크의 생각에도 동의하지 않는다. 그리고 투모스가 인간 영혼을 구성하는 한 부분이라는 소크라테스와 글라우콘의 의견에도 동의하지 않을 것이다. 왜냐하면 그는 자부심이라는 감정과 타인에게 인정받으려는 욕구가 자연 상태의 최초 인간에게는 없었다고 생각하기 때문이다.

루소의 주장은 사회라는 것, 다시 말해 온갖 규칙과 관계, 명령, 관습이 개인의 외부에 존재하고 그것이 인간의 잠재력 및 행복의 실현을 방해하는 주요 장애물이라는 것이며, 이는 이후 시대의 세계 정치에서 기본 토대가 되는 관점과 일맥상통한다. 이런 사고방식은 현재 우리가 의식하지도 못할 만큼 너무 자연스럽게 스며들어 있다. 범죄를 저지른 후에 "이 사회가 나를 이렇게 만들었다"라고 항변하는 10대 청소년이나 성차별이 만연한 사회 때문에 잠재력을 발휘할 기회를 얻지 못한다고 느끼는 여성의 경우를 생각해보라. 보다 큰 차원에서는, 미국 주도의 국제 사회 질서가 러시아를 부당하게 경시하고 있다고 느껴 그런 상황을 뒤집고 싶어 하는 푸틴 같은 정치가의 불만에서도 그런 관점이 엿보인다. 과거의 사상가들은 사회 규칙과 관습의 여러 측면을 비판하기는 했어도, 기존 사회 및 규칙을 일제히 없애고 더 나은 무언가로 대체해야 한다고 주장한 적은 거의 없었다. 결국 루소는 1789년 프랑스와 1917년 러시아, 1949년 중국의 혁명 정치에 사상적 토대를 제공하게 된다.

루소는 루터와 마찬가지로 내적 자아와 외부 사회(자신의 규칙에 순응할 것을 개인들에게 요구하는)를 뚜렷이 구분한다. 그러나 루터와 달리 그 내적 자아의 자유는 신의 은총을 입는 문제하고만 관련되지 않는다. 루소에게 내적 자아의 자유는 축적된 사회적 관습에서 떨어져나와 존재감을 경험하는 자연적이고 보편적인 능력에 달려 있다. 따라서 루소는 루터가 열어젖힌 인간의 내적 본성을 종교의 테두리 바깥으로 끌어내 보편화한 사상가였으며, 이는 아우구스티누스 수도회의 수사만큼이나 오랜 시간 고뇌에 빠져 있던 그 자신의 내밀한 감정을 탐구하고 성찰함으로써 이뤄진 결과였다. 찰스 테일러는 그 변화에 대해 이렇게 표현한다. "이것은 현대 문화에 일어난 대대적인 주관적 전환의 일부다. 새로운 형태의 내적 자기 성찰을 통해 인간은 자신을 깊은 내면을 가진 존재로 여기게 되었다."[10]

그러므로 루소가 내적 자아를 종교의 테두리 너머에서 보편화하고 그것을 사회적 관습보다 더 중요하게 간주한 것은 현대적 의미의 정체성으로 넘어오는 중요한 디딤돌이다. 그러나 앞서 살펴봤듯 루소는 자연 상태의 인간에게는 인정받으려는 욕구가 없었다고 생각했다. 그는 자부심이라는 감정과 자신과 타인을 비교하는 성향은 초기 인류에게 존재하지 않았으며, 인간 역사에 그것들이 등장함으로써 이후 인류가 불행에 빠지게 되었다고 주장했다. 따라서 내적 자아의 회복을 위해서는 사회적 인정에 대한 필요성을 벗어던져야 했다. 고독한 몽상가에게는 타인의 인정이나 승인이 필요치 않은 것이다.

초기 인류 사회와 인간의 진화 과정에 대해 현재 우리가 알고 있는 지식에 비춰볼 때 루소는 어떤 측면은 예리하고 올바르게 간파했지만 또 어떤 측면은 심각하게 잘못 판단했다고 말할 수 있다. 우선 그는 수렵채집인에서 농업 사회, 그리고 이후 상업 사회로 이행하는 인간의 사회적 진화의 전체적인 단계들은 대체로 올바르게 짚어냈다. 또한 그가 인간 역사에서 농업을 발견한 사건의 중요성을 강조하면서, 농업 발달이 사유재산을 발생시켰고 이후 과거 수렵채집 사회보다 훨씬 더 불평등하고 계급이 강조되는 사회를 초래했다고 말한 것 역시 옳다.[11]

그러나 루소는 다른 중요한 지점에서는 틀렸다. 먼저 초기 인류가 개인주의적이고 고독한 존재였다고 주장한 점이 그렇다. 그가 틀린 이유는, 첫째 사회 이전의 인간을 보여주는 고고학 또는 인류학적 증거가 존재하지 않기 때문이고, 둘째 우리는 현대인의 영장류 조상이 매우 사회성이 강했다는 것을 확실히 알고 있기 때문이다. 현존하는 영장류들은 복잡한 사회 구조뿐만 아니라 그것을 유지하는 데 필요한 감정 능력도 갖고 있다.[12] 자부심이 사회적 진화의 특정 단계에만 나타난다는 루소의 주장은 다소 이상하다. 이는 어떻게 인간의 그런 본질적 감정이 외부 자극에 대한 반응으로 나타날 수 있는가 하는 의문을 불러온다. 만일 자부심이 사회적으로 만들어낼 수 있는 감정이라면 어린아이들에게 그것을 느끼는 방법을 교육해야 할 것이다. 하지만 우리가 아는 한 그런 일은 일어나지 않는다. 오늘날 우리는 자부심과 자존감이 뇌에서 분비되는 세로토닌이라는 신경전달물질의 양과 관련돼 있음을, 그리고 우두머리 수컷의 지위를 확보한 침팬지의 뇌에서 세로토닌 분비량이 증가한다는 사실을 알고 있다.[13] 또한 행동의 현대성(behavioral modernity, 현생 인류인 호모 사피엔스를 다른 영장류나 멸종한 초기 인류와 구분짓는 행동적·인지적 특성들 - 옮긴이)을 가진 인류가 서로를 비교하지 않으며 살았다고, 또는 사회적 인정을 받을 때 자부심을 느끼지 않았다고 상상하기는 힘들다. 이런 면에서 볼 때 플라톤은 루소보다 인간 본성에 대해 더 정확히 이해하고 있었다.

유럽에서 내적 자아와 외적 자아의 구분이 종교개혁과 프랑스혁명 사이의 시기에 일어난 것은 우연이 아니었다. 당시 유럽 사회는 일련의 엄청난 경제적 및 사회적 변화를 겪고 있었으며, 이같은 변화는 그런 자아 관념이 널리 퍼질 수 있는 물질적 조건을 형성시켰다.

모든 인간 사회는 공통의 규칙을 지키며 살도록 구성원들을 사회화시킨다. 그러지 않으면 인간들끼리의 협력도, 따라서 종으로서의 번영도 불가능해질 것이다. 어느 사회에나 그런 규칙을 받아들이길 거부하는 반항적인 10대들과 부적응자들은 존재하지만, 그 다툼에서는 거의 언제나 사회가 내면의 자아들에게 외부 규칙을 따르도록 강요함으로써 승리를 거둔다.

따라서 오늘날 우리가 알고 있는 정체성이라는 개념은 대부분의 전통적인 사회에서는 형성되기 힘들다. 인간 역사에서 지난 1만 년 중 대부분의 시간 동안 대다수 사람들은 안정된 농업 사회에서 살았다. 그런 사회에서는 사회적 역할이 제한적이고 고정돼 있다. 나이와 성별을 토대로 엄격한 계층이 형성되고 모두가 같은 직업(농사를 짓거나, 아이를 양육하고 집안일을 돌보거나)을 갖고 산다. 사람들은 한정된 수의 친구나 이웃과 어울리며 평생 같은 마을에서 산다. 종교와 신념도 모든 구성원이 함께 공유한다. 또 사회적 이동(다른 직업을 택하거나 부모가 정해주지 않은 다른 누군가와 결혼하기 위해 마을을 떠나는 것)이 사실상 불가능하다. 이런 사회에는 다원성이나 다양성도, 선택권도 없다. 이처럼 별다른 선택권이 존재하지 않았으므로 개인이 '나는 과연 누구인가?'라는 물음을 던지며 고뇌하는 것은 상상하기 힘들었다. 내적 자아를 구성하는 모든 특성이 이미 정해져 있기 때문이다. 어쩌면 반항하면서 다른 마을로 도망치는 사람도 있었겠지만 그는 거기 가서도 역시 똑같이 제한된 사회적 공간에 갇혔을 것이다. 당시에는 개인의 외부에 존재하면서 개인의 선택권을 제한하는 '사회'라는 개념이 없었고, 그 사회보다 내적 자아를 더 중시하는 관점도 당연히 없었다.

유럽 전역에 근대화의 물결이 일어나면서 이 모든 것이 변하기 시작했다. 당시 진행되고 있던 상업 혁명은 교역을 크게 확대했고 기존 사회 계급을 무너트리기 시작했다. 애덤 스미스(Adam Smith)는 《국부론》에서 "분업은 시장의 규모에 의해 제한받는다"고 주장했다. 유럽에서 기술 변화를 통해 시장이 성장하자 새로운 직업들이 생겨나고 다양한 사회 계층이 출현했다. 영주의 횡포에서 벗어나려는 소작농들에게 피난처가 되었던 도시들의 힘이 커지고 독립성이 증가했다. 종교개혁 이후 한 세기 반에 걸쳐 일련의 종교 전쟁이 일어나 유럽의 정치 지형을 혼란으로 물들였다. 이는 중세 교회의 권력 하에서는 불가능했던 다양한 종교적 선택의 가능성을 열어줬다. 인쇄술의 발명은 식자율을 높였고 새로운 사상이 급속히 전파될 수 있게 만들었다.

이와 같은 광범위한 사회적, 경제적 변화로 개인들은 이전보다 더 많은 선택지와 기회를 갖게 되었다. 과거 사회에서는 그들이 가진 한정된 사회적 선택권이 그들의 내면 자아의 모습을 결정했다. 하지만 새로운 시대적 지평이 열리면서 '나는 누구인가?'라는 물음이 유의미해지기 시작했고, 내적 자아와 외부 현실 사이에 존재하는 거대한 간격을 자각하기 시작했다. 요컨대 사상은 물질적 세계의 모습을 결정했고, 물질적 세계는 특정한 사상이 확산될 수 있는 조건을 형성시켰다.

4장

존엄성에서
민주주의로

현대의 정체성 개념에는 세 가지 다른 현상이 결합돼 있다. 첫째는 인정을 갈망하는 인간 본성의 보편적 측면인 투모스다. 둘째는 내적 자아와 외적 자아의 구분, 그리고 외부 사회보다 내적 자아를 도덕적으로 높이 평가하는 시각이다. 이 시각은 근대 초기의 유럽에 와서야 등장했다. 셋째는 서서히 발전한 존엄에 대한 관점으로, 이 관점에서는 인정이 한정된 계층의 사람들이 아니라 마땅히 모두에게 주어져야 한다고 본다. 존엄의 확대와 보편화는 자아를 찾으려는 사적인 탐색을 정치적인 프로젝트로 전환시킨다. 서구 정치 사상에서 이러한 전환은 루소 이후 세대에서 일어났으며 이때 중심적 역할을 한 철학자는 이마누엘 칸트(Immanuel Kant)와 헤겔이다.

소크라테스에 따르면 존엄의 인정을 요구할 수 있는 이들은 주로 용맹함을 실천하고 공익을 위해 기꺼이 죽음을 무릅쓰는, 정치 공동체의 군인들이었다. 이것은 인간 존엄성에 대한 하나의 관점일 뿐 다른 관점들도 존재한다. 성경의 창세기에서 아담과 이브는 순수한 상태로 살고 있던 중에 뱀이 선악을 알게 하는 나무의 열매를 먹으라고 이브를 유혹한다. 아담과 이브는 그 열매를 먹자마자 자신들의 벌거벗은 몸을 의식하고 부끄러움을 느껴 가리려고 시도한다. 하나님은 자신의 명을 어긴 것에 대한 벌로 두 사람을 에덴동산에서 추방하고 그때부터 인간은 이 원죄를 이어받아 타락한 상태로 살아가게 된다.

　기독교의 존엄성 개념은 이러한 도덕적 선택 능력에 초점이 맞춰져 있다. 인간은 선과 악을 구별할 줄 아는 존재다. 인간은 선한 일을 하기로 선택할 수 있다. 비록 아담과 이브처럼 때로는 그와 반대의 선택을 하기도 하지만 말이다. 루터의 '이신칭의'도 결국 이런 도덕적 선택의 표현이었다. 그리고 아담과 이브는 잘못된 선택을 했지만 만일 그들이 애초에 죄를 지을 줄 모르는 존재라면 그 선택은 아무 의미가 없을 것이다. 그들은 열매를 따 먹음으로써 자신들과 후손들의 도덕적 지위를 확립했고, 이후 후손인 모든 인간은 선과 악의 차이를 알고 선택할 줄 알게 된다. 동물은 본능에 따라 살기 때문에 선과 악을 구별할 줄 모른다. 한편 하나님은 완전한 선이며 언제나 올바른 선택을 한다. 인간은 선택 능력을 갖고 있어서 동물보다 높은 지위를 누리는데, 이는 하나님의 선하신 능력을 일부 닮았기 때문이다. 하지만 동시에 인간의 선택 능력은 하나님의 그것보다 불완전하며 이는 인간이 죄를 지을 줄 알기 때문이다. 이런 의미에서 볼 때 기독교 전통에서는 모든 인간이 근본적으로 평등하다. 즉 인간은 누구나 평등한 선택 능력을 부여받은 존재인 것이다. 인간 존엄성에서 도덕적 선택이 차지하는 중요성은 마틴 루터 킹(Martin Luther King) 목사가 했던 이 말에도 잘 나타난다. "나에게는 꿈이 있습니다. 나의 네 자녀가 언젠가 피부색이 아니라 인격에 따라 평가받는 나라에서 살게 되는 날이 오리라는 꿈입니다." 다시 말해 그들의 외적인 특성이 아니라 그들의 내적 자아가 내리는 도덕적 선택을 근거로 평가받는 것을 말한 것이다.

칸트는 《실천이성비판》과 《윤리형이상학 정초》 등의 저작에서 존엄성에 대한 이 같은 기독교적 관점의 세속적 버전을 제시했다. 그는 '선의지(good will)'를 제외하고는 무조건적으로 좋다고 할 수 있는 것이 없다고 단언한다. 선의지란 곧 올바른 도덕적 선택을 하는 능력을 의미한다. 그러나 칸트는 이를 종교적 관점으로 보지 않는다. 그가 생각하는 도덕적 선택은 관념적인 이성의 법칙을 따르는 능력에 근거한다. 이때 이성의 법칙을 따른다는 것은, 도덕적 선택이 인간의 안녕이나 행복에 초래하는 결과와 관련된 수단적 이유 때문이 아니라 이성의 법칙 그 자체를 위해 그것을 따르는 것을 뜻한다. 인간이 도덕적 선택을 할 줄 안다는 것은 (홉스의 주장과 달리) 인간이 물리 법칙의 지배를 받는 기계가 아님을 의미한다. 인간은 물질적 주변 환경과 관계없이 선택을 할 수 있는 도덕적 행위자이고, 그렇기 때문에 다른 수단으로 향하기 위한 목적으로서가 아니라 목적 그 자체로서 대해야 한다. 도덕성이란 인간 행복을 극대화하는 결과들에 대한 공리주의적 계산법이 아니라 선택 행위 자체에 관한 것이다. 칸트에게 인간 존엄성의 근거가 되는 것은 선의지이며 인간은 참된 행위자 또는 다른 어떤 원인에 의해 야기되지 않는 근본 원인이다.

헤겔도 도덕적 선택과 인간 존엄성 사이의 이런 연결 관계를 받아들였다. 그는 인간이 단순히 욕망을 최대한 충족시키려고 애쓰는 이성적인 기계가 아니라 도덕적으로 자유로운 행위자라고 본다. 그러나 루소나 칸트와 달리 헤겔은 인간 역사에 대한 설명에서 도덕적 행위 능력의 인정을 그 중심에 위치시킨다. 그는《정신현상학》에서 인정받기 위한 투쟁이 인간의 역사를 이끌어가는 원동력이라고 주장한다. 역사가 시작될 무렵에 있었던 최초의 인간은 영토나 부를 차지하기 위해서가 아니라 오로지 인정받기 위해 목숨을 걸고 피비린내 나는 싸움을 벌인다. 이 싸움은 주인과 노예의 관계를 낳고 주인은 노예로부터 인정을 받는다. 하지만 결국 이 인정은 만족스럽지가 않다. 왜냐하면 그것이 노예, 즉 존엄성이 없는 사람으로부터 받는 인정이기 때문이다. 이 문제는 노예가 노동을 통해, 그리고 세상을 인간 삶에 적합한 곳으로 변화시키는 능력을 통해 존엄성을 획득해야만 해결될 수 있다. 유일한 합리적 형태의 인정은 결국 주인과 노예가 자신들이 공유하는 존엄성을 인정하는 상호 인정이다.

루소에게는 자아를 찾기 위한 개인적 여정이 중요했지만, 헤겔이 보기에는 위와 같은 인정 투쟁이 정치적 차원에서 전개된다.

혜겔이 살던 시대의 가장 거대한 사건은 프랑스 혁명 및 인권 선언의 공표였다. 당시 젊은 혜겔은 나폴레옹(Napoleon)이 1806년 예나 전투 승리 후 자신이 일하는 대학이 있는 도시에 입성해 말을 타고 지나가는 모습을 목격했다. 그 모습에서 혜겔은 프랑스 혁명의 이념을 토대로 인정의 보편화가 막 움트기 시작한 것을 느꼈다. 이런 의미에서 혜겔은 역사가 종착역에 이르렀다고 생각했다. 역사가 보편적 인정이라는 최종 지점에 도착했고, 이후 일어나는 사건들은 이 이념을 세계 곳곳에 실어 나르는 역할을 하게 될 것이라고 말이다.[1]

개인의 권리를 주춧돌로 삼는 자유민주주의 체제에서는 평등한 존엄성을 법으로 명시하면서, 국민들을 자치에 참여할 수 있는 도덕적 행위자로 인정한다. 혜겔의 시대에 이와 같은 이념은 말 위에 탄 한 명의 장군에 의해 유럽 각지에 전파됐다. 그러나 혜겔이 보기에 이것은 인간 자유의 확대라는 보다 커다란 이야기의 일부를 차지하는 작은 사건이었다.

19세기 초에 이르면 현대의 정체성 개념을 구성하는 요소들 대부분이 나타난 상태가 된다. 즉 내적 자아와 외적 자아의 구분, 기존 사회 제도보다 내적 자아를 높이 평가하는 것, 내적 자아의 존엄이 그것의 도덕적 자유에 달려 있다는 관점, 인간은 누구나 그런 도덕적 자유를 갖고 있다는 견해, 자유로운 내적 자아를 인정해야 한다는 요구가 그것이다. 혜겔은 현대 정치에 관한 근본적인 진실 한 가지를 지적했다. 바로 프랑스 혁명을 비롯한 여러 사건들에서 목격된 거대한 열정은 결국 기본적으로 인정을 둘러 싼 투쟁이라는 사실이다. 내적 자아는 단순히 개인적 자기 성찰 이라는 문제에만 머물지 않았다. 내적 자아의 자유가 권리와 법률로 구현돼야 했다. 프랑스 혁명 이후 200년 동안 전개된 민주주의의 급속한 발전을 추동한 힘은 자신의 정치적인 인격성을 인정받기를, 자신이 정치적 힘의 행사에 참여할 능력이 있는 도덕적 행위자임을 인정받기를 요구하는 목소리들이었다.

다시 말해 노예는 주인에게 저항해 반기를 들게 된다. 그리고 소수의 존엄만 인정하는 세상을 모두의 존엄을 똑같이 인정하는 것을 기본 원칙으로 삼는 세상으로 바꾸려는 움직임이 시작된다.

5장

존엄성 혁명

존엄성의 평등한 인정에 대한 요구는 프랑스 혁명에 불을 지폈을
뿐만 아니라 오늘날까지도 계속되고 있다.

2010년 12월 17일 튀니지 거리에서 노점상을 하던 청년 모하
메드 부아지지(Mohamed Bouazizi)가 경찰에게 야채 수레를 압수
당했다. 표면상으로는 무허가 노점이라는 게 이유였다. 부아지
지 가족들의 말에 따르면 그는 사람들이 보는 앞에서 여성 경찰
관 파이다 함디(Faida Hamdi)에게 구타를 당했고, 함디는 그의 전
자 저울을 압수하는 것은 물론 그의 얼굴에 침까지 뱉었다(남성 중
심 문화권이었으므로 함디가 여성이라는 사실은 그의 굴욕감을 더 증폭했을 것
이다). 부아지지는 항의를 제기하고 저울이라도 돌려받기 위해 관
공서를 찾아갔지만 담당자는 아예 만나주지도 않았다. 결국 그는
휘발유를 몸에 끼얹었고 "대체 어떻게 살라는 말이냐?"라고 절규
하면서 분신자살을 시도했다.

이 사건의 소식은 아랍 전 지역에 들불처럼 퍼져나갔고 결국
'아랍의 봄'을 촉발하는 도화선이 됐다. 사건 직후 튀니지에서는
분노한 국민들의 시위가 이어졌고, 한 달도 안 돼 이 나라의 장
기 집권 독재자 지네 엘 아비디네 벤 알리(Zine El Abidine Ben Ali)

가 사임하고 타국으로 망명했다. 인근의 다른 나라들에서도 대규모 민주화 시위가 일어나 이집트에서는 2011년 2월 독재자 호스니 무바라크(Hosni Mubarak)를 권좌에서 끌어내렸다. 리비아, 예멘, 바레인, 시리아 등지에서도 잠자고 있던 민중의 목소리가 터져나와 권위주의적 리더에 항거하면서 시위와 봉기가 일어났다. 이들 나라의 국민들에게서 공통적으로 목격된 것은 정부에게 불평등한 대우를 받고 존엄성을 인정받지 못하는 현실에 대한 분노였다.

아랍의 봄 이후 이 지역에 펼쳐진 풍경은 실망스럽기 그지없다. 가장 큰 비극이 벌어진 곳은 시리아였다. 시리아의 독재자 바샤르 알아사드(Bashar al-Assad)는 퇴진을 거부하고 오히려 국민들과의 전쟁에 돌입했으며 지금까지 시리아 내전으로 40만 명 이상이 목숨을 잃고 수백만 명이 시리아를 떠났다. 이집트에서는 혁명 이후 치러진 민주적 선거에서 무슬림형제단이 집권했고, 이 이슬람 근본주의 세력이 국가를 장악하는 것에 대한 두려움은 2013년 군부 쿠데타를 촉발하기에 이르렀다. 리비아와 예멘은 피비린내 나는 내전 상황으로 진입했으며 권위주의적 통치자들이 지배력을 강화했다. 아랍의 봄의 발원지였던 튀니지에서 그나마 유일하게 민주주의가 작동하고 있지만 이 나라 역시 아직 위태롭기는 마찬가지다.

이와 같은 일련의 상황을 되돌아보면서, 애초부터 아랍의 봄은 민주주의와 아무 관련이 없었으며 이 지역을 지배하는 정치적 풍조는 편협한 형태의 이슬람주의라고 주장하는 이도 있을 것이다. 그러나 이는 모하메드 부아지지의 자기희생을 도화선으로 폭발했던 대중의 정치적 열정을 제대로 파악하지 못한 시각이다. 아랍 지역은 오랜 세월 압제적이고 부패한 독재 통치 하에서 살아왔다. 어째서 갑자기 다수의 민중이 작은 사건 하나에 반응해 불같이 일어나 목숨을 걸고 시위를 벌였을까?

부아지지 사건을 좀 더 자세히 들여다보자. 부아지지는 과격한 시위자도, 정권에 박해받는 정치범도 아니었다. 그저 비공식 경제 분야에서 생계를 유지하려고 애쓰던 평범한 국민이었다. 개발도상국들의 많은 사업가는 비공식 경제 부문에서 활동한다. 정식 사업체를 운영하는 데 필요한 수많은 법규를 지키기가 너무 어렵게 되어 있기 때문이다. 아랍권 국민들이 부아지지 사건을 단순한 남의 일로 느끼지 않은 것은 튀니지 정부가 그를 대우한 방식 때문이었다. 즉 부아지지는 생계가 달린 물건들을 강제로 빼앗겼고, 공개적으로 모욕을 당했으며, 부당한 처사에 불만을 제기하려고 했을 때 아무도 그의 말을 들어주지 않았다. 국가는 그를 '인간'으로, 즉 최소한의 존중을 받을 자격이 있는 도덕적 행위자로 대하지 않았다. 그는 생계 수단을 빼앗긴 데 대한 타당한 설명을 들을 자격조차 인정받지 못했다. 그의 분신자살은 수많은 아랍권 국민이 자신들을 통치해온 정권을 향해 느끼던 부당함을 외부로 표출하는 결정적 계기가 됐다.

이후 아랍 세계가 혼란에 빠진 것은 그들 자신도 구시대 독재 정권 대신 어떤 종류의 정치 체제를 세울 것인가에 관해 의견 일치에 도달하지 못했기 때문이다. 하지만 2011년 잠시 동안은 그들이 원하지 않는 정부가 무엇인가에 대해 강력한 합의가 형성됐다. 즉 그들이 결코 원치 않는 것은 국민을 기껏해야 아무것도 모르는 어린아이처럼 취급하거나 최악의 경우 부패한 정치가들에게 기만당하고 경제적으로 착취당하는, 또는 전쟁터의 총알받이로 이용당하는 피지배자로 여기는 권위주의 정부였다.

지난 두 세대 동안 세계 곳곳에서는 권위주의 정부에 항거하는 수많은 움직임이 일어났다. 1989년 공산주의 체제를 몰락시킨 시민들의 시위, 남아프리카공화국의 아파르트헤이트(apartheid, 인종차별 정책) 폐지, 1990년대 사하라 이남 아프리카 국가들에서 나타난 시민 참여, 기본적인 인간 존엄성의 인정을 중심 이슈로 2000년대 초 조지아와 우크라이나에서 일어난 색깔 혁명(color revolution, 부패하거나 독재적인 정부에 대항한 비폭력 시위로 시민들이 특정 식물이나 꽃의 색깔을 시위의 상징으로 사용했다 - 옮긴이) 등이 그것이다.

그런 시민 봉기들 중에 실제로 '존엄성 혁명(Revolution of Dignity)'이라고 불린 것이 있었으니, 바로 2013~2014년 우크라이나의 반정부 시위다. 2013년 11월 우크라이나의 빅토르 야누코비치(Viktor Yanukovych) 대통령은 유럽연합과의 경제 협력 체결을 중단하고 대신 러시아 및 푸틴 대통령의 유라시아경제연합(Eurasian Economic Union)과 우호적인 협력 조약을 맺겠다고 발표했다. 야누코비치는 과거 2004년 오렌지 혁명 때 우크라이나 총리였다. 당시 2004년 대선에 출마한 그의 부정 선거를 규탄하는 대대적인 시위가 일어났고 결국 재선거가 실시되어 그는 대통령 자리에 오르지 못했다. 하지만 정권을 잡았던 오렌지연합이 부패와 분열에 빠져 국민들에게 실망감을 안겨주고 있던 와중에 야누코비치가 2010년 대선에 다시 출마해 대통령에 당선됐다.

야누코비치의 친러시아 정책은 수도 키예프에서 일련의 대규모 시위를 촉발했으며, 2013년 12월 초에는 약 80만 명의 국민이 키예프의 마이단에 운집해 유럽연합과의 협력을 지속할 것을 요구했다. 이에 정부는 폭력적인 강경 진압으로 대응했다. 그러나 이런 종류의 시위에서 으레 그렇듯, 시위 참가자들이 사망하는 일이 벌어지자 국민들의 분노는 더욱 치솟고 이 유로마이단(Euromaidan) 시위를 지지하는 군중의 규모는 갈수록 커졌다. 결국 2월에 100명 이상의 사망자가 발생한 이후 야누코비치는 통제력을 상실하고 대통령에서 축출되었으며 우크라이나 정치는 새로운 국면을 맞게 됐다.

이런 일련의 사건 이후 우크라이나는 튀니지와 마찬가지로 성공적인 자유민주 국가로 안착하지 못하고 있다. 우크라이나의 경제와 정치는 소수의 올리가르히(oligarch, 구소련 붕괴 후 등장한 신흥 재벌)가 장악하고 있으며, 2014년 중반 대통령에 당선된 인물도 그런 특권 계층에 속하는 페트로 포로셴코(Petro Poroshenko)였다. 포로셴코 정권은 민주적 선거를 통해 집권했음에도 부패로 가득했다. 또한 우크라이나는 2014년 크림반도를 강제 합병하고 우크라이나 동부 지역의 분쟁에 깊숙이 개입한 이웃 러시아의 공격으로부터 계속 위협받아왔다. 그러나 우리는 무엇보다도 유로마이단 시위와 존엄성 혁명을 일으켰던 사람들을 움직인 근본 동기를 제대로 이해할 필요가 있다.

엄밀히 말하면 당시 우크라이나 국민들의 봉기는 민주주의 실현을 요구하는 목소리가 아니었다. 민주주의라는 말이 선거를 통해 국민들의 선택이 표현되는 것을 가리킨다면 말이다. 야누코비치는 자신이 이끄는 지역당(Party of Regions)의 지지를 발판 삼아 2010년에 타당한 민주 절차를 통해 선출된 대통령이었다. 우크라이나 시위의 기저에 깔린 것은 부정부패와 권력 남용에 대한 분노였다. 야누코비치가 소유한 호화 저택과 어마어마한 재산이 곧 드러났듯 그는 대통령 재임 동안 막대한 개인적 부를 축적했다. 지역당은 우크라이나 동부의 주요 산업 대부분을 좌지우지하는 올리가르히인 리나트 아흐메토프(Rinat Akhmetov)의 막강한 후원을 받고 있었다. 우크라이나 국민들에게 유럽연합과의 협력이냐 푸틴의 러시아와의 협력이냐의 선택은, 국민들을 시민으로서 평등하게 대하는 현대적 정부 밑에서 살 것인가, 아니면 민주적 실천이라는 겉모습 뒤에 숨어 사적인 부를 축재하는 데 눈이 먼 부패 정치인들에게 민주주의가 조종당하는 체제에서 살 것인가의 선택이었다. 푸틴의 러시아는 이러한 마피아 국가의 전형에 해당했다. 유럽 대신 러시아와 밀접한 협력 관계를 구축한다는 것은 곧 국민을 책임지지 않는 엘리트 특권 계층이 실권을 휘두르는 세상에 한 발 가까워짐을 의미했다. 따라서 유로마이단 시위는 일반 국민들의 기본 존엄성을 확보하려는 열망이 반영된 사건이었다.

아랍의 봄의 초기 단계와 일련의 색깔 혁명에서 분명히 감지되는 열정은 현대 자유민주주의의 도덕적 핵심을 가리켜 보여준다. 자유민주주의의 토대가 되는 2가지 핵심 이념은 자유와 평등이다. 소극적인 의미의 자유는 국가의 힘과 간섭으로부터 자유로운 것을 뜻할 수 있다. 이는 미국의 많은 보수주의자들이 자유를 보는 관점이다. 즉 개인들이 자신이 원하는 사적인 삶을 살아가도록 허용해야 한다는 의미의 자유다. 그러나 일반적으로 자유는 단순히 국가의 간섭을 받지 않는 것 그 이상을 의미한다. 다시 말해 자유란 인간의 주체적 행위 능력, 자치에 적극적으로 참여함으로써 자기 몫의 힘을 행사할 수 있는 능력을 뜻한다. 이는 바로 자신들이 과거와 달리 국가의 힘이 사용되는 방식을 변화시킬 수 있다는 생각으로 튀니스나 카이로, 키예프의 거리로 몰려나왔던 국민들이 갖고 있던 행위 주체감이었다. 이런 자유는 모든 국민에게 각자의 정치적 힘을 행사할 권리를 부여하는 선거권으로 구현돼 있다. 또한 정치적 자기표현의 수단인 자유로운 표현 및 집회의 권리에도 구현돼 있다. 따라서 대부분의 현대 민주 정체는 평등한 존엄이라는 이념을 중요한 가치로 규정하고 있다. 오늘날 민주 정체는 존엄성의 근거를 인간의 도덕적 행위 능력에서 찾는 기독교적 전통에 어느 정도 의지하고 있지만, 이제 그 행위 능력에서 종교적 의미는 배제된다. 이제 그것은 민주적 정치 공동체의 구성원으로서 힘을 행사할 수 있는 능력이다.

현대 자유민주주의 국가들에서는 두 번째 핵심 이념인 평등이 실질적으로 경제적 또는 사회적 평등에 대한 약속을 의미했던 적이 거의 없다. 경제적, 사회적 평등의 실현을 추구했던 사회주의 체제 국가들의 경우 자유 이념에 위배되는 국가가 될 수밖에 없었다. 국민의 삶을 국가가 강력하게 통제해야 했기 때문이다. 시장경제는 이기심을 추구하는 개인들의 활동에 의지해 돌아가며, 사람들의 출생 조건과 각자 지닌 능력의 차이로 인해 자연히 부의 불평등이 생겨난다. 현대 자유민주주의 국가에서 평등이란 언제나 자유의 평등에 가까운 무언가를 의미했다. 즉 국가의 힘에 의해 구속받지 않는 소극적 의미의 자유를 평등하게 갖는 것, 그리고 자치와 경제적 교환에 참여하는 적극적 자유를 평등하게 갖는 것 말이다.

현대 자유민주주의에서는 능력을 갖췄으되 법치주의와 민주적 책임성에 의해 제한을 받는 국가를 만듦으로써 위와 같은 자유와 평등의 이념을 실현하고자 한다. 법치주의는 국민들에게 특정한 기본권들을 부여함으로써 국가의 권력을 제한한다. 즉 국가는 언론, 결사, 재산, 종교적 신념 등의 영역에서 개인의 자유로운 선택을 통제해서는 안 된다. 또한 법치주의는 일련의 법과 규칙을 국가 시스템 내의 고위 공직자들을 포함한 모든 국민에게 똑같이 적용함으로써 평등의 이념에도 기여한다. 민주적 책임성은 모든 성인 국민에게 각자의 힘을 행사할 기회를 평등하게 제공한다. 선거권을 부여해 통치자의 권력 사용 방식이 불만스러울 경우 통치자를 바꿀 수 있도록 하는 것이다. 따라서 대개 법치주의와 민주적 책임성은 서로 밀접하게 얽혀 있다. 법은 국가로부터 간섭받지 않을 소극적 자유와 평등한 참여를 뜻하는 적극적 자유 모두를 보호한다(20세기 중반 미국의 흑인 민권 운동이 목표했던 것은 바로 이런 적극적 자유였다). 또한 민주적 참여는 국가 정권에 의한 사법 체계 남용을 막는 역할을 할 수 있다. 과거 17세기 잉글랜드 내전(English Civil War) 당시 의회는 법원의 독립성을 지키기 위해 단결했으며, 2017년 폴란드 집권당이 사법부의 독립성을 위협했을 때 이 나라의 시민 사회도 이에 반발하는 목소리를 높였다.

오늘날 자유민주 국가들은 자유와 평등이라는 근본 이상을 현실에서 완벽하게 실현하고 있지는 못하다. 국민의 권리가 빈번히 침해되고 법은 부자 및 강자들과 빈자 및 약자들에게 똑같이 적용되지 않으며, 시민들은 참여의 기회가 주어졌음에도 참여하지 않는 쪽을 선택하는 경우가 많다. 더욱이 자유의 목표와 평등의 목표 사이에는 본질적인 갈등이 내재한다. 다시 말해 더 많은 자유는 종종 불평등을 심화하고 결과를 평등하게 만들려는 시도는 자유를 감소시킨다. 민주주의의 성공은 그것이 추구하는 이상들을 최상으로 실현하는 것이 아니라 균형을 맞추는 것에 달려 있다. 즉 개인의 자유와 정치적 평등 사이의 균형, 그리고 합당한 권력을 행사하는 능력 있는 국가와 그 국가 권력을 제한하는 법과 책임성의 제도 사이의 균형이 관건이다. 많은 민주 국가들이 이보다 더 많은 일을 하려고 애쓴다. 경제 성장, 깨끗한 환경, 소비자 안전, 과학 및 기술에 대한 지원 등을 촉진하기 위한 정책들에만 주력하면서 말이다. 그러나 자유민주주의 국가가 되기 위한 최소한의 조건은 국민들을 정치적 선택 능력을 가진 평등한 주체로서 제대로 인정하는 것이다.

반면 권위주의적 정부는 국민의 평등한 존엄성을 인정하지 않는다. 그들은 때로 미사여구가 동원된 복잡한 헌법에서 국민 존엄성을 인정하는 척한다. 예컨대 중국이나 이란의 헌법에는 국민의 권리가 대단히 자세히 명시돼 있지만 국민의 실생활은 그와 전혀 다르다. 상대적으로 덜 엄격한 독재 체제의 경우(예: 리콴유 통치 하의 싱가포르, 덩샤오핑 통치 하의 중국), 국가가 국민을 가부장적 태도로 대했다. 다시 말해 일반 국민들은 현명한 부모(즉 국가)의 보호를 필요로 하는 어린아이일 뿐이었다. 국민은 자신의 일을 스스로 돌보리라고 믿을 수 없는 존재였다. 스탈린(Iosif Vissarionovich Stalin), 히틀러 같은 최악의 독재자가 통치한 나라들에서는 수많은 국민(쿨락(부농), 자본가, 유대인, 장애인, 비아리아인)이 집단 선이라는 미명 하에 제거해도 되는 인간 이하의 쓰레기 취급을 받았다.

프랑스 혁명 이후 등장한 민주 운동들의 핵심에는 국가가 개인의 기본 존엄성을 인정해야 한다는 요구가 자리 잡고 있다. 국가가 평등한 정치적 권리를 보장하는 것은, 헤겔이 말한 주인과 노예의 관계에서 주인만 인정을 받는 모순을 해결하기 위한 유일한 합리적인 길이었다. 미국의 흑인 민권 운동 시기에 시민들이 거리로 뛰어나간 것도, 남아프리카공화국 국민들이 아파르트헤이트에 저항한 것도, 모하메드 부아지지가 분신자살을 감행한 것도, 버마 양곤이나 우크라이나 마이단, 이집트 타흐리르 광장, 그리고 그 밖의 수많은 장소에서 시위자들이 목숨을 걸고 투쟁한 것도 바로 그런 기본 존엄성의 인정에 대한 열망 때문이었다.

6장

표현적
개인주의

프랑스 혁명은 정체성 정치의 두 가지 다른 흐름의 모태가 되는 것을 세상에 등장시키는 계기가 됐다. 물론 당시에 정체성 정치라는 용어는 존재하지 않았지만 말이다. 정체성 정치의 두 흐름 중 하나는 개인의 존엄을, 다른 하나는 집단의 존엄을 인정해야 한다는 요구였다.

먼저, 개인 존엄성과 관련된 흐름의 출발점은 모든 인간이 자유로운 존재로 태어났으며 자유를 추구할 동등한 자격을 지닌다는 전제였다. 정치 제도는 공동의 사회생활을 구성할 필요성과 더불어 그런 개인의 타고난 자유를 최대한 보존하기 위해 만들어진 것이었다. 자유민주주의 국가들은 개인 자율성의 평등한 보호를 중요한 도덕적 과제로 삼았다.

그런데 자율성이란 무엇을 의미했을까? 앞서 살펴봤듯 루터는 인간의 자유란 나머지 자연 만물보다 고귀한 존엄성을 인간에게 부여하는 하나님이 주는 선물이라고 여기는 오랜 기독교적 전통을 대표하는 인물이었다.● 하지만 이 자유는 믿음을 갖고 하나님의 율법을 따르는 능력에 한정됐다. 칸트는 이 전통의 연장선상에 있되 자율성의 세속적 버전을 제시했다. 즉 관념적인 이성의 법칙에 따라 도덕적 선택을 하는 능력에 초점을 둔 자율성 개념이었다. 칸트의 인간 존엄성은, 모든 개인은 다른 어떤 원인에 의해 야기되지 않는 근본 원인이며 물리적 법칙에 종속되지 않는 방식으로 참된 자유의지를 행사할 능력이 있다는 관점에 근거를 두었다. 그러나 정언명령과 같은 칸트의 도덕 법칙들은 인간 개인이 선택하는 대상이 아니었다. 그것들은 철학적 추론을 통해 얻어진 것으로서 모든 인간에게 절대적으로 적용되었다.

따라서 이와 같은 사상적 전통에서 (종교적 맥락이든 세속적 맥락이든) 인간 존엄성의 근거가 되는 것은 올바른 도덕적 선택을 내리는 개인의 능력이다.

존엄성이 도덕적 선택 능력에 근거한다는 관점은 오늘날 독일, 이탈리아, 아일랜드, 일본, 이스라엘, 남아프리카공화국 등을 비롯한 많은 민주 국가의 헌법에 포함됨으로써 정치적 인정을 받았다. 예를 들어 1949년 제정된 독일연방공화국 기본법(독일 헌법에 해당) 제1장 제1조는 "인간의 존엄성은 침해할 수 없다. 이 존엄성을 존중하고 보호하는 것은 모든 국가 권력의 의무다"라고 명시하고 있다. 이와 유사하게 남아프리카공화국 헌법 제10조는

● 엄밀히 말해 루터는 믿음이 하나님이 은혜를 베풀어 인간에게 주는 선물이며 인간의 의지나 노력으로 이룰 수 있는 무언가가 아니라고 생각했다. 칼뱅파는 여기서 한 걸음 더 나아가 개인들이 구원받을 것인지 받지 못할 것인지가 운명으로 예정되어 있으며 인간에게는 그 운명을 바꿀 힘이 없다고 보았다. 그럼에도 이 두 가지 교리 모두에서 믿음은 내적 자아의 특성이며 동시에 믿음은 하나님의 법(즉 인간의 선택과 무관한 법)에 복종할 것을 명한다.

"모든 사람은 타고난 존엄성을 지니며 자신의 존엄성을 존중 및 보호받을 권리를 가진다"라고 명시한다. 또한 남아프리카공화국 헌법재판소는 "존엄권은 인간이 지닌 본질적 가치에 대한 인정이다"라고 선언한 바 있다.

이들 헌법은 인간 존엄성에 대한 정확한 정의는 밝히지 않는다. 또 인간 존엄성의 이론적 근거를 설명하라는 요구를 받았을 때 곧장 답을 내놓을 서구 세계의 정치인도 거의 없을 것이다. 그처럼 헌법에 언급된 존엄성의 기원을 이해하기 위해서는 그 안에 사용된 표현의 어휘적 유래 및 역사적 경로를 살펴볼 필요가 있다. 독일과 남아프리카공화국 헌법에는 칸트에서 유래한 존엄성 개념이 담겨 있다. 독일 헌법의 "침해할 수 없다"라는 표현은, 이 근본적인 권리가 다른 모든 권리보다 위에 있음을 의미하면서 칸트의 정언명령을 상기시킨다. 이는 남아프리카공화국의 "본질적 가치"라는 표현의 경우도 마찬가지다.[1] 그리고 1937년 공포된 아일랜드 헌법을 시발점으로 해 존엄성의 헌법적 보호를 요구한 것이 주로 기독교 민주주의를 표방하는 정당들이었기 때문에, 유럽의 여러 헌법에서는 기독교에서 유래한 존엄성 권리를 목격할 수 있다. 하지만 이들 헌법에서 명시적으로 기독교를 언급하거나 정치적 권리들을 종교적 신념과 연결하고 있지는 않다.[2]

홉스와 로크에서 시작돼 존 스튜어트 밀(John Stuart Mill) 등 19세기 여러 사상가에 계승된 영미권의 자유주의 전통에서는 덜 형이상학적인 관점으로 자율성에 접근했다. 이 사상 전통에서는 자유의지를 중심으로 자율성을 설명하지 않는다. 즉 자유란 단순히 외부의 제약 없이 자신의 욕구와 정념을 추구할 수 있는 것을 말한다. (홉스의 경우 인간을 욕구에 의해 움직이는 기계 같은 존재로 본다. 또한 의지는 '숙고의 과정에서 마지막으로 나타나는 욕구', 즉 개인의 가장 강력한 욕구일 뿐이다.) 결과적으로 기독교와 칸트적 관점이 함축된 '존엄성'이라는 말은 미국 헌법이나 《여방주의자 논문집(Federalist Papers)》 (미국 헌법의 아버지들이 연방헌법에 대한 지지를 호소하기 위해 발표한 85편의 글을 묶은 것으로 미국 건국 주역들의 정치사상이 담겨 있음 – 옮긴이) 같은 건국 초기 문서들에 등장하지 않는다.[3] 그럼에도 인간은 타고난 자유를 지녔다는 점에서 근본적으로 평등하다는 홉스의 견해는 사회계약 성립의 토대인 정치적 권리들의 기초가 된다. 홉스의 생존에 대한 자연권 개념은 '생명, 자유, 행복 추구'에 대한 권리의 일부로서 미국 독립선언문에 담겨 있다. 그러므로 기독교-칸트 관점과 자율성의 본질에 관한 전제는 약간 달라도 개인의 권리에 대한 평등한 보호를 강조하는 비슷한 체제가 탄생한 것이다.

자유주의 정치 전통에서는 국민들에게 평등한 권리를 부여함으로써 개인의 자율성에 관한 버전 하나를 확립했다. 하지만 루소의 자율성 개념에서는 '단순한' 정치적 참여보다 더 깊고 풍부한 무언가를 제시했다. 루소는 자기 내면에서 사회에 의해 억눌려 있는 수많은 감정을 목격했다. 그의 의식은 사회로 인해 깊은 소외감을 느끼고 자유로운 해방을 위해 투쟁하는 불행한 상태였다. 찰스 테일러는 이와 관련해 아래와 같이 썼다.

> 이것은 우리 현대인들에게 전해져 내려온 강력한 도덕적 이상이다. 이 도덕적 이상은 나 자신과의 접촉에, 자신의 내적 본성과의 접촉에 커다란 도덕적 중요성을 부여한다. 이 내적 본성은 부분적으로는 외부 사회를 향한 순응에 대한 압력으로 인해 상실될 위험에 처해 있다. 또한 나 자신에게 도구적인 태도를 취함으로 인해 나는 이런 내면의 목소리를 들을 수 있는 능력을 상실했을 가능성도 있다.[4]

이것은 루터에서 시작된 도덕적 재평가, 즉 내적 자아로 향하는 초점 전환의 일부였다. 전통적으로 기독교에서는 내적 자아가 원죄를 갖고 있다고 보았다. 인간은 악한 욕망으로 가득하고 그런 내면의 욕망이 하나님의 법을 위반하게 만든다. 그리고 보편 교회가 정해놓은 외부의 사회적 규칙들은 그 욕망을 억누르도록 이끈다. 루소는 루터가 그랬듯 내적 자아와 외부 사회를 구분했지만 내적 자아에 대한 평가는 반대로 뒤집었다. 즉 내적 자아가 본래 선하다고, 또는 적어도 선해질 수 있는 잠재력을 갖고 있다고 생각한 것이다. 악한 것은 인간이 아니라 외부 사회의 도덕적 규칙들이다. 그런데 루소에게 자유는 단순히 도덕적 규칙들을 받아들이기로 하는 선택을 의미하지 않는다. 루소가 생각하는 자유는 진정한 내적 자아를 구성하는 감정들을 온전히 표현하는 것이다. 그리고 그런 감정은 종종 예술을 통해 가장 효과적으로 표현된다.

라이오넬 트릴링(Lionel Trilling, 미국의 문학평론가 · 작가)이 저서 《성실성과 진정성(Sincerity and Authenticity)》에서 설명했듯이, 루소 이후 유럽 문학에서는 사회 속에서 안식처를 찾지 못하고 자신의 창의적 천재성을 진정성 있게 표현할 길을 찾으려 애쓰는 예술가를 그린 작품들이 등장해 큰 호응을 얻기 시작했다. 드니 디드로(Denis Diderot)의 《라모의 조카》와 요한 볼프강 폰 괴테(Johann Wolfgang von Goethe)의 《젊은 베르테르의 슬픔》이 그 대표적인 예다. 생전에 제대로 인정받지 못했던 빈센트 반 고흐(Vincent van Gogh)나 프란츠 카프카(Franz Kafka) 같은 예술가들은 그들이 표현한 풍부하고 깊은 개성을 알아볼 줄 모르는 속물적인 사회의 둔감함을 우리에게 상기시키는 상징적인 존재가 되었다.

문학적 감수성에 일어난 이 같은 변화는 유럽에 형성돼 있던 도덕적 합의의 근본적인 붕괴를 반영하고 있었다. 그동안 유럽 지역의 도덕적 지평을 규정했던 교회 제도가 그 불합리성과 부패로 인해 볼테르(Voltaire)를 비롯한 계몽주의 사상가들에게 공격받기 시작했다. 무엇보다 기독교를 지탱하는 근본적인 진실 자체에 의문을 제기하는 이들이 늘어났다. 그 대표적인 인물은 19세기

초의 자유주의 신학자 다비드 슈트라우스(David Strauss)로, 그는 《예수의 생애(Life of Jesus)》라는 책에서 예수를 말 그대로 신의 아들이 아니라 그저 역사적 인물로 이해해야 한다는 논지를 폈다.[5] 이러한 기독교 비판 풍조는 19세기 후반 니체의 사상에서 절정에 달했다. 니체는 그동안 기독교가 유럽 사회의 도덕적 지평을 규정하는 모든 가치의 기준이었지만, 이제 기독교가 추구하는 초월적 가치와 도덕적 세계관이 붕괴했으므로 신은 죽었다고 선언했다. 이로써 생겨난 도덕적 공백을 새로운 대안적 가치로 채워야 할 필요성이 생겨난다. 전통적인 도덕주의자들과 달리 니체는 이 같은 상황을 축복으로 인식했다. 이처럼 절대 가치가 사라진 상태에서는 인간 자율성의 범위가 엄청나게 확대되기 때문이다. 이제 인간은 단순히 도덕 법칙을 받아들이는 자유로운 존재(루터와 칸트의 경우처럼)가 아니라 그 법칙을 스스로 창조하는 자유로운 존재다. 니체가 생각하기에 가장 고귀한 형태의 예술적 표현은 가치 창조 그 자체였다. 그리고 자율성이 최고 수준으로 실현된 인간은 신의 죽음 이후 모든 가치의 재평가를 선언한 차라투스트라였다.

현대 자유 사회는 공통된 종교적 지평이 사라지면서 발생한 도덕적 혼란을 그대로 물려받았다. 오늘날 자유 국가들의 헌법은 개인의 존엄성과 권리를 보호한다고 명시하며 그 존엄성은 도덕적 선택을 내리는 개인의 자유로운 능력에 근거를 두고 있는 것

같다. 그런데 그 선택의 범위가 무엇일까? 선택이라는 것이 사회가 정해놓은 일련의 도덕규범을 받아들이느냐 거부하느냐의 문제로 국한되는가? 아니면 진정한 자율성은 그런 규범을 스스로 만드는 것까지도 포함하는가? 20세기 서구 사회에서는 기독교라는 공통된 믿음 및 가치 체계가 흔들리기 시작하자 다른 문화권에서 온 다양한 가치와 규범이 전통 가치를 대체하기 시작했으며 종교 자체를 아예 거부하는 것도 선택지로 추가됐다. 시장경제의 발달 및 그것이 필요로 하는 전반적인 사회적 이동성의 증가로 말미암아 도덕적 영역 바깥에서 개인들의 선택 폭이 확대되기 시작했다. 사람들은 직업, 결혼 파트너, 거주지, 치약 브랜드를 선택할 수 있었다. 이제는 도덕적 가치에 대해서도 선택권을 갖는 것이 타당해 보이기 시작했다. 20세기 후반 대부분의 현대 민주 국가에서 개인 자율성의 범위에 대한 이해가 크게 확장된 상태가 됐고 이는 이른바 표현적 개인주의(expressive individualism)의 개화로 이어졌다. 1992년 '가족계획연맹 대 케이시(Planned Parenthood v. Casey)' 사건 판결에서 미연방대법원 판사 앤서니 케네디(Anthony Kennedy)는 니체의 저작 《선악의 저편》에 나오는 구절을 이용해 "자유는 존재, 의미, 우주, 인생의 신비에 대한 개념을 스스로 규정할 권리"라고 단언했다.[6]

이처럼 확장된 의미의 개인 자율성에 따르는 문제는 구성원들이 공유하는 가치가 사회적 삶을 가능하게 하는 중요한 기능을 한다는 사실을 간과한다는 점이다. 만일 우리가 최소한의 공통된 문화에 합의하지 않는다면 공동의 과업을 위해 협력할 수도 없고 합당하다고 여기는 제도의 형태도 개인마다 달라질 것이다. 상호 간에 이해되는 의미를 가진 공통의 언어가 없다면 서로의 의사소통마저 불가능해질 것이다.

또 다른 문제는 모든 사람이 니체가 말하는 '위버멘쉬(Über-mensch)', 즉 모든 가치를 재평가하고 기존 가치를 넘어 스스로 가치를 창조하는 존재는 아니라는 점과 관련된다. 인간은 자신을 둘러싼 규범들을 따르고 싶어 하는 정서적 경향을 지니는 명백한 사회적 존재다. 안정되고 공유된 도덕적 틀이 사라지고 대신 각자의 타당함을 외치는 온갖 가치 체계가 혼재하게 된다면, 대다수 사람들은 그런 상황에서 얻는 선택의 자유를 마냥 기뻐하지는 않는다. 오히려 자신의 진정한 자아가 무엇인지 혼란스러워 강한 불안과 소외감을 느낀다. 이와 같은 정체성 위기는 사람들을 오히려 표현적 개인주의가 아니라 공통된 정체성에 대한 탐색으로 이끈다. 개인을 사회적 집단으로 다시 묶고 명확한 도덕적 틀을 다시 확립해줄 공동의 정체성 말이다. 이러한 심리적 현상은 민족주의의 기초가 된다.

대다수 사람들은 외부 세계와 상관없이 오로지 자신만의 것이라고 할 수 있는 무한한 깊이의 개성을 갖고 있지 않다. 그들이 자신의 진정한 내적 자아나 정체성이라고 믿는 것도 사실은 타인들과의 관계, 남들이 제시하는 규범과 기대치를 토대로 이뤄진다. 예컨대 카탈루냐의 바르셀로나에 사는 어떤 사람이 자신의 진정한 내적 정체성을 에스파냐인이 아니라 카탈루냐인이라고 깨닫는다면, 그것은 표면에 더 가까운 사회적 정체성보다 깊은 곳에 위치해 있던 다른 사회적 정체성을 발견한 것일 뿐이다(에스파냐 북동부의 카탈루냐 지역에서는 에스파냐로부터 분리 독립하려는 운동이 오래전부터 진행돼왔다–옮긴이).

19세기 초에 인정과 존엄성의 정치는 분기점에 도달했다. 한 갈래는 개인의 권리에 대한 보편적 인정으로, 그리고 이후 시민들에게 개인 자율성을 한층 폭넓게 부여하고자 하는 자유주의 사회로 향했다. 또 다른 갈래는 집단 정체성의 선언으로 향한바, 집단 정체성의 대표적인 두 가지 표출물은 민족주의와 정치화된 종교였다. 19세기 후반 유럽에서는 개인들에 대한 보편적 인정을 요구하는 자유주의적이고 민주적인 움직임이 일어나는 한편, 그와 동시에 훗날 20세기 초의 세계대전을 촉발하게 될 배타적인 민족주의도 출현했다. 오늘날 무슬림 세계에서 집단 정체성은 이슬람주의의 형태를 띠고 있다. 즉 정치적 공동체의 토대라는, 이슬람교의 특별한 지위를 인정해줄 것을 요구하는 움직임이다.

이러한 두 가지 방향성(즉 각각 개인 권리의 보편적 인정, 그리고 민족을 토대로 한 집단의 인정을 지향하는)은 루소의 사상에 분명히 드러났다. 그는 평화롭고 고독한 몽상가를 높이 평가하는가 하면 한편으로는 단호한 태도로 일반 의지를 강조했다. 이 두 방향성은 두 가지 기치를 함께 내세운 프랑스 혁명 때도 목격됐다. 국경과 무관하게 인권의 중요성을 주창하는 보편적인 기치와, 외세 침략으로부터 프랑스라는 조국을 방어하려는 민족적인 기치가 그것이었다. 프랑스 혁명 이후 나폴레옹은 이 두 목표를 동시에 추구했다. 즉 군사력을 이용해 자유주의를 기본 사상으로 하는 나폴레옹 법전을 유럽 전역에 전파하는 동시에 자신이 정복한 유럽 지역들에서 프랑스의 종주권을 행사했다.

이런 이중적 특성은 아랍의 봄과 우크라이나 존엄성 혁명에서도 나타났다. 중동 지역의 수많은 아랍 시민이 모하메드 부아지지에게 공감하긴 했지만 그들 모두가 종교와 상관없이 모든 시민의 평등한 권리를 인정하는 사회를 희망한 것은 아니었다. 권위주의로 통치했던 튀니지의 벤 알리와 이집트의 호스니 무바라크는 무차별적 독재자, 즉 친서방 자유주의자들뿐만 아니라 이슬람주의 세력도 억압하는 세속주의자였다. 정권 교체로 자유주의적 체제가 들어서길 희망하는 이들은 종교를 토대로 국가 정체성을 규정하려는 이슬람주의자들과 싸웠다. 이집트에서는 2012년 선거로 정권을 잡은 극단 이슬람주의 세력인 무슬림형제단이 이슬람 종교 색채가 강화된 독재 체제를 구축하려고 하자 이후 2013년 6월 군부 쿠데타가 일어났다. 이집트의 많은 자유주의자들은 자국이 이슬람주의 국가가 되는 것을 막기 위해 이 쿠데타를 지지했다.

마찬가지로 우크라이나의 존엄성 혁명에서도 이중적 특성이 목격된다. 당시 시위는 우크라이나가 유럽연합에 가입해 유럽의 정식 일원이 되기를 바라는 친서방 자유주의자들을 주축으로 일어났다. 그러나 이들은, 우크라이나의 독립된 문화적 정체성 보호를 외치면서 우크라이나가 자유주의적이고 개방적인 나라가 되는 것에는 별로 관심이 없는 라이트섹터(Right Sector) 같은 민족주의자들과도 협력했다.

지난 세기 존엄성과 자율성에 관한 개인주의 관점이 자유주의 사회에서 어떻게 진화했는가 하는 문제는 10장과 11장에서 다시 다룰 것이다. 그 전에 먼저 두 가지 형태의 집단 정체성(민족주의와 종교를 토대로 함)을 자세히 살펴보겠다.

민족주의와 이슬람주의(즉 정치화된 이슬람교)는 같은 동전의 양면이라고 할 수 있다. 둘 다 공적 인정을 원하는 숨겨진 또는 억눌린 집단 정체성의 표현물이다. 또한 민족주의와 이슬람주의 둘 다 비슷한 상황에서, 즉 경제 근대화와 급속한 사회 변화가 기존 공동체를 약화시키고 그 자리에 대안적 형태의 연대들로 이뤄진 혼란스러운 다원주의가 들어설 때 부흥한다.

7장

민족주의와
종교

루터와 루소, 칸트, 헤겔은 각자 다른 방식으로 존엄성을 이해했다. 그러나 이들은 내적 자유의 가능성을 토대로 모든 인간이 존엄성을 지닌 평등한 존재라고 생각했다는 점에서 보편주의자였다. 하지만 인정에 대한 요구는 종종 보다 구체적인 형태를 띤다. 사회적으로 소외당하거나 존중받지 못한 특정 집단의 존엄성에 초점을 맞추는 것이다. 많은 이들에게, 외부로 표현돼야 할 내적 자아는 보편적 인간 존재로서의 내적 자아가 아니라 특정한 지역에 살며 특정한 관습을 지키는 특정한 종류의 개인이 지닌 내적 자아였다. 이런 부분적 정체성은 민족에 근거를 두기도, 또는 종교에 근거를 두기도 한다. 이 같은 정체성은 해당 집단의 존엄성에 대한 인정을 요구했기 때문에 우리가 민족주의 또는 이슬람주의라고 일컫는 정치적 움직임으로 변화했다.

인정 투쟁의 초점을 개인의 자유(모든 인간이 보편적으로 공유한)에서 특정한 민족적 또는 문화적 특성을 토대로 하는 집단의 자유로 옮기는 데 중요한 역할을 한 사상가는, 칸트와 동시대인이며 그의 제자였던 18세기 후반의 요한 고트프리트 폰 헤르더(Johann Gottfried von Herder)다. 헤르더는 종종 현대 유럽의 종족민족주의

(ethno-nationalism)의 아버지라는 비판을 받아왔다. 그는 원시적 상태의 '폴크(Volk, 민족)'를 찬양했으며 히틀러의 먼 선배 격이라는 평가를 받았다.

영어권 세계에서 그동안 충분하게 연구되지 않은 사상가를 이런 관점으로 단순화하는 것은 매우 부당한 일이다. 헤르더는 인간 평등에 관한 칸트의 계몽주의 관점과 많은 부분을 공유했지만, 먼 낯선 땅을 방문해 그곳의 토속적 풍속을 기록한 유럽인들의 여행기를 폭넓게 읽는 데 훨씬 더 많은 시간을 바쳤다. 그는 저서《인류 역사의 철학에 관한 고찰(Reflections on the Philosophy of the History of Mankind)》에서, 세상에는 단 하나의 인간 종(種)이 존재한다고 단언하면서 세계의 다양한 인종들 사이에 계층을 규정하려고 시도한 사상가들을 비판한다. 그는 노예로 끌려간 아프리카인들의 고통에 공감하고 사회가 여성을 대우하는 방식에 따라 그 사회를 평가할 수 있다고 주장한다. 현대 유전학이 나타나기 훨씬 전이었음에도 그는 인간 행동에 영향을 미치는, 생물학적 특성과 환경 사이의 복잡한 상호 작용에 대한 이해 수준이 놀라울 만큼 높았다.[1]

그럼에도 헤르더는 각각의 인간 공동체는 저마다 독특한 특성을 지니며 다른 공동체들과 구별된다고 주장했다. 그는 기후와 지리적 요인이 다양한 민족의 풍습에 커다란 영향을 미쳐왔으며 해당 환경에 적응하는 방식에서 각 민족 고유의 '특질'이 드러난다고 말한다. 인류 역사에서 아프리카가 차지하는 의미가 전혀 없다고 단정했던 헤겔과 달리 헤르더는 비유럽 문화권들을 공감 어린 시선으로 바라봤다. 그는 마치 오늘날의 문화인류학자처럼 타민족들에 대한 평가가 아니라 그들을 관찰하고 설명하는 데 중점을 두었다. 그리고 유럽 열강들이 세계 각지에서 식민지 쟁탈전을 벌이기 훨씬 이전 시대에 그는 현대 국가 건설자들이 마음에 새길 만한 경고를 날렸다. "폭압적인 힘으로써 다른 나라를 즉시 또 다른 유럽으로 만들 수 있다고 생각하지 마라."[2]

헤르더가 현대의 민족주의와 직결된 사상가임은 분명하다. 그는 저작들을 통해 세계 각 민족의 독특한 풍습과 전통을 인정하는 것이 중요함을 역설했다. 루소와 마찬가지로 그 역시 역사에서 후대의 사람들이 그전에 살았던 원시적 민족들보다 반드시 더 훌륭하거나 행복하다고는 생각하지 않았다. 헤르더는 사회가 우리에게 잘못된 역할을 맡도록 강요할 수 있다고 생각했다. 그러므로 그는 역사는 보편적이고 진보하는 성격을 가졌다고 얼마 후에 주장하게 될 헤겔과 상당히 다른 입장에 서 있었다.[3]

헤르더는 문화적 진정성에 대한 자신의 사상을 당대의 독일에 적용했다. 당시 독일은 수많은 작은 제후국들로 분열돼 있었으며 대부분의 제후국이 프랑스 궁정의 화려한 문화를 동경하고 모방하는 데 여념이 없었다. 헤르더는 독일 사람들이 이류 프랑스인이 되려고 애쓰지 말고 자신만의 문화와 전통에 자부심을 가져야 한다고 역설했다. 그는 인간의 권리를 논할 때의 '인간' 같은 추상적 개념에 대한 인정이 아니라 자신의 특정한 민족, 나아가 다른 모든 인간 공동체에 대한 인정을 추구했다.

프랑스 혁명에서 1914년 제1차 세계대전 발발 사이의 '기나긴 19세기' 동안 두 가지 종류의 존엄성, 정체성에 관한 두 가지 접근법이 확립됐다. 하나는 보편적 인권의 인정을 추구했고(아직 여성의 인권까지는 아니었지만), 다른 하나는 억압받거나 속박돼 있던 특정한 집단의 존엄에 대한 인정을 추구했다. 이런 두 종류의 존엄성(보편적인 것과 민족적인 것)은 이후 수십 년간 서로 공존하며 길항했다. 예를 들어 1848년 유럽 전역에서 일어난 일련의 혁명에서는 자유주의적 권리를 요구하는 외침과 민족적 자주성 선언이 함께 목격됐다. 20세기 초에는 자유주의적 존엄성 개념이 또 다른 보편주의 이념인 마르크스 사회주의와 만났고 사회주의자들은 프롤레타리아의 권리를 위해 싸우게 된다. 자유주의와 사회주의 운동은 1차 및 2차 세계대전 기간 동안 민족주의와 대립했다. 1945년 파시즘이 무너진 후 이 두 보편적 사상은 냉전 시기에 세계 정치의 지형도를 결정한 주요 기둥이었다. 그러나 민족주의를 저지하기 위해 고안된 유럽연합 같은 제도들에도 불구하고 민족주의의 힘은 완전히 사라지지 않았으며 21세기에 새로운 세력으로 재등장했다.

사상적 배경은 민족주의의 부상을 이해하는 중요한 단초지만,

한편으로 19세기 유럽에서는 민족주의의 등장을 촉진하는 중요한 경제적, 사회적 변화도 일어나고 있었다. 과거 중세 유럽에는 사회 계층에 따른 엄격한 신분 질서가 존재했다. 봉건 제도 하에서 사람들은 영주가 다스리는 수많은 장원에 종속되어 살았고 평생 자기가 태어난 마을에서 벗어나지 못했다.

반면 근대 시장경제에서는 노동력과 자본, 아이디어의 자유로운 이동이 필수적이다. 즉 그것들이 풍부한 곳으로부터 그것들을 이용해 높은 수익을 낼 수 있는 곳으로 이동해야 한다. 자유주의 사회가 강조한 보편적 인정은 부분적으로 자본주의 발전에 기여했는데, 그런 이념에서는 상업 활동에 참여할 수 있는 개인의 자유와 사유재산 권리를 보호했기 때문이다. 따라서 자유주의가 경제 성장의 시녀가 된 것, 그리고 당대의 자유주의 사회의 두 대표 주자인 영국과 미국이 19세기와 20세기 초 산업화를 이끈 주축 국가가 된 것은 자연스러운 귀결이었다.

그런데 근대 시장경제에는 민족주의 같은 무언가, 그리고 민족을 기반으로 한 정체성도 필요했다. 민족주의는 정치적 공동체와 문화적 공동체가 일치해야 한다는 이념으로, 이때 문화란 주로 같은 언어를 사용한다는 사실로써 규정된다. 근대 이전 유럽의 프랑스에서는 브르통어, 피카르디어, 플라망어, 프로방스어, 파리 방언 등 지역마다 다른 다양한 언어가 사용됐다. 다른 유럽 지역에서는 농민들이 영주와 다른 언어를 쓰는 경우도 많았다. 라틴어는 19세기까지 합스부르크 제국의 궁중어였다. 중부 및 동부 유럽에서는 독일인과 폴란드인, 모라비아인, 우크라이나인, 헝가리아인 등이 섞여 소규모 배타적 공동체를 이뤄 살았다. 이와 같은 상황은 산업화가 진행되는 사회의 노동 시장에 필요한 이동성을 억제했다. 사회인류학자 어니스트 겔너(Ernest Gellner)는 이렇게 설명한 바 있다. "사회는 지속적인 성장에 대한 기대와 강력한 기술을 토대로 생겨났으며, 그 성장을 위해서는 유동성이 높은 분업과 낯선 사람들 사이의 지속적이고 빈번하며 정확한 의사소통이 필요하다." 이 때문에 공통된 민족 언어가, 그리고 민족 문화를 증진하기 위한 국가 주도의 교육 시스템이 필요해진다. "개인들의 고용 가능성, 존엄성, 안정성, 자기 존중은 이제 전적으로 그들의 '교육'에 달려 있게 된다. (…) 현대인이 충성을 바치는 대상은 군주나 땅이나 신념이 아니라 문화다."[4]

그러나 민족주의의 부흥을 촉진한 또 다른 요인은 산업화가 야기한 극심한 불안감이었다. 여기서 잠깐 젊은 농부 한스의 삶을 생각해보자. 한스는 독일 작센 지방의 작은 마을에서 나고 자란다. 그의 삶은 작은 범위에 한정돼 있다. 부모님과 조부모님이 살던 집에서 그 자신도 살고 있으며 부모님 마음에 드는 아가씨와 약혼한 상태다. 그는 동네 목사님에게 세례를 받았다. 그리고 아버지가 경작하다가 물려준 똑같은 땅을 앞으로 경작하며 살 계획이다. 한스의 마음속에는 '나는 누구인가?'라는 질문이 떠오르지 않는다. 주변 사람들과 세계가 그 대신 이미 그 질문에 대답해 줬기 때문이다. 그러던 어느 날 한스는 산업이 급속도로 발전하는 루르 지방에 큰 기회들이 열리고 있다는 소문을 듣는다. 그래서 그 지역에 있는 뒤셀도르프로 가서 제철 공장에 취직한다.

이제 한스는 독일 북서부 각지에서 모여든 수많은 다른 젊은 이와 함께 공동 숙소에서 지낸다. 사람들은 저마다 자기 고향의 방언을 쓴다. 한스의 동료들 중에는 독일인이 아닌 네덜란드인이나 프랑스인도 있다. 한스는 이제 부모님이나 동네 목사님의 말에 순종하던 젊은이가 아니며, 고향에서 보던 것과 다른 다양한 종교에 속한 사람들도 만나게 된다. 여전히 약혼녀와 결혼할 생각을 갖고 있지만 새로운 도시에서 만난 여성들에게 유혹을 느낀다. 그는 삶의 자유를 얻은 상쾌한 기분을 느낀다.

동시에 한편으로 불안감도 느낀다. 고향에서는 친구와 친척들에 둘러싸여 살았다. 그를 잘 알고 그가 아플 때나 흉작으로 심란할 때 옆에서 응원해주던 이들이었다. 그런데 이곳에서 사귄 친구와 지인들에게서는 그런 든든함을 느낄 수 없다. 고용주인 대기업이 그의 이익에 신경써줄 것 같지도 않다. 들리는 소문으로는 몇몇 공산주의 선동가들이 그의 공장에서 노조를 결성하기 위해 움직이고 있다고 한다. 하지만 그는 공산주의가 나쁘다는 얘기를 어디선가 들었기 때문에 그들에게 믿음이 가지 않는다. 신문은 의회에서 일어나는 싸움을 보도하는 서로 상반된 관점의 기사들로 가득해서 어느 쪽 말을 믿어야 할지 모르겠다. 한스는 다툼질만 하는 정당들이 전부 이기적이고 국민을 대표하는 일에는 관심이 없다는 생각이 든다. 그가 사는 지역은 자랑스럽게도 거대한 독일 제국의 일부가 되었지만 이 제국은 불확실한 미래를 향해 질주하고 있다. 그는 외롭고 주변 세계와 단절된 기분을 느낀다. 고향이 그립지만 돌아갈 생각은 없다. 다시 돌아가면 실패자로 보일 것이다. 한스는 생애 처음으로 인생을 어떻게 살지 스스로 선택할 수 있는 존재가 됐지만, "과연 나는 누구인가?", "앞으로 무엇이 되고 싶은가?" 하는 질문이 자꾸 떠오른다. 고향의 작은 마을에 살았다면 전혀 떠오르지도 않았을 정체성에 대한 질문이 이제 중요한 문제가 된다.

한스의 삶에서 목격되는 이런 변화를 19세기 독일 사회학자 페르디난트 퇴니에스(Ferdinand Tönnies)는 '게마인샤프트(Gemeinschaft)'에서 '게젤샤프트(Gesellschaft)'로의 이동이라고 명명했다. 즉 (시골의) 공동 사회에서 (도시의) 이익 사회로의 변화다. 이는 19세기를 살던 수많은 유럽인이 겪은 변화였으며 현재는 중국이나 베트남처럼 급속한 산업화가 진행 중인 사회들에서 나타나고 있다.

게마인샤프트에서 게젤샤프트로의 이행이 낳는 심리적 혼란은, 다원주의적 현대 사회의 분열과 혼란이 존재하지 않았던 과거의 강력하고 끈끈한 공동체에 대한 강한 향수를 바탕으로 하는 민족주의 이념을 성장시키는 토대가 됐다. 1930년대에 히틀러가 독일의 새로운 지도자로 부상하기 훨씬 전에, 독일의 지식인들은 게마인샤프트의 상실을 안타까워하고 세계시민주의적 자유 사회의 타락이라고 여기는 현상을 개탄하고 있었다.

역사학자 프리츠 스턴(Fritz Stern)은 독일 정체성과 관련된 그러한 초기 이념가들을 다수 분석했는데, 그중 대표적 인물은 강력한 영향력을 지닌 논객이자 성서학자인 파울 드 라가르드(Paul de Lagarde)였다. 라가르드는 19세기 후반 오토 폰 비스마르크(Otto von Bismarck)가 새롭게 통일한 독일 제국에서 살았다. 당시 독일은 비약적인 경제 성장과 산업화가 이뤄지고 군사적, 정치적 힘이 증가하고 있었다. 그러나 라가르드는 다수의 논설과 소논문(1886년《독일 저작(German Writings)》으로 묶어 출간했다)에서 독일이 문화적으로 퇴보하고 있다고 말했다. 이성과 과학을 토대로 한 자유주의 이념 때문에 독일의 민족혼이 자기 본위적인 성격으로 타락했다는 것이었다. 고귀한 덕목을 가진 강력한 공동체였던 옛 독일을 되살려야 했다. 그는 기독교와 '독일인의 민족적 특성'을 결합하는 새로운 종교를, 즉 새로운 민족 정체성의 기초가 될 신념 체계를 구상했다. 그는 "민족에게 오로지 하나의 의지만 존재한다면 모든 갈등이 사라진다"라고 썼다. 학계의 아웃사이더였던 그는 자신의 칠십인역(七十人譯, 가장 오래된 구약성서 번역본으로, 기원전 250~100년에 히브리어 성서 원문을 그리스어로 번역한 것 - 옮긴이)에 대한 해석적 연구가 높은 평가를 받아 마땅하다고 믿었지만 제대로 인정받은 적이 없었다. 그런 그에게 독일 민족의 결속을 호소하는 것은 자신의 개인적 외로움에서 벗어나는 해결책인 동시에 학자로서 인정받지 못한 존엄을 확보하는 길이었다.[5]

율리우스 랑벤(Julius Langbehn), 아르투어 묄러 판 덴 브루크(Arthur Moeller van den Bruck) 등 다른 19세기 독일 민족주의자들과 마찬가지로 라가르드 역시 독일 국민을 외부 세력의 피해자라고 보았다. 라가르드는 독일 문화가 퇴보한 이유에 관해 음모론적 견해를 갖고 있었다. 즉 유대인이 자유주의적 근대성을 들고와 새로운 근대 독일의 문화적 삶에 끼어들었고, 그들이 가져온 민주주의나 사회주의 같은 보편주의 사상이 독일 민족의 통합을 방해한다는 것이었다. 독일의 위대한 민족성을 다시 세우기 위해 유대인은 라가르드가 그리는 새로운 질서의 세계에서 없어져야 할 대상이었다.

니체, 에른스트 트룈치(Ernst Troeltsch), 토마스 만(Thomas Mann) 등 당대의 많은 지식인이 라가르드의 저작을 공감하며 읽었고, 그의 저작들은 나치에 의해 널리 전파된다.[6] 라가르드는 농업 기반의 시골 사회에서 근대적이고 도시적인 산업화 사회로 옮겨가고 있던 사람들이 느낀 불안감을 효과적으로 건드렸다. 당시 수많은 유럽인들이 이러한 이행과 함께 정체성 문제를 정면으로 마주하고 있었다. 개인적인 무언가가 정치적 차원으로 탈바꿈하는 순간이었다. 라가르드 같은 이념가들이 한스 같은 혼란스러운 농부에게 던져준 답변은 간단했다. "우리는 자랑스러운 독일인이자 옛 독일 문화의 계승자이며, 중유럽 및 동유럽 곳곳에 흩어져 있는 수많은 독일인과 공통된 언어를 통해 연결돼 있다"는 것이었다. 외롭고 혼란에 빠진 노동자들은 이제 존엄성에 대한 명확한 감각을 갖게 되었고, 그것은 그들의 사회에 침투한 잘못된 사람들 때문에 제대로 존중받지 못하는 존엄성이었다.

공통된 문화와 언어에 기초한 새로운 형태의 정체성은 새로운 열정을 촉발했다. 당시에는 다양한 민족 집단이 오스트리아-헝가리 제국처럼 문화가 아니라 왕가의 유대 관계를 토대로 하는 구식 체제에서 살고 있었기 때문이다. 이후 세 세대 동안 비스마르크에서 히틀러까지 이어지는 지도자들은 흩어진 독일 민족을 단일 제국 하에 단결시키는 것을 중요한 정치적 계획으로 삼는다. 다른 민족들(세르비아인, 폴란드인, 헝가리인, 러시아인) 역시 종족민족주의를 토대로 국가를 만들거나 통합하고자 했으며 이는 결국 20세기 유럽을 두 차례의 끔찍한 세계대전으로 몰아넣는다.

정체성은 당시 식민 지배를 받던 나라들에서도 중요한 문제로 떠올랐다. 유럽 열강의 지배를 받는 아시아와 아프리카, 라틴아메리카의 일부 지역들에서는 유럽과 같은 전면적인 산업화가 진행되지 않았다. 대신 이들 나라는 이른바 발전 없는 근대화를 겪고 있었다. 즉 지속적인 경제 성장은 이뤄지지 않은 채 도시화와 급속한 사회 변화가 진행된 것이다. 이들 나라에서는 새로운 수도가 만들어지고 소수의 현지 엘리트들이 자신의 나라에 들어온 제국주의 열강의 식민지 통치에 협력했다. 이 엘리트 계층은 유럽식 교육을 받고 식민 모국의 언어를 사용했다. 하지만 동시에 그들은 이처럼 새롭게 얻은 정체성과 자신이 나고 자란 원래 조국의 전통 사이에서 심한 내적 갈등을 경험했다. 유럽에서 민족주의가 퍼져나가는 동안 유럽의 식민지들에서도 민족주의가 뿌리를 내리기 시작해 20세기 중반에는 인도, 베트남, 케냐, 알제리 등지에서 민족 해방의 이름으로 반식민 저항 운동이 일어나기에 이른다. 피식민 국가들의 민족주의는 지식인들이 문화에 변혁을 일으키려는 움직임도 낳았다. 예컨대 흑인 지식인 에메 세제르(Aimé Césaire)와 레옹 다마(Léon Damas), 레오폴 상고르(Léopold Senghor)는 네그리튀드(Négritude) 개념을 제창해 흑인들이 자신들을 무시하고 차별하는 제국주의 열강에 항거하고 흑인이라는 인종과 흑인으로서의 정신적 유산 및 특질에 자부심을 갖도록 이끌었다.

중요한 민족주의 이론가였던 어니스트 겔너는 근대 이후의 이슬람주의 역시 근대화와 정체성이라는 렌즈로 바라봐야 한다고 주장했다. 민족주의와 이슬람주의 모두 근대화에 그 뿌리를 두고 있다는 것이다. 현대 중동 국가들에서도 농부들과 베두인 유목민들이 시골이나 원래의 근거지를 떠나 카이로, 암만, 알제 등의 도시로 이주하면서 게마인샤프트에서 게젤샤프트로의 이동이 나타났다. 그리고 수많은 무슬림이 보다 나은 삶을 찾아 유럽이나 여타 서구 국가들로 이주하면서 근대화를 경험했다. 이들은 프랑스 마르세유, 네덜란드 로테르담, 영국 브래드퍼드 등에 정착해 낯선 문화를 마주했다. 한편 고향 마을을 떠나지 않은 무슬림들에게는 알자지라나 CNN 인터내셔널 같은 방송국의 위성 TV를 통해 근대화 물결이 찾아들었다. 선택지가 제한된 전통 마을에 살던 주민들이 자신과는 판이하게 다른 삶의 방식들을, 자신의 전통적인 문화 규범을 존중하지 않는 세계관을 가진 다원적 세계를 갑자기 목격하게 됐다.

정체성 문제는 특히 서유럽의 이민자 사회에서 나고 자란 젊은 2세대 무슬림들에게 심각하게 나타난다. 그들은 대개 이슬람교의 가치관이나 관습을 공개적으로 지지하지 않는 기독교 전통의 사회에서 생활한다. 그들의 부모는 성인 숭배 전통을 가진 수피교 같은 이슬람 소수 종파를 믿는 폐쇄적인 마을 공동체 출신인 경우가 많다. 많은 이민 2세대들이 그렇듯 그들도 자기 가족의 구식 생활 방식과 거리를 두려고 애쓴다. 하지만 그렇다고 유럽이라는 새로운 사회에 쉽게 통합되는 것도 아니다. 이 지역에서 무슬림의 청년실업률은 30퍼센트가 넘고, 여러 유럽 국가에서는 지배적인 문화 공동체에 소속되는 것과 민족적 특성을 연결지어 생각하는 관점이 여전히 목격된다. 이 문제에 대해서는 이후

본문에서 다시 다룰 것이다.

이와 같은 상황에서 무슬림들은 심각한 정체성 혼란을 겪게 된다. 19세기 근대화와 도시화를 경험한 유럽인들이 그랬듯이 말이다. 오늘날 일부 무슬림들은 이러한 정체성 혼란의 해결책을 특정한 민족이 아니라 보다 커다란 종교적 집단, 즉 '움마(umma, 이슬람 공동체)'에 속하는 것에서 찾았다. 이 같은 이슬람주의를 표방하는 정치 정당으로는 이집트의 무슬림형제단, 터키의 정의개발당, 튀니지의 엔나흐다 등이 있다. 전통적인 민족주의자들처럼 오늘날의 이슬람주의자들도 문제의 진단과 명확한 해결책을 함께 제시한다. "우리는 자랑스러운 옛 공동체의 일원이다. 외부 세계는 우리 무슬림을 존중하지 않는다. 이슬람주의는 우리의 진정한 형제자매들과 하나로 연결될 수 있는 길을 제시해준다. 이를 통해 우리는 세계 곳곳에 퍼져 있는 이슬람교도들로 이뤄진 위대한 공동체의 일원이 된다."

이 같은 정체성에 대한 자긍심 선언은 지난 30여 년간 무슬림 세계에서 일어난 문화적 변화를 설명해줄지도 모른다. 과거 오랫동안 중동의 고학력자들 사이에서는 서양 풍습을 모방하고 서양식 의복을 입는 것이 유행했지만, 최근 들어 이집트, 터키, 요르단을 비롯한 중동 국가의 많은 젊은 무슬림 여성이 머리에 히잡을 두르기 시작했다. 일부 여성들은 훨씬 더 제한적인 복장 형태를 택해 눈만 내놓고 얼굴 전체를 가리는 니캅을 쓴다. 이 여성들 중에는 실제로 독실한 이슬람교도도 많다. 그러나 특별히 종교심이 강하지 않은 이들도 이런 복장을 하는데, 이들은 히잡을 자신의 정체성의 표시물로 사용한다. 자신의 문화를 자랑스럽게 여기며 공개적으로 무슬림으로 인식되는 것을 두려워하지 않는다는 표시인 것이다.

위에서 언급한 주류 이슬람주의 정당들은 민주 정치에 참여해 선거에서 승리를 거두고 정권을 잡았다. 이들이 공개적으로 민주주의 실현을 공언함에도 불구하고, 이들에 대항하는 세속주의 세력은 이들이 제시하는 장기적인 어젠다를 대단히 미심쩍은 시각으로 바라보곤 한다. 19세기나 오늘날의 민족주의자들의 경우도 마찬가지다. 그들은 외면적으로는 민주주의 원칙에 따라 움직이지만 단결과 공동체에 대한 갈망을 토대로 하는 비자유주의 성향을 가진 경우가 많다.

민족주의가 그랬듯 정치화된 종교에도 오사마 빈 라덴, 이슬람 국가 최고지도자 아부 바크르 알 바그다디(Abu Bakr al-Baghdadi) 등의 이념가들에 의해 극단적인 형태가 나타나기 시작했다. 이들은 미국이나 이스라엘, 시리아의 아사드 정권, 또는 이란이 자신들을 부당하게 대우한다고 주장하면서, 공동의 목표를 위해 폭력과 직접적인 정치 행위를 불사하는 한층 강하게 결속된 공동체를 수립해야 한다고 역설했다.

프랑스 정치학자이자 중동 문제 전문가인 올리비에 루아

(Olivier Roy)는 2015년 바타클랑 콘서트홀을 포함해 파리 시내 곳곳에서 연쇄 테러를 일으킨 테러범들을 비롯한 최근의 많은 테러리스트들이 유사한 출신 배경을 갖고 있다는 점을 지적했다. 즉 그들은 부모 세대의 이슬람교를 거부하는, 유럽에 사는 이민 2세대 무슬림이다(이들 젊은 조직원의 약 25퍼센트는 원래 무슬림 혈통인 청년들과 유사하게 정체성 혼란을 겪다가 이슬람으로 개종한 이들이다).[7] 이 젊은 이들은 처음에는 서구 사회 젊은이들과 크게 다를 것 없는 삶을 사는 듯 보였다. 술과 대마초를 즐기고, 이성과 데이트를 하고, 스포츠 경기를 즐기는 등 주변 사회에 섞여 들어가는 것처럼 보였다. 그러나 많은 이들이 안정된 일자리를 구하지 못하면서 이런저런 사소한 범죄를 저지르고 경찰과 충돌을 빚기 시작했다. 그들은 독실한 신앙심의 역사나 종교에 대한 관심도 없는 채로 사회 주변부에서 소외되어 살다가 급진적인 이맘(이슬람 종교지도자)의 가르침이 담긴 동영상을 보고 나서, 또는 교도소 수감 중 극단주의 재소자의 설교를 듣고 나서 갑자기 '다시 태어나게' 된다. 그들이 수염을 텁수룩하게 기르고 AK-47 소총으로 무장한 채 시리아에서 활동하거나 무고한 유럽인들에게 끔찍한 테러를 저질렀다는 사실을 알게 된 가족들은 그들이 어째서 그렇게 변했는지 이해하지 못하며 놀라움과 충격에 빠진다. 루아는 이를 이슬람의 급진화가 아니라 급진주의의 이슬람화라고 설명했다. 다시 말해 과거 세대의 극단주의자들(라가르드 같은 민족주의자들, 레프 트로

츠키(Leon Trotsky) 같은 공산주의자들)을 추동했던 것과 똑같은 소외감이 이 청년 무슬림들에게서도 목격된다는 것이다.[8]

루아의 설명은 테러를 일삼는 이슬람 극단주의자 지하디스트들을 움직이는 동기가 종교적인 것이라기보다는 개인적이고 심리적인 것임을 시사하며, 특정 개인들이 마주하는 심각한 정체성 문제를 일깨워준다. 유럽의 이민 2세대 무슬림들은 두 문화 사이에 끼여 있다. 하나는 그들이 싫어하는 부모 세대의 문화, 다른 하나는 그들을 완전하게 받아들이지 않는 제2의 조국의 문화다. 반면 급진 이슬람주의는 그들에게 공동체와 소속감, 존엄성을 제공한다. 루아는 자살 폭탄 테러범 같은 테러리스트가 되는 무슬림의 숫자가 세계적으로 10억이 넘는 무슬림 인구에 비교하면 극소수에 해당한다고 말한다. 빈곤에 시달리거나 단순히 미국의 외교 정책에 분노를 느낀다고 해서 모든 이들이 이슬람 극단주의에 빠지는 것은 아니다. 테러리스트 가운데는 안정된 중산층 출신도 많고 그동안 세계 정치에 별 관심 없이 살아온 이들도 많다. 젊은이들을 움직인 것은 이런 요인들이나 어떤 독실한 신앙심이 아니라 바로 분명한 정체성과 의미, 자부심에 대한 필요성이었다. 그들은 자신에게 제대로 인정받지 못하는 내면의 자아가 있음을, 외부 세계에 억압받는 자아가 있음을 깨달은 것이다.[9]

루아는 오늘날의 지하디즘(Jihadism, 이슬람 근본주의 무장 투쟁)에 대한 해석 방식에서 그것의 종교적 측면을 간과했다는 이유로 맹렬한 비판을 받았다. 특히 비판의 날을 세우는 학자는 역시 이슬람 전문가인 질 케펠(Gilles Kepel)이다. 케펠은 이슬람 근본주의자들의 폭력 행위와 극단주의 지향은 그들이 세계에 퍼트리고자 하는 종교적 교리와 떼놓고서는, 특히 사우디아라비아에 의해 전파되는 이슬람 수니파의 극단적 보수주의인 살라피즘(Salafism)과 떼놓고서는 이해할 수 없다고 주장한다. 케펠은 루아와 여러 프랑스 좌파 지식인들을 비판한다. 그들이 지하디즘의 문제가 특정 종교와 거의 관련이 없다는 식으로 설명함으로써 이슬람교에게 면죄부를 주었다는 것이다. 케펠 이외에 또 다른 학자들은 많은 테러리스트들이 루아가 제시한 설명에 들어맞지 않는다고 지적했다.[10]

루아와 케펠이 벌이는 논쟁의 중심에는 핵심적인 질문이 존재한다. 21세기 초 이슬람 급진주의의 부상은 정체성 문제의 관점에서 이해하는 것이 옳은가, 아니면 그것은 전적으로 종교적인 현상인가? 다시 말해 이슬람 급진주의는 이 시대의 사회학, 그리고 근대화 및 세계화가 야기한 혼란의 부산물인가, 아니면 긴 세월의 흐름에도 건재한 특정 종교의 힘을, 그리고 인간 행동에 동기를 부여하는 사상의 독립적 역할을 보여주는가? 이슬람 급진주의 문제를 현실적인 차원에서 해결하기 위해서는 이 질문에 대한 답을 찾는 일이 필요하다.

그러나 이 두 해석 방식은 상호 배타적이지 않다. 오히려 서로를 보완할 수도 있다. 세계 무슬림 인구의 대다수는 급진주의자가 아니라는 루아의 말은 옳으며, 이는 곧 극단주의의 원인에 대한 설명을 각 개인의 스토리와 사회적 환경에서 찾아야 함을 의미한다. 하지만 케펠이, 불만을 품은 유럽의 무슬림 청년들이 무정부주의적 노동조합주의자나 공산주의자가 되지 않고 특정한 형태의 이슬람주의를 전파하는 지하드 전사가 된다는 점을 지적한 것 역시 옳다. 더욱이 과거 세대의 급진적 젊은이들은 자살 폭탄 테러를 저지르지 않았다. 특정한 종교적 이념이 그런 방식을 부추기는 것은 사실이다.

사회적 변화와 이데올로기는 둘 다 유럽의 민족주의를 불러일으킨 요인이었다. 급속한 근대화가 야기한 정체성 혼란은 독일 및 여러 유럽 국가에서 민족주의의 토대를 마련해줬다. 그러나 히틀러와 그가 이끄는 나치스의 맹렬하고 극단적인 민족주의가 득세한 이유를 정체성 혼란에서만 찾아서는 안 된다. 프랑스와 영국, 미국 등 다른 나라들도 마찬가지로 비슷한 사회적 변화를 경험했다. 이들 나라도 모종의 유혹을 느꼈을지는 모르지만 결국엔 그런 급진적 민족주의 이념에 굴복하지는 않았다. 나치스가 득세할 수 있었던 것은 영리한 정치꾼이자 이념가인 히틀러의 등장, 그리고 1920년대와 1930년대 독일의 거대한 경제적 변화와 혼란, 이 둘이 함께 일어났기 때문이다.

마찬가지로 오늘날 중동의 많은 무슬림은 정체성 혼란을 겪으면서 '나는 누구인가?'라는 질문의 답을 찾기 위해 종교에 기댄다. 이들의 정체성 추구는 때로 일터에서 히잡을 쓰거나 해변에서 부르키니를 입는 것처럼 전혀 위험하지 않은 형태로 나타난다. 하지만 때로는 정치적 활동과 테러리즘의 형태로 폭력적이고 위험한 양상을 띤다. 20세기 초 극단적인 민족주의 이념이 그랬듯 21세기 초부터 나타난 무슬림 정체성의 극단주의 형태는 국제 사회의 평화와 양립할 수 없다.

그러므로 민족주의와 이슬람주의는 둘 다 일종의 정체성 정치로 간주할 수 있다. 물론 이렇게 표현하는 것만으로는 그 각각의 특성이나 복잡한 내적 메커니즘을 전부 담을 수 없다. 하지만 민족주의와 이슬람주의는 중요한 유사점을 다수 갖고 있다. 먼저, 둘 다 전통적이고 고립된 농업 사회에서 넓고 다양한 세계와 연결된 근대 사회로 넘어가는 사회적 변화가 진행되는 과도기에 세계 무대에 등장했다. 또 둘 다 사람들이 느끼는 외로움과 혼란의 이유를 설명해주는 이데올로기를 제공하고 개인의 불행한 상황을 외부 집단 탓으로 돌리는 피해의식을 퍼트린다. 그리고 둘 다 제한적 방식으로 존엄성에 대한 인정을 요구한다. 즉 모든 인간이 아니라 특정한 민족 또는 종교 집단의 구성원들에 대한 인정을 외친다.

8장

잘못 배달된
편지

2010년대의 두드러진 특징 하나는, 20세기 정치에서 확고한 존재감을 지녔던 계급 중심의 좌파 정당들이 퇴조하고 대신 민족주의 또는 종교적 성향의(정체성 정치의 두 얼굴에 해당함) 정당 및 정치인들이 세계 정치의 풍경을 새롭게 바꾸는 세력으로 떠올랐다는 점이다.

초기에 산업화 및 근대화에 의해 촉발됐던 민족주의는 이후에도 수세대 동안 산업 발전이 이뤄진 나라들을 포함해 세계 무대에서 결코 사라지지 않았다. 선거를 통해 민주적 정당성을 부여받았다고 주장하는 많은 포퓰리스트 민족주의 지도자들은 '민중'을 위해 국가 주권과 민족 전통을 강조한다. 이 유형의 지도자로는 러시아의 푸틴, 터키의 에르도안, 헝가리의 오르반, 폴란드의 카친스키, 그리고 미국의 트럼프가 있다. 트럼프의 대선 캠페인 슬로건은 '미국을 다시 위대하게'와 '미국 우선주의'였다. 영국에서 일어난 브렉시트 운동의 경우 그것을 이끈 리더를 한 명으로 특정하기는 힘들지만, 이 경우 역시 기본 추진력을 제공한 것은 국가 주권의 재천명이었다. 프랑스와 네덜란드, 스칸디나비아 반도에서는 포퓰리즘 정당들이 향후 집권 기회를 노리며 기다리고 있다. 하지만 민족주의 수사가 위에 언급한 리더들에게서만 목격되는 것은 아니다. 나렌드라 모디(Narendra Modi) 인도 총리와 아베 신조 일본 총리도 각각 자국의 민족주의 부흥에 앞장서고 있다. 중국 특색의 사회주의 실현을 강조하는 중국의 시진핑 주석도 마찬가지다.

동시에 종교도 하나의 정치적 현상으로 부상해왔다. 대표적인 곳은 중동 지역이다. 2011년 아랍의 봄 민주화 운동은 무슬림 형제단 등 여러 이슬람주의 세력과 ISIS 같은 과격한 테러 조직들 때문에 결국 실패로 돌아갔다. ISIS가 시리아와 이라크의 물리적 근거지를 상실하고 거의 격퇴당하긴 했지만 이슬람주의 운동은 방글라데시, 태국, 필리핀 등에서 계속 퍼져나가고 있다. 인도네시아에서는 높은 지지율을 갖고 있던 자카르타 주지사이자 기독교도인 바수키 차하야 푸르나마(Basuki Tjahaja Purnama, 일명 아혹)가 이슬람 경전 코란을 모독했다는 논란이 불거지면서 강경 이슬람주의자들에게 집중 공격을 받았고, 결국 재선에 실패한 후 신성모독죄로 감옥에 투옥됐다. 그러나 이슬람교에만 정치화된 종교가 나타나는 것은 아니다. 모디 인도 총리의 인도국민당(BJP)은 힌두 민족주의 노선을 강하게 표방하는 정당이다. 스리랑카, 미얀마 등 남아시아 및 동남아시아에서는 극우 불교 집단들이 세력을 키워왔고, 이들 지역에서는 불교 세력과 무슬림 및 힌두교 집단 사이에 충돌이 일어나고 있다. 또한 일본, 폴란드, 미국 등 민주 국가들에서 종교 집단이 보수 연합의 일부를 형성하기도 한다. 독립 이후 수십 년간 유럽 스타일의 이념 정당인 노동당과 리쿠드당이 정치 질서를 지배했던 이스라엘에서는 샤스당이나 아구닷 이스라엘 같은 종교 정당들의 득표율이 계속 높아지고 있다.

반면 계급 중심의 좌파는 세계 곳곳에서 장기적인 퇴조를 보이고 있다. 공산주의는 1989~1991년에 붕괴했다. 북한과 쿠바에서 그 명맥을 유지하고 있기는 하지만 말이다. 제2차 세계대전 후 수십 년간 서유럽의 정치를 지배했던 사회민주주의의 입지도 흔들리고 있다. 독일 사회민주당은 1998년 선거에서 40퍼센트 이상의 표를 얻었지만 2016년에는 지지율이 20퍼센트 남짓한 수준으로 떨어졌고, 프랑스의 경우 2017년 총선에서 사회당이 거의 몰락하다시피 했다. 전반적으로 볼 때 1993년에서 2017년 사이에 중도좌파 정당들의 지지율은 북유럽 국가들에서 30퍼센트에서 24퍼센트로, 남유럽에서는 36퍼센트에서 21퍼센트로, 중유럽에서는 25퍼센트에서 18퍼센트로 하락했다. 이들은 여전히 주요 정당이기는 하지만 하향세를 타고 있는 트렌드는 분명히 감지된다.[1]

유럽 각국의 좌파 정당들은 시장경제 논리를 수용하면서 1990년대에 정치 무대의 중심을 장악했고 많은 좌파 정당이 정책 면에서 중도우파 정당들과 구분하기 힘들어졌다. 냉전 시기에는 중동에도 공산주의자들과 여타 좌파 세력들이 항상 존재했다. 남예

멘에서는 자칭 공산주의 정권이 집권하기도 했다. 그러나 이후 좌파는 완전히 주변부로 밀려나 이슬람주의 정당들에 자리를 내줬다. 좌파 포퓰리즘은 1990년대와 2000년대에 주로 라틴아메리카 국가들에서 강력한 힘을 얻어 베네수엘라의 우고 차베스(Hugo Chávez), 브라질의 루이스 이나시우 룰라 다 시우바(Luiz Inácio Lula da Silva), 아르헨티나의 키르치네르(Kirchner) 부부 등이 정권을 잡았다. 그러나 차베스의 후임으로 정권을 잡고 차베스 포퓰리즘을 계승한 니콜라스 마두로(Nicolás Maduro)의 통치 하에서 국가 경제가 파산 지경에 이르면서, 그와 같은 흐름은 이미 쇠퇴기에 접어들었다. 영국 노동당의 제러미 코빈(Jeremy Corbyn)과 미국의 버니 샌더스(Bernie Sanders)의 강력한 존재감이 좌파 부활의 조짐이 될지도 모르지만 좌파 정당들은 이제 어디서도 20세기 말에 누렸던 지배적인 영향력을 행사하지 못하고 있다.

지난 30여 년간 글로벌 불평등이 심화된 것을 감안하면 세계 곳곳의 좌파 세력 약화는 여러 모로 놀라운 현상이다. 내가 말하는 글로벌 불평등이란 국가들 간의 불평등이 아니라 개별 국가들 내에서의 불평등을 의미한다. 동아시아뿐 아니라 라틴아메리카와 사하라 이남 아프리카에서도 높은 경제 성장이 일어나면서 부국들과 빈국들의 격차는 좁혀져왔다. 그러나 경제학자 토마 피케티(Thomas Piketty)도 지적했듯 1980년 이후 전 세계적으로 국가 내의 소득 불평등은 크게 증가했다. 오랫동안 수용되어온 경제학자 사이먼 쿠즈네츠(Simon Kuznets)의 이론과 달리 선진국 개인들의 소득은 비슷한 수준으로 수렴하지 않고 격차가 더 벌어져왔다.[2] 전 세계적으로 신흥 재벌 계층, 즉 자기 집안의 이익을 챙기기 위해 부를 정치적으로 이용하는 갑부들이 나타나지 않은 지역이 거의 없다.[3]

경제학자 브랑코 밀라노비치(Branko Milanovic)는 널리 인용되는 '코끼리 곡선(elephant graph)'을 제시했다(다음 페이지 참조). 이는 전 세계 소득 분포의 다양한 집단들에 대해 1인당 소득의 상대적 증가율을 보여주는 그래프다. 1988년에서 2008년 사이에 세계는 생산성 증가와 세계화를 통해 훨씬 부유해졌다. 그러나 이런 성장의 이익은 평등하게 분배되지 않았다. 코끼리 곡선을 보면 백분위 20에서 70 사이의 사람들은 소득이 상당히 증가했으며, 이들은 백분위 95에 해당하는 사람들보다도 소득 증가율이 더 높다. 하지만 백분위 80 근처의 사람들은 소득이 전혀 증가하지 않거나 미미한 수준으로 증가했다. 이 그룹은 대체로 선진국의 노동자 계층에 해당한다. 즉 고졸 또는 그 이하의 학력을 가진 이들이다. 이들은 낮은 백분위의 사람들보다 훨씬 부유하긴 하지만 소득 분포 상위 10퍼센트 사람들에게 크게 입지를 잃었다. 다시 말해 이들의 상대적 지위는 현저히 낮아졌다.

선진국 세계에서 소득 불평등이 가장 두드러진 곳은 영국과 미국이다. 이 둘은 1980년대 마거릿 대처와 로널드 레이건의 주

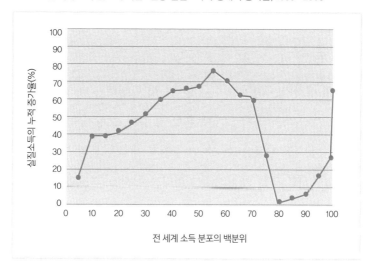

전 세계 소득 분포에 따른 1인당 실질소득의 상대적 증가율, 1988~2008[4]

도로 자유 시장을 강조하는 신자유주의 혁명이 일어난 나라였다. 미국에서 1980년대와 1990년대에 이뤄진 강력한 경제 성장의 결과물은 균등하게 분배되지 않고 상당 부분이 고학력 시민들에게 돌아갔다. 스스로를 중산층의 핵심이라고 여기던 미국의 노동자 계층은 꾸준히 경제적 입지가 좁아졌다. 국제통화기금(IMF)의 연구에 따르면 중산층이 축소됨에 따라 소득이 미국인 전체 중간 소득의 50~150퍼센트인 개인들이 1970년에서 2014년 사이에 전체 인구 대비 58퍼센트에서 47퍼센트로 줄어들었다. 2000년 이후에는 중산층의 겨우 0.25퍼센트만이 고소득층으로 올라갔고, 무려 3.25퍼센트는 소득 사다리의 아래쪽으로 이동했다.[5] 이러한 소득 불평등은 2008년 금융 위기로 더욱 심해졌다. 당시 금융 부문의 술책과 잘못된 정책이 자산 거품을 만들어냈고, 이 거품이 터지면서 이후 수많은 평범한 미국인과 세계 곳곳의 사람들이 일자리를 잃었으며 그들의 가계가 무너졌다.

얼핏 생각하면 심각한 소득 불평등이 발생하는 나라들에서 포퓰리스트 좌파가 다시 크게 부흥할 것 같다. 프랑스 혁명 이래로 좌파는 경제적 평등을 추구하면서 정부 개입을 통해 부자들에서 빈자들에게로 부를 재분배해야 한다는 입장을 견지해왔기 때문이다. 그러나 글로벌 금융 위기 이후 세계 곳곳에서 좌파의 부활과는 반대되는 현상이 나타났다. 많은 선진국에서 우파 포퓰리스트 민족주의 세력이 득세한 것이다. 대표적인 나라는 탈산업화로 인해 전통적인 노동자 계층이 위기에 내몰린 미국과 영국이었다. 미국의 경우 금융 위기 이후에 좌파 성향의 '월가를 점령하라(Occupy Wall Street)' 시위와 우파 성향의 티파티(Tea Party, 공화당 내 강경 극우 그룹 - 옮긴이) 운동이 일어났다. 전자의 세력은 대규모 거리 행진과 시위를 이어가다가 흐지부지되고 말았지만, 티파티 세력은 공화당을 장악하고 선거에서 의회의 대부분도 장악했다. 2016년 선거에서 유권자들은 좌파 포퓰리스트 후보자들을 외면하고 대신 민족주의자 정치인들을 선택했다.

좌파가 심화되는 글로벌 불평등이라는 상황을 이용하는 데 실패하고 대신 민족주의 우파가 급부상한 것을 어떻게 설명해야 할까? 이는 새로운 현상이 아니다. 사실 좌파 정당들은 100년 전부터 그들의 가장 강력한 지지 기반이어야 할 저소득층이나 노동자 계층 유권자들 사이에서 민심을 잃고 민족주의자들에게 자리를 뺏기고 있었다. 1914년 유럽의 노동자 계층은 제2인터내셔널(Second International, 사회주의 운동을 토대로 1889년 프랑스 파리에서 결성된 국제 조직 – 옮긴이)의 기치 아래 결집하지 않고 각자 제1차 세계대전에 참가하는 자국의 정부를 지지했다. 이런 좌파의 실패는 오랫동안 마르크스주의자들을 당혹감에 빠트렸다. 어니스트 겔너는 이런 현실에 대한 마르크스주의자들의 설명 방식을 다음과 같이 소개했다.

> 극단 시아파 무슬림들이 가브리엘 천사가 원래 알리에게 전해야 할 신의 계시를 실수로 무함마드에게 전달했다고 생각하는 것처럼(이슬람 시아파에서는 무함마드의 사촌이자 사위인 알리를 추종한다 – 옮긴이), 마르크스주의자들은 기본적으로 역사의 정신 또는 인간 의식이 끔찍한 실수를 저질렀다고 생각하길 좋아한다. 즉 '계급들'에 전달돼야 할 각성의 메시지가 배달 상의 결정적 오류로 '민족들'에게 전달됐다는 것이다.[6]

마찬가지 논리를 적용한다면 오늘날 중동에서는 계급들에게 전달돼야 하는 편지가 대신 종교에 전달된 셈이다.

이러한 배송 사고가 발생한 것은 인간의 행동에서 경제적 동기들이 정체성 문제와 뒤얽혀 있는 방식 때문이다. 가난한 것은 곧 다른 동료 인간들에게 보이지 않는 존재가 되는 것과 같다. 그리고 보이지 않는 존재로서 모욕당하는 것은 종종 궁핍한 것보다 더 고통스럽다.

9장

보이지 않는
인간

경제학에서 보는 인간은 '선호' 또는 '효용'에 따라서, 다시 말해 물질적 자원이나 재화에 대한 욕구에 따라서 움직이는 존재다. 하지만 이 관점은 영혼에서 타인에게 인정받기를 원하는 부분인 투모스를 간과하고 있다. 여기에는 남들과 평등한 존엄성을 지 녔음을 인정받고 싶어 하는 대등 욕망과 우월함을 인정받고 싶 어 하는 우월 욕망이 포함된다. 우리가 흔히 물질적 필요나 욕구 에 의한 경제적 동기라고 여기는 것들이 사실은 자신의 존엄성 이나 지위에 대한 인정을 원하는 투모스적인 욕구인 경우가 대 단히 많다.

똑같은 노동에 대해 동등한 보수를 받는 문제를 생각해보자. 이는 수십 년간 여성의 권리 운동에서 핵심 이슈였다. 여성들은 지난 50년 동안 노동 시장에서 큰 역할을 해왔지만, 여성이 조직 의 고위직에(보다 최근에는 실리콘밸리 기술 회사들의 고위직에) 오르지 못하게 막는 '유리 천장(glass ceiling)'의 존재가 자주 언급됐다. 현 대 페미니즘 어젠다의 상당 부분을 결정한 것은 소방관이나 해병 대원이 되고 싶어 하는 노동자 계층 여성들이 아니라 사회적 서 열의 상층부로 더 가까이 올라가고자 하는 고학력 전문직 여성들이었다.

이 후자 그룹에서 동등한 보수에 대한 요구를 생성시키는 진짜 동기는 무엇일까? 그것은 흔히 생각하는 경제적 동기가 아니다. 법률 회사에서 파트너로 승진하지 못하거나, 또는 임원급으로 승진하되 같은 직급의 남성보다 10퍼센트 낮은 연봉을 받는 여성 변호사는 경제적인 궁핍과 전혀 거리가 멀다. 그녀는 전체 국민의 소득 분포에서 매우 상위에 속할 가능성이 높으므로 경제적으로 쪼들릴 일이 거의 없다. 만일 그녀와 같은 직급의 남성이 둘 다 연봉이 두 배로 오른다 해도 그녀는 여전히 부당함을 느낄 것이다.

이 여성 변호사가 느끼는 분노는 자원보다는 공정함과 관련된다. 그녀가 회사에서 받는 연봉 액수가 중요한 이유는 생계에 필요한 자원을 얻을 수 있기 때문이라기보다는 그것이 존엄성을 나타내는 표식이 되기 때문이다. 회사는 그녀의 능력과 기여도가 남성과 동등하거나 심지어 남성보다 더 높아도 그녀가 남성보다 가치가 낮은 존재라고 말하는 셈이다. 연봉에는 '인정'의 문제가 연관돼 있다. 그녀는 남성과 똑같은 연봉을 받더라도 단지 여성이라는 이유로 선망받는 직급에 오르지 못할 것이라는 얘기를 듣는 경우에도 역시 분노를 느낄 것이다.

근대 정치경제학의 초석을 놓은 애덤 스미스는 일찍이 경제적 이익과 인정 사이의 연결 관계를 간파했다. 18세기 후반 영국에서도 그는 가난한 사람들이 기본적인 생필품을 마련하며 엄청난 물질적 궁핍을 겪지는 않는 것을 목격했다. 그들은 다른 이유로 부유함을 추구했다. 그가 쓴《도덕감정론》의 한 구절을 살펴보자.

> 타인에 의한 공감과 호의, 승인 속에서 관찰과 주목을 받고 존재감이 인지되는 것은 우리가 부유함에서 얻을 수 있는 이익이다. 우리가 부유함에 관심을 갖도록 만드는 것은 안락이나 기쁨이 아니라 허영심이다. 그러나 허영심이란 언제나 우리 자신이 타인의 관심과 승인의 대상이라는 믿음에 기초한다. 부자는 자신의 부를 자랑스럽게 여긴다. 부유함으로 인해 자연스럽게 세간의 주목을 받는다고 느끼고, 또 부유함이 주는 우위가 그에게 고취한 모든 유쾌한 감정에 세상 사람들이 동조하는 경향이 있다고 느끼기 때문이다. (…) 반면 가난한 사람은 자신의 빈곤을 수치스러워한다. 그는 빈곤함 때문에 자신이 세상 사람들 눈에 보이지 않는 존재가 된다고, 또는 사람들이 자신을 알아챈다 해도 자신이 겪는 비참함과 고통에 동정심을 거의 갖지 않는다고 느낀다.[1]

부자는 "자신의 부를 자랑스럽게" 여긴다. 만일 세계적인 갑부들에게 매일 아침 어떤 동기가 그들을 침대에서 일어나게 만드느냐고 물어본다면, 뭔가 필요한 것이 있는데 조만간 1억 달러를 더 벌지 않으면 그 필요한 것을 가질 수가 없기 때문이라고 대답할 리는 없다. 그들이 원하는 것은 다른 것이다. 즉 그들은 프랜시스 베이컨(Francis Bacon, 1909~1992, 아일랜드 태생의 영국 화가) 작품의 최대 컬렉션을 소장하거나, 아메리카스컵(America's Cup) 요트 대회에서 우승한 요트의 주인이 되거나, 또는 세계 최대의 자선 재단을 설립하고 싶어 한다. 그들이 추구하는 것은 절대적인 부의 양이 아니라 다른 부자들과 비교했을 때의 상대적인 지위다.

미국이나 독일, 스웨덴 등 부유한 나라에 사는 저소득층의 경우도 꼭 경제적 수준 자체만이 문제인 것이 아니다. 보수 진영에서 끊임없이 지적하듯 미국에서 빈곤선 이하 소득층의 사람들은 사하라 이남 아프리카의 가난한 국민들보다 훨씬 더 높은 물질적 풍요를 누린다. 즉 그들은 TV와 자동차를 소유하고 에어 조던 운동화를 신는다. 그리고 영양실조가 아니라 정크푸드의 과도한 섭취로 비만을 겪는다.

물론 미국에도 물질적 궁핍이 존재한다. 일부 사람들이 좋은 교육이나 의료 서비스를 받을 기회를 충분히 얻지 못하기 때문이다. 그러나 빈곤의 고통은 존엄성 상실이라는 형태로 찾아오는 경우가 많다. 애덤 스미스도 말했듯 빈곤한 사람은 "세상 사람들 눈에 보이지 않는 존재"가 되고 종종 사람들은 그에게 어떤 동정심도 갖지 않는다. 이는 랠프 엘리슨(Ralph Ellison)의 소설 《보이지 않는 인간》에 나타난 주된 테마이기도 하다. 이 소설의 주인공은 미국 남부에서 뉴욕 할렘으로 이어지는 여정 속에서 자신의 정체성을 찾아가는 한 흑인이다. 주인공이 북부에서 겪는 인종차별이 진정 모욕적인 이유는 흑인이 백인들에게 보이지 않는 존재라는, 즉 그들이 흑인을 부당하게 대우하는 것을 넘어서 아예 같은 인간으로 바라보지 않는다는 점에 있었다. 만일 당신이 구걸하는 노숙자에게 돈을 주되 그와 눈을 마주치지 않는다면 당신은 그의 물질적 결핍은 덜어줬어도 당신과 그 노숙자가 똑같은 인간이라는 사실은 인정하지 않은 것이다.

또한 소득과 존엄의 밀접한 관계는 실직자에게 기초소득 보장을 제공하는 제도가 사회적 평화를 가져오거나 개인들을 행복하게 만들지 못하는 이유를 짐작하게 해준다. 일자리를 갖는 것은 단순히 물질적 소득만 얻는 통로가 아니라 해당 개인이 사회적으로 가치 있는 무언가를 하고 있다는 인정을 얻는 길이기도 하다. 아무 일도 하지 않고 돈을 받는 사람은 자긍심을 느낄 토대가 없는 셈이다.

경제학자 로버트 프랭크는 부와 지위의 연결 관계를 언급하면서 사람들이 절대적 가치가 아니라 상대적 가치 때문에 지위를 원하는 경우가 많다고 설명한다. 그는 이때 '지위재(positional good)'라는 표현을 쓴다. 만일 당신이 테슬라 자동차를 갖고 싶어 하는데, 지구온난화가 걱정돼서가 아니라 그것이 최신 유행하는 값비싼 차이고 당신의 이웃집 사람은 아직도 BMW를 몰기 때문이라면, 이때 자동차가 지위재에 해당한다. 인간이 느끼는 행복이나 만족감은 자신의 절대적 지위가 아니라 상대적 지위에 좌우될 때가 많다. 프랭크는 설문 조사 결과 소득이 높은 사람들이 행복 수준도 더 높다고 설명한다. 이는 얼핏 생각하면 소득의 절대적 수준과 관련된 말 같지만, 그렇지 않다. '상대적' 지위가 비슷한 사람들이 그들이 가진 부의 절대량과 상관없이 비슷한 수준의 행복감을 느낀다. 예를 들어 나이지리아의 고소득층 사람들은 독일의 고소득층 사람들과 비슷한 수준의 행복을 느낀다. 두 집단 사이의 경제적 격차에도 불구하고 말이다. 절대적인 부의 기준에 따라 다른 나라 사람들과 자신을 비교하는 것이 아니라 자신이 속해 살아가는 자국 사람들에 견주어 상대적인 비교를 하는 것이다.[2]

자연과학 분야의 여러 증거들은 지위에 대한 욕구(즉 우월 욕망)가 생물학적 특성과 깊게 관련돼 있음을 보여준다. 자신이 속한 집단의 사회적 계급에서 지배권을 획득하거나 우두머리 수컷이 된 영장류에게서는 세로토닌이 다량 분비되는 것이 관찰된다. 세로토닌은 행복감과 즐거움을 느끼게 하는 신경전달물질이다. 때문에 우울증과 낮은 자존감을 치료하는 데 프로작(Prozac), 졸로푸트(Zoloft) 같은 선택적 세로토닌 재흡수 억제제가 널리 사용되는 것이다.[3]

현대 정치의 특정 현상들이 자원보다는 지위와 더 깊게 관련

돼 있음을 암시하는 심리학적 사실이 있다. 행동경제학 분야의
연구 결과에 따르면 사람들은 이득보다 손실에 훨씬 더 민감하
다. 즉 100달러를 더 버는 것보다 100달러의 손해를 피하는 것
에 훨씬 더 많은 노력을 기울이는 경향이 있다.[4] 인간의 이런 성
향은 새뮤얼 헌팅턴이 지적한 역사적인 현상 한 가지를 설명해
줄지도 모른다. 즉 정치적으로 가장 불안정한 집단은 대개 극빈
층이 아니라 사회 내 타 집단들과 비교할 때 자신의 지위가 약해
지고 있다고 느끼는 중산층이라는 현상 말이다. 헌팅턴은 프랑스
혁명이 빈곤에 찌든 농민들 때문이 아니라 혁명 발발 이전 10년
간 자신들의 경제적, 정치적 입지가 심각하게 불안해지고 있음을
느낀 중산층 때문에 일어났다고 했던 알렉시 드 토크빌(Alexis de
Tocqueville)의 말을 인용한다. 빈곤층은 대개 정치적인 조직력이
떨어지고 하루하루 먹고 살아가는 일을 걱정해야 한다. 반면 스
스로 중산층이라 여기는 사람들은 정치적 활동에 참여할 시간이
더 많고 교육 수준이 높으며 결집하기가 더 쉽다. 더 중요한 점
으로, 그들은 자신의 경제적 지위 때문에 존경받을 자격이 있다
고 생각한다. 즉 그들은 사회에 도움이 되는 직종에서 열심히 일
해 가족을 부양하고 세금 납부 등과 같은 사회에 대한 책무를 수
행한다. 그들은 자신이 경제 조직의 최상단에 위치하지 않는다는
사실은 잘 알지만 빈곤에 시달리거나 정부 보조금에 의존하지 않
는다는 점에 대해서는 자부심을 느낀다.[*] 중산층 사람들은 자신

이 사회 주변부에 있다고 생각하지 않는다. 오히려 자신들이 국민 정체성의 핵심을 구성한다고 느끼는 경우가 많다.

중산층 지위의 상실에 대한 위기감은 태국에서 나타난 심각한 분열을 설명해줄지도 모른다. 태국은 '노란 셔츠' 세력과 '붉은 셔츠' 세력의 극심한 대립으로 분열을 겪어왔다. 전자는 국왕과 왕실, 군부를 지지하는 상류층이고 후자는 탁신 친나왓(Thaksin Shinawatra) 전 총리와 그가 이끈 타이락타이당을 지지하는 세력이다. 이 두 세력의 갈등과 시위로 2010년에는 수도인 방콕 시내가 마비되다시피 했고 결국 2014년에는 노란 셔츠 세력의 지지를 받는 군부가 쿠데타를 일으켰다. 태국의 분열 사태는 탁신과 그의 여동생 잉락(Yingluck, 2011~2014년 총리 역임)이 낙후 지역 및 저소득층 국민들을 위해 추진한 재분배 정책 중심의 이데올로기를 둘러싼 갈등으로, 또는 부정부패와 싸우는 투쟁으로 해석돼왔다. 하지만 페데리코 페라라(Federico Ferrara)는 인정을 둘러싼 투쟁으로 봐야 한다고 주장한다. 페라라의 설명에 따르면 전통적으로 태국 사회는 이른바 '태국다움(Thainess)'이라는 이념을 중심으로 엄격하게 계층화되어 있었다. 이는 방콕의 엘리트층이 일반

● 미국에서는 '중산층'이라는 용어를 둘러싼 혼란이 많다. 대다수 미국인이 때로는 부유한 엘리트이거나, 또는 유럽이라면 노동자 계층이나 심지어 빈곤층으로 규정될 사람들인 경우에도 자신을 중산층이라고 생각하는 경향이 있기 때문이다. 중산층으로 보기에 가장 정치적으로 적절한 집단은 전체 개인의 소득 수준을 5분위로 나열했을 때 3~4분위에 해당하는 사람들일 것이다. 이들은 소득이 증가하지 않고 정체 상태를 보이거나 1~2분위로 내려갈 가능성이 높다.

국민들과 지리학적, 민족언어학적으로 거리를 두는 일종의 정치 이데올로기다. 수십 년에 걸친 경제 성장은 많은 탁신 총리 지지 자들을 일으켜세웠고 이들이 자신의 지역 정체성을 주장하기 시작하면서 방콕 엘리트층과 충돌을 빚었다. 그리고 정치적 활동에 가장 적극적으로 참여한 것은 대개 중산층이었다. 이는 경제적 갈등처럼 보였던 것을 사실은 투모스가 중심 역할을 하는 제로섬 게임으로 봐야 하는 이유를 설명해준다.[5]

따라서 중산층 지위에 대한 위협감은 2010년대에 세계 많은 지역에서 포퓰리스트 민족주의가 약진한 이유를 설명해주는 듯하다.

고졸 또는 그 이하 학력을 가진 미국 노동자 계층의 삶은 지난 세대 동안 황폐해져왔다. 이들은 소득의 침체 또는 하락과 실직뿐만 아니라 사회적 분열도 겪어야 했다. 제2차 세계대전 이후 미국 북부의 시카고, 뉴욕, 디트로이트 등으로 이주해 도축업이나 철강업, 자동차 산업 분야에 취직한 아프리카계 미국인들의 삶에는 그런 변화가 1970년대부터 시작됐다. 이들 산업이 쇠퇴해 탈산업화가 진행되면서 많은 노동자가 일자리를 잃었고 사회적 병폐와 범죄의 발생이 잇따랐다. 범죄율이 증가하고 크랙 코카인 사용자가 늘어났으며 가계가 파탄나 빈곤이 한 세대에서 다음 세대로 이어졌다.[6]

정치 스펙트럼에서 서로 반대쪽 끝에 서 있는 두 사회과학자 찰스 머리(Charles Murray)와 로버트 퍼트넘(Robert Putnam)이 설명했듯, 지난 10년 동안에는 이런 사회적 퇴보가 백인 노동자 계층에까지 확산됐다.[7] 농촌과 노동자 계층이 밀집한 지역 사회에 마약성 진통제 남용이 확산되어 2016년에는 이런 약물 남용으로 6만 명이 넘게 사망했으며, 이는 매년 교통사고로 사망하는 미국인보다도 많은 숫자다. 그 결과 백인들의 기대 수명이 낮아졌고 이는 선진국으로서는 매우 이례적인 현상이다.[8] 한 부모 가정에서 자라는 아동의 숫자가 과거에 비해 크게 증가했고, 백인 노동자 계층 아이들의 경우 그 비율이 36.5퍼센트다.[9]

그러나 트럼프를 백악관에 입성시킨 미국의 민족주의 부흥에 (그리고 영국을 유럽연합에서 탈퇴시킨 민족주의의 부흥에) 가장 강력한 힘을 실어준 요인 하나는 보이지 않는 존재가 됐다는 기분을 느낀 국민들이었을 것이다. 위스콘신주와 루이지애나주의 보수 유권자들을 각각 분석한 캐서린 크레이머(Katherine Cramer)와 앨리 혹실드(Arlie Hochschild)의 최근 연구 결과도 그런 분노를 지적한다. 위스콘신주에서 공화당 주지사 스콧 워커(Scott Walker)를 압도적으로 지지한 시골 유권자들은, 위스콘신의 주도 매디슨과 미국 내 다른 대도시들의 엘리트층이 자신들을 이해하지 못하거나 자신들의 문제에 관심을 기울이지 않는다고 설명했다. 크레이머가 직접 대화를 나눈 한 주민은 말했다. "워싱턴DC는 그 자체로 하나의 나라다. (…) 그들은 나머지 국민들이 어떻게 사는지 전혀 모른 채 자기들 잇속만 챙기느라 여념이 없다."[10] 이와 유사하게 루이지애나주 시골의 한 티파티 진영 유권자는 말했다. "민주당 진영의 많은 논객들은 우리 같은 사람들을 무시한다. 우리는 'N 단어'를 써서는 안 된다. 그러고 싶지도 않다. 그건 모욕적인 표현이기 때문이다. 그런데 어째서 민주당 논객들은 'R 단어'를 그렇게 아무렇지도 않게 사용하는가?"[11] ('N 단어'는 흑인 비하 표현인 'nigger', 'negro'를 뜻하고, 'R 단어'는 'redneck(레드넥)'을 뜻한다. 레드넥은 미국 남부의 가난하고 교육 수준이 낮은 보수 성향의 백인 농부, 노동자를 비하하는 표현이다 – 옮긴이)

중산층 지위의 상실을 두려워하는 시민들의 분노는 자신들을 무시하는 위쪽의 엘리트들에게로 향한다. 하지만 동시에 그들의 분노는 그들이 보기에 자격이 없음에도 부당하게 사회적 혜택을 받는다고 여겨지는 아래쪽의 가난한 사람들에게도 향한다. 크레이머는 이렇게 말한다. "같은 나라에 사는 동포들을 향한 분노가 중심적 역할을 한다. 사람들은 자기 삶이 현재처럼 된 것이 커다란 사회적, 경제적, 정치적 힘들의 결과가 아니라 비난받아 마땅하고 자격이 없는 사람들의 잘못 때문이라고 생각한다."[12] 그런가 하면 혹실드는 이런 비유를 든다. 평범한 사람들이 '아메리칸 드림'이라고 적힌 문으로 들어가려고 긴 줄에 서서 인내심 있게 기다렸는데, 자신들을 무시하는 바로 그 엘리트층의 도움을 받고 갑자기 다른 이들(아프리카계 미국인, 여성, 이민자)이 새치기를 해서

먼저 들어간다고 느낀다는 것이다. 혹실드는 루이지애나의 보수 유권자들을 두고 이렇게 표현한다. "당신들은 자기 땅에 사는 이방인이다. 당신은 남들 눈에 비치는 당신 모습을 인정할 수가 없다. 그것은 눈에 보이는 존재가 되고 존중받기 위한 투쟁이다. 그리고 존중받기 위해서는 앞으로 나아간다는 기분을 느껴야 한다. 하지만 당신이 아무 잘못도 안 했음에도, 그리고 보이지 않는 방식으로 당신은 자꾸 뒤로 미끄러진다."[13]

개인들은 종종 경제적 곤경을 물질적 결핍이 아니라 정체성 상실이라는 의미로 느낀다. 열심히 일한 사람은 존엄성을 인정받아야 마땅한데 그런 인정은 받지 못한 채 오히려 소외와 비난의 대상이 되고, 규칙을 따르지 않는 다른 사람들이 부당하게 혜택을 누린다고 느끼는 것이다. 이 같은 소득과 지위의 밀접한 연결성은 민족주의나 종교 성향의 보수 세력이 경제 계급에 기초한 전통적인 좌파보다 많은 유권자들을 더 효과적으로 끌어당긴 이유를 일정 부분 설명해준다. 민족주의자들은 상대적인 경제적 입지의 상실을 정체성 및 지위의 상실과 자연스럽게 연결할 줄 안다. 그들은 이런 식으로 호소한다. "당신은 지금까지 늘 위대한 우리나라의 핵심 구성원이었다. 그런데 외국인과 이민자들, 당신의 엘리트 동포들이 당신을 끌어내리려고 한다. 이 나라는 더 이상 당신의 조국이 아니다. 당신은 바로 당신 자신의 나라에서 존중받지 못하고 있다." 종교적 정치 세력이 사용하는 수사도 이와 대동소이하다. "당신은 위대한 믿음의 공동체의 일원이며 믿음이 없는 자들이 이 공동체의 명예를 훼손하고 있다. 이들의 배반은 당신의 빈곤을 초래했을 뿐만 아니라 신에 대한 죄악이기도 하다. 당신은 동포 국민들에게는 보이지 않는 존재일지라도 신에게는 보이지 않는 존재가 결코 아니다."

그래서 세계 여러 나라에서 이민이 그토록 골치 아픈 문제가 된 것이다. 이민자들은 국가 경제에 도움이 될 수도, 안 될 수도 있다. 교역의 경우처럼 이민은 종종 총합계상으로 국가 재정에 도움이 되지만 사회 내 모든 집단에 경제적 이로움을 주는 것은 아니다. 하지만 이민은 거의 항상 문화적 정체성에는 위협으로 간주된다. 특히 최근 수십 년 동안처럼 수많은 이민자들이 국경을 넘어 이동할 때는 더욱 그렇다. 소득 저하가 곧 사회적 지위의 상실을 의미한다고 느끼는 사람들에게는 이민이 경제적 상태 변화를 대신할 대용물이 된다.

하지만 지금까지 설명한 것만으로는 미국과 유럽에서 최근 민족주의 우파가 과거에는 기꺼이 좌파 정당들에게 표를 던졌던 유권자들의 마음을 사로잡은 이유에 대한 충분히 만족스러운 대답이 되지 않는다. 어쨌거나 전통적으로 좌파는 기술 변화와 세계화로 초래된 경제적 불평등에 대해 사회안전망 확대라는 더 나은 현실적 해법을 갖고 있었으니까 말이다. 더욱이 과거에 진보 세력은 "만국의 노동자들이여, 단결하라!", "권력자에게 대항하라!"라고 외치면서 착취라는 공유된 경험과 부유한 자본가들에 대한 분노를 강조하고 공동의 정체성에 호소했다. 미국의 경우 1930년대 뉴딜 정책 시대부터 로널드 레이건이 부상하기 전까지 노동자 계층에서는 압도적으로 민주당을 지지했다. 유럽의 사회 민주주의는 노동조합과 노동자 계층의 결속이라는 토대 위에 세워졌다.

오늘날 좌파의 문제는 그동안 특정한 형태의 정체성들에 초점을 맞춰온 데 있다. 노동자 계층 또는 경제적으로 착취당하는 이들과 같은 커다란 집단을 중심으로 결속을 강화하는 대신, 특정한 방식으로 소외된 점점 더 작은 집단들에 집중해온 것이다. 이는 보편적이고 평등한 인정이라는 원칙이 특정 집단들에 대한 특별한 인정으로 변형되어온 현대 자유주의의 운명이라는, 보다 커다란 스토리의 일부이기도 하다.

10장

존엄성의
대중화

앞서 살펴봤듯 존엄성에 대한 관점은 19세기에 두 방향으로 형성됐다. 하나는 현대 자유민주주의 국가에서 보장하는 정치적 권리들 안에 구현된 자유주의적 개인주의를 향했고, 다른 하나는 종종 민족이나 종교로 규정되는 집단 정체성으로 향했다. 앞에서 집단 정체성에 관해 살펴봤으므로 이제 정체성에 관한 개인주의적 관점을 들여다보자. 특히 북미와 유럽의 자유민주주의 국가들에 등장한 정체성을 중심으로 살펴본다.

그동안 정치 시스템을 통해 꾸준히 점점 더 다양한 개인들의 권리를 인정하면서 존엄성이 대중화되어왔다. 1788년 미국 헌법 비준 당시에는 재산이 있는 백인 남성들에게만 온전한 정치적 권리가 주어졌지만 이후 시간이 흐르면서 그 범위가 서서히 확대돼 재산이 없는 백인 남성, 아프리카계 미국인, 토착 원주민, 여성도 권리를 갖게 됐다. 이런 의미에서 보면 자유주의적 개인주의는 보다 민주적인 사회를 만든다는 약속을 점진적으로 실현했다고 할 수 있다. 그러나 한편으로 그 과정에서 자유주의적 개인주의는 집단적 방향성을 띠는 쪽으로 진화해 이 두 가닥은 나중에 예상치 못한 방식으로 합쳐지게 된다.

플라톤의 《국가》에서 설명하는 투모스와 존엄성 인정에 대한 욕망은 모든 인간이 보편적으로 공유하는 것이 아니었다. 그것은 수호자, 즉 군인에게만 해당하는 특성이었다. 그들은 공동체를 지키기 위해 전장에서 기꺼이 목숨의 위험을 무릅쓰기 때문에 존엄성을 인정받을 자격이 있었다. 기독교 전통에서는 모든 인간이 스스로 도덕적 선택을 할 수 있는 존재이므로 누구나 평등한 존엄성을 지닌다고 가주했으며, 특히 개신교 사상에서는 그런 선택 능력이 각 개인의 내면 깊은 곳에 존재한다고 보았다. 이후 이같은 보편적 존엄성 개념은 이성적인 도덕 법칙을 강조한 칸트에 이르러 종교적 테두리를 벗어났다. 그리고 루소는 내면의 도덕적 자아가 도덕적 선택 능력을 지녔을 뿐만 아니라 외부 사회에 의해 억눌린 수많은 감정과 개인적 경험을 갖고 있다고 주장했다. 루소는 그런 감정과 내적 자아를 억누르는 것이 아니라 일깨우는 것이 도덕적 의무라고 보았다. 이제 존엄성 담론에서는 진정한 내적 자아의 회복, 그리고 사회가 각 개인의 잠재력을 인정해야 할 필요성이 중요해졌다. 자유 사회에는 단순히 특정한 최소한의 권리들을 보호하는 정치 질서가 아니라 내적 자아의 완전한 실현을 적극적으로 장려하는 정치 질서가 확립돼야 한다는 인식이 생겨났다.

기독교 전통에서 내적 자아는 원죄의 근원이지만 그와 동시에 도덕적 선택(죄를 물리칠 수 있는)을 하는 주체이기도 했다. 존엄성의 근거가 되는 것은 각 개인이 내면의 사악한 욕망을 뿌리치고 수많은 도덕적 규칙(섹스, 가족, 이웃이나 통치자와의 관계 등과 관련된)을 따르는 능력이었다. 그러나 서구 국가들에서 공통된 종교가 마련해준 공통된 도덕적 틀이 점차 와해되자 기독교의 도덕 규칙을 따르는 개인들에게만 존엄성을 부여하기가 힘들어졌다. 종교는 일종의 우상 숭배나 잘못된 의식(意識) 체계로 여겨지기 시작했고, 자기표현을 갈망하는 내적 자아(때로는 심지어 종교적 규칙을 어기고 싶어 하는 자아)를 존중하고 인정해야 마땅하다는 시각이 자라나기 시작했다.

20세기 미국 문화에서 이런 시각의 발전 양상을 뚜렷이 보여준 것은 1990년 '자존감을 향하여(Toward a State of Self-Esteem)'라는 제목의 보고서를 발간한, 자존감과 개인적·사회적 책임의 증진을 위한 캘리포니아 특별위원회(California Task Force to Promote Self-Esteem and Personal and Social Responsibility)의 활동이었다. 이 특별위원회는 캘리포니아주의회 의원 존 바스콘첼로스(John Vasconcellos)의 제안으로 설립됐으며, 바스콘첼로스는 1960년대부터 캘리포니아 베이에어리어(Bay Area) 지역에서 융성한 인간 잠재력 운동(human potential movement)의 영향을 받은 인물이었다.[1] 인간 잠재력 운동의 사상적 토대는 심리학자 에이브러햄 매슬로(Abraham Maslow)의 '욕구 5단계 이론(hierarchy of needs)'이었다. 매슬로가 설명하는 욕구의 5단계 중 가장 아래쪽에는 음식이나 물을 원하는 기본적인 생리적 욕구가, 중간에는 안전과 소속감 같은 사회적 욕구가 존재한다. 그리고 제일 위쪽에는 '자아실현'의 욕구가 위치한다. 매슬로는 대다수 사람들이 자신이 가진 잠재력의 상당 부분을 실현하지 못한다고 주장했다. 그리고 자존감은 자아실현을 위해 반드시 필요했다. 사람들이 자신의 능력을 낮게 평가해서 잠재력을 미처 다 발휘하지 못하기 때문이다. 개인의 자아실현이 사회의 요구 사항들보다 더 중요한 욕구라는 이런 생각은 현대의 정체성 개념과 일맥상통하는 것이었다.[2]

캘리포니아 특별위원회는 '자존감을 향하여'에서 자존감을 이렇게 정의했다.

> 인간으로서 살아 있다는 것에는 본질적 중요성이 내재하며, 이 중요성은 미국 독립선언문 작성자들이 모든 인간은 "창조주로부터 명백한 양도할 수 없는 권리들을 부여받았다"고 선언한 데에도 드러나 있다. 모든 인간이 존엄성을 지닌다는 이런 신념은 오랫동안 우리나라의 도덕적, 종교적 유산의 일부였다. 생명이라는 귀중하고 신비로운 선물을 받았다는 이유만으로 모든 사람은 저마다 고유하게 중요하다. 그것은 그 어떤 적대자나 역경도 빼앗아갈 수 없는 본래적 가치다.[3]

이 보고서는 또한 "나 자신의 가치와 중요성을 인정하는 일은 내 능력의 양이나 질을 타인의 그것과 비교해 평가하는 것에 달려 있지 않다. 모든 사람의 능력은 그 자체로 소중하며 필요한 것이다. 누구나 자신이 사는 사회에 기여할 능력을 갖고 있다"라고 말한다. 아울러 다음과 같이 상술하고 있다. "중요한 것은 사회에 받아들여지거나 가치 있는 존재가 되는 일이 아니라 원래부터 가치 있는 존재라는 사실을 인정하는 일이다. 우리 내면의 감정은 그 가치의 일부이며 그 감정을 받아들여야 자존감이 높아진다. (…) 우리는 저마다 자신의 인종, 민족성, 문화를 고귀하게 여겨야 한다. 우리는 자신의 신체와 성별과 성적 취향의 가치를 인정해야 한다. 우리는 자신의 생각과 감정, 창의성을 받아들여야 한다."[4]

이 보고서에는 그 연원을 저 멀리 루소에게서 찾을 수 있는 일련의 신념이 표현돼 있다. 즉 인간은 누구나 내면 깊은 곳에 숨겨진 자아가 있고, 이 내적 자아는 고유한 독특함을 지니며 창의성의 원천이고, 각 개인 내면의 자아는 타인의 자아와 동등한 가치를 지니고, 내적 자아는 이성이 아니라 감정을 통해 표현되고, 내적 자아는 독립선언문 같은 정치적 문서들에서 인정하는 인간 존엄성의 토대라는 신념이다. 요컨대 루소의 뒤를 잇는 정체성 개념을 분명하게 선언한 것이다.

그러나 캘리포니아 특별위원회의 보고서는 커다란 내적 모순을 포함하고 있으며 이는 한편으로 대등 욕망과 우월 욕망 사이에 존재하는 근본적 긴장을 보여준다. 이 보고서는 모든 개인이 창의적이고 유능한 내적 자아를 갖고 있다고 단언한다. 또한 일방적인 판단을 피하려는 태도를 견지하면서, 각 개인이 자신을 타인과 비교해서도 안 되고 타인의 기준에 따라 평가받는 상황에 놓여서도 안 된다고 경고한다. 하지만 보고서 저자들은 우리가 소중히 여겨야 하는 내적 자아가 잔인하거나, 폭력적이거나, 과도한 자아도취에 빠지거나, 부정직할 수도 있다는 문제를 알아챈 것으로 보인다. 또는 내적 자아가 게으르거나 천박할 수도 있다. 이 보고서에서는 보편적인 자존감의 필요성을 주장한 후 자존감을 갖는다는 것은 "사회적 책임감"과 "타인에 대한 존중"까지도 포함해야 한다고 즉시 덧붙인다. 그런 태도가 부족할 때 나타나는 직접적인 결과가 범죄라고 설명하면서 말이다. 또한 보고서는 자존감의 구성 요소로서 "인격의 고결함"을 강조하는데, 이것은 "정직, 연민, 절제, 근면, 공손함, 인내, 헌신, 관용, 친절, 용기, 감사하는 태도, 예의" 같은 덕목들로 이뤄진다. 하지만 모든 사람이 이런 덕목을 갖추고 있는 것은 아니다. 이는 곧 어떤 사람들은 다른 사람들보다 더 존경받을 가치가 있음을 의미한다. 우리는 정직한 시민은 존경하지만 강간범이나 살인자는 절대 존경하지 않는다.

자존감이 특정한 사회적 규칙을 따르는 개인의 능력(즉 특정한 덕목들을 갖추는 것)을 토대로 삼아야 한다는 이런 견해는 인간 존엄성에 관한 상당히 전통적인 관점에 해당한다. 그런데 모든 사람이 그런 덕목을 갖추고 있지는 않으므로 이 관점은 모든 인간의 동등한 본질적 가치를 인정하려는 보고서의 취지와 충돌하게 된다. 이는 대등 욕망과 우월 욕망 사이의 근본적 긴장을 보여준다. 우월 욕망은 야심가들의 허영심에서만 목격되는 것이 아니다. 우월 욕망은 도덕적이고 고결한 사람들이 마땅히 누릴 자격이 있는 것이기도 하다. 어떤 사람들은 실제로 다른 이들보다 더 낮게 평가받을 필요가 있다. 만일 타인에게 나쁜 짓을 저지르고도 부끄러움을(즉 낮은 자존감을) 느낄 줄 모르는 사람이 있다면 그런 사람이 타인에 대한 책임감을 가지리라고는 기대하기 힘들다. 그럼에도 캘리포니아 특별위원회 보고서는 이어지는 별도의 중요 항목에서 주(州) 교육 시스템이 "(아이들을) 길들이기보다는 자유롭게 하는 데 이바지"하고, 그러나 동시에 "책임감 있는 인격과 가치관을 육성해야" 한다고 권고한다. 마치 특별위원회의 자유주의적 위원들은 더 넓은 자유와 포괄성을 주장하고, 다른 한편에서 보수적인 위원들은 그것이 사회 질서에 가져올 결과를 우려하고, 그러면 다시 자유주의적 위원들이 "자존감을 증진하려면 특정한 기준으로 판단하려는 태도를 자제해야 한다"라고 응수하는 듯하다.

캘리포니아 특별위원회의 보고서는 몇 달간 시사만화 〈둔즈베리(Doonesbury)〉에서 풍자되는 등 발간 당시 많은 이들에게 조롱을 받았다. 존중할 만한 특성이 무엇인지 정확히 정의하지도 않고, 또 바람직한 행동과 그렇지 않은 행동을 구별하는 기준도 세우지 않고 모든 사람의 자존감을 증진한다는 것이 실현 불가능한 (또는 어리석은) 과제처럼 보였던 것이다. 하지만 이후 이 자존감 증진이라는 어젠다는 걷잡을 수 없이 퍼져나가 캘리포니아주는 물론이고 비영리 단체, 중고등학교, 대학 등 사회의 수많은 조직에서 목표로 삼기에 이른다. 정체성 정치가 미국을 비롯한 여러 자유민主 국가에 지리 잡게 된 여러 이유 중 하나는 자존감에 대한 관심의 증가, 그리고 이른바 '심리 치료의 승리(the triumph of the therapeutic)' 때문이었다.

'심리 치료의 승리'는 사회학자 필립 리프(Philip Rieff)가 1966년에 출간한 책의 제목이기도 하다. 리프는 종교가 정의해주던 공통된 도덕적 틀이 사라지면서 커다란 공백이 생겨났고 이제 심리 치료라는 새로운 종교를 설파하는 심리학자들이 그 공백을 메우고 있다고 주장했다. 리프에 따르면 전통적인 문화는 "자아를 외부로 향하게 만드는, 즉 자아를 실현하고 만족시키기에 충분한 공동의 목표들로 향하게 만드는 동기 설계의 또 다른 이름"이다. 문화는 그 자체로 치료자의 역할을 수행했다. 다시 말해 개인들에게 목적의식을 부여하고 사회 구성원들을 서로 연결해주며 우주에서 그들이 점하는 위치를 가르쳐줬다. 그런데 그 외부 문화와 사회가 내적 자아를 가두는 철창이라고 비난받기 시작했고 각자의 내적 자아를 해방시켜야 한다는, '진정한 자신'이 되어 '전

넘'해야 한다는 목소리가 높아졌다. 그러나 무엇에 전념해야 하는지 알려주는 사람은 없었다. 사제와 목사들이 떠나고 남은 빈자리를 이제 "조종 가능한 행복감 그 너머에는 더 이상 아무것도 중요한 게 없다"는 세계관을 갖고 심리 치료 요법을 이용하는 정신분석 전문가들이 채우기 시작했다.[5] 리프의 심리 치료 비판은 이후 세대에서 현대의 정체성 모델 자체를 공격 목표물로 삼는 사회비평들을 낳았다.[6]

최초의 심리 치료 모델에서 중심 과제는 숨겨진 정체성을 발견하는 일이었다. 프로이트는 히스테리 증상을 보이는 여성들을 치료하면서 심리학적 통찰에 이르렀다. 그는 히스테리가 훗날 그가 초자아(superego)라고 부르는 것에 의해 강하게 억눌린 무의식적 성욕이 발현된 것이라고 생각했다. 어린 시절의 성적 학대 경험, 투사된 성적 판타지를 강조하는 등 내적 자아에 대한 프로이트의 설명 방식은 시간이 흐르면서 조금씩 변화했다. 하지만 어느 경우든 치료의 기본이 되는 것은 환자의 증상을 나타나게 만든 원인 내지는 기원을 찾아내는 일이었다. 프로이트는 내적 자아와 사회의 요구들 사이에서 도덕적으로 중립적인 태도를 취했다. 양쪽 모두 중요하다고 생각했기 때문이다. 굳이 따지자면 그는 사회의 편에 서 있었다고 말할 수 있다. 하지만 프로이트는 라이오넬 트릴링의 표현을 빌리자면, "모든 인간 현상의 겉모습 아래에는 겉모습과 어긋나는 현실이 숨겨져 있으며, 그 숨겨진 현실을 강제로라도 밖으로 끌어넘으로써 우리는 지적, 실용적, (특히) 도덕적 이점을 얻을 수 있다"는 신념을 바탕으로 형성된 "점차 존재감을 드러내는 트렌드"의 일부에 속하는 인물이었다.[7] 프로이트를 깊이 있게 분석한 헤르베르트 마르쿠제(Herbert Marcuse, 1898~1979, 프랑크푸르트 학파를 대표하는 독일 철학자 – 옮긴이)와 많은 프로이트 추종자들, 그리고 이후의 정신분석 분야 사상가들은 프로이트보다 덜 중립적인 입장을 취해 억압적인 사회에 맞서 개인들을 해방시키는 것이 자신의 역할이라고 생각했다.

결국 내적 정체성을 긍정하는 문제는 인간이 근본적으로 선하다는 루소 주장의 진위 여부에 달려 있었다. 즉 인간의 내적 자아가 무한한 잠재력(루소는 이를 '완전가능성(perfectibility)'이라고 불렀다)의 근원이고, 인간의 행복은 그 자아를 인위적 사회 제약으로부터 해방시키는 것에 달려 있다는 주장 말이다. 이것은 인간 잠재력 운동과 캘리포니아 특별위원회의 출발점이 되는 가정이기도 했다.

그런데 만일 루소의 생각이 틀렸다면? 전통적인 도덕주의자들의 말대로 인간의 내적 자아가 이기적이고 위험한 충동으로, 또는 사악함으로 이뤄져 있다면? 인간 잠재력 운동을 이끈 일부 주동자들은 니체를 자신들 사상의 원조 격으로 여겼다. 그러나 사실 니체는 개인 해방이 가져올 수 있는 결과를 가혹할 만큼 솔직하게 예견했다. 개인 해방이 행복하고 평등한 사회를 만드는 대신에 강한 자가 약한 자를 억누르고 지배하는 탈기독교 시대의 도덕 체계로 향하는 길을 열어줄 수 있다고 생각했기 때문이다. 요즘 대학을 졸업하는 젊은이들이 항상 '내면의 별을 따라가라'는 조언을 듣는 것처럼 결국은 히틀러도 자신의 내면의 별을 찾아 따라간 것뿐이었다.

바로 이런 관점에서 비판을 제기한 인물이 1970년대 말 크리스토퍼 래시(Christopher Lasch)였다. 래시는 자존감 증진이 인간 잠재력을 실현하는 것이 아니라 치명적인 나르시시즘을 야기한다고 주장했다. 그는 나르시시즘이 미국 사회를 규정짓는 특징이 되었다고 생각했다. 사람들은 자아 해방으로 잠재력을 실현하기보다는 정서적 의존이라는 덫에 붙들려 있었다. "나르시시스트는 스스로 무한한 능력을 가졌다고 이따금 착각함에도 불구하고 자신의 자존감을 인정해주는 타인들에게 의존한다. 나르시시스트는 자신을 우러러보는 관중 없이는 살 수 없다." 이것이 사회적으로도 큰 부정적 영향을 미칠 수 있다면서 래시는 이렇게 썼다.

심리 치료사들은 '의미'와 '사랑'의 필요성을 말할 때도 그것들을 단순히 환자의 감정적 요구를 충족시키는 과정으로 규정한다. 그들은 사람들에게 자신의 욕구와 관심사보다 타인의 그것을, 또는 외부의 어떤 대의나 전통을 더 중요하게 여기라고 장려할 생각을 거의 하지 않는다.

래시는 미국 문화에서 사회적 현상으로서의 나르시시즘이 파시즘을 낳지는 않겠지만 사회의 전반적인 탈정치화를 초래할 것이라고 주장했다. 사회 정의를 위한 투쟁이 개인의 심리적 문제들로 축소 및 환원된다는 것이다.[8] 래시는 트럼프가 등장하기 훨씬 전에 이 같은 글을 썼지만 트럼프는 그가 설명하는 나르시시즘에 거의 완벽하게 부합하는 정치인이다. 나르시시즘은 트럼프를 정계로 이끌었고 그의 정치는 공공의 목적보다는 대중적 인정을 향한 그의 내면 욕구에서 추진력을 얻었다.

리프와 래시 같은 사상가들은 심리 치료에 물든 문화가 사회에 가져올 결과를 제대로 예견한 것인지도 모른다. 하지만 그들이 저술할 당시에는 이미 정신의학 분야가 확고히 자리 잡고 있었고, 이 업종의 종사자들은 자신을 단순히 자연적 현상을 관찰하는 과학자로 생각하지 않았다. 이들은 환자를 치료해 정상적인 생활과 만족스러운 삶으로 이끌어줄 치유의 소명을 부여받은 의사이기도 했다. 자아에 대해 만족감을 느끼고 싶은 평범한 시민들이 늘어나면서 심리 치료에 대한 수요는 크게 늘어났다. 20세기 후반의 프로이트 학파 정신분석은 미국에서 장기적인 퇴조기에 진입했지만 그 근본적인 치료 모델은 꾸준히 영향력이 강해졌고, 여러 선진국의 대중문화에 심리학적 언어가 스며들어 퍼지기 시작했다. 예컨대 1980년도에는 영국 신문들에 '자존감'이라는 용어가 거의 등장하지 않았지만 이후 낮은 자존감이 언급되는 횟

수가 꾸준히 증가해 2000년에는 3,300회 이상 사용되기에 이르렀다. 심리 상담 시장도 크게 성장해 1970년에서 1995년 사이에 정신건강 분야 종사자의 숫자가 네 배나 증가했다.[9]

심리학 및 심리 치료가 종교의 대체물이 되었다면 한편으로는 종교도 점차 심리 치료라는 방향성을 띠기 시작했다. 이런 현상은 미국의 자유주의 교회와 복음주의 교회 모두에서 나타났다. 교회 리더들은 자존감을 강조하는 심리 상담 서비스와 유사한 무언가를 제공하면 줄어드는 신도 수를 다시 늘릴 수 있을 것이라고 생각했다. 수십 년간 매주 수백만 명의 사람들이 시청한 〈능력의 시간(Hour of Power)〉을 진행했던 유명한 TV 전도사이자 미국에서 손꼽히는 규모의 교회인 캘리포니아주 가든그로브의 수정교회(Crystal Cathedral)를 세운 로버트 슐러(Robert Schuller) 목사는 《자존감: 새로운 개혁(Self-Esteem: The New Reformation)》이라는 제목의 책을 출간했다.[10] 최근 수십 년간 교회 성장 운동(Church Growth Movement)을 이끌어 수많은 복음주의 교회를 변화시킨 릭 워런(Rick Warren) 목사 역시 그와 유사한 치유의 메시지를 설파해왔다. 워런 목사의 그 유명한 '목적이 이끄는 삶(Purpose Driven Life)' 운동에서는 목사들이 비신도들의 '절실한 요구'를 돌보는 일이 중요하다고 강조한다. 전통 기독교 교리를 상대적으로 덜 강조하고 공공연히 심리학적 언어를 애용하는 것이다. 슐러 목사와 마찬가지로 워런 목사도 전통 기독교에서 강조하는 죄악이나 심판의 문제를 별로 부각시키지 않는다. 복음서는 사후의 삶이 아니라 지금의 삶에서 행복을 얻는 방법을 안내하는 일종의 '사용자 설명서'와 같은 것이다.[11] 루터가 말한 기독교적 존엄성은 성취하기 어려운 무엇이었던 반면 '목적이 이끄는 삶'은 누구나 추구하고 이뤄낼 수 있는 무엇이다.

미국을 비롯한 여러 선진국의 대중문화에 생겨난 심리적 치유 리는 방향성은 불가피하게 정치에도, 그리고 국가의 역할에 대한 관점 변화에도 반영됐다. 19세기의 고전적 자유주의에서 국가는 표현 및 결사의 자유 같은 기본권을 보호하고, 법치주의를 수호하고, 치안, 도로, 교육 등의 필수 공공 서비스를 제공할 책임이 있는 존재였다. 국가는 개인의 권리들을 부여함으로써 국민들을 '인정'했지만 각 개인의 자아 만족감을 높여줄 책임을 갖지는 않았다.

그러나 심리적 치유 모델에서는 개인의 행복이 각자의 자존감에 달려 있으며 자존감이란 공적인 인정이 가져오는 결과물이다. 정부는 국민을 향해 사용하는 수사와 그들을 대하는 방식을 통해 쉽게 공적인 인정을 나눠줄 수 있다. 따라서 현대 자유 국가들은 자연스럽게, 어쩌면 불가피하게 모든 국민 개개인의 자존감을 고양할 책임을 맡기 시작했다. 우리는 이미 앞에서 자유란 단순히 정부의 개입에서 해방되는 것이 아니라 "존재, 의미, 우주, 인생의 신비에 대한 개념을 스스로 규정할 권리"라고 했던 미연방대

법원 판사 앤서니 케네디의 의견을 살펴본 적이 있다. 이는 에설 런 연구소(Esalen Institute, 인간의 영적·심리적 성장 및 인본주의 교육을 표방하며 1962년 설립된 단체로 개인 내면의 창조성, 상상력, 잠재력, 자신과 세계를 변화시킬 능력을 강조한다. 1960년대에 시작된 인간 잠재력 운동에서 핵심 역할을 했다 - 옮긴이)에서 나왔다고 해도 전혀 어색하지 않게 느껴질 법한 말이었다.

심리 치료 서비스들은 캘리포니아주뿐만 아니라 미국 전역과 다른 자유민주 국가들의 사회 정책에도 포함되기 시작했다. 각국 정부는 심리 상담과 여타 정신건강 서비스 제도를 마련하기 시작했으며 학교에서도 아이들을 가르칠 때 심리 치료적 관점을 채용하기 시작했다. 이런 확장은 단계적으로, 그리고 루스벨트 대통령의 뉴딜 정책(New Deal) 이후 미국 복지 제도가 발전함과 동시에 일어났다. 20세기 초에는 청소년 비행이나 10대의 임신 같은 사회 문제들을 징벌이나 형법 제도로 다스려야 하는 일탈 행동이라고 간주했다. 하지만 20세기 중반 심리 치료 접근법이 대두되면서 점차 그런 행동들을 상담과 정신의학적 개입을 통해 치료할 필요가 있는 사회 병리 현상으로 바라보기 시작했다. 1956년 사회보장법 개정에서는 가족생활의 질을 높이고 개인의 자활을 돕는 다양한 심리 치료 서비스에 연방정부 지원금을 제공하도록 했다. 1962년 개정에서는 이 같은 정부 지원이 한층 강화되어 이후 10년 동안 사회복지사가 급속도로 늘어나고 각 사회복지사가 담당하는 시민의 수도 크게 증가했다. 1974년 개정에서는 정부 지원금 수령 자격 범위를 빈곤층에서 중산층으로 확대했다.[12]

닉슨과 레이건 행정부 시절 보수 진영에서는 심리 치료와 관련된 사회복지 제도의 이런 급속한 확대에 반대하면서 이를 저지하려고 시도했다. 하지만 그 무렵엔 이미 삶의 문제에 대한 해법을 심리적 치료에서 찾으려는 수많은 국민의 수요가 형성돼 있었다. 그들은 이제 더는 목사나 부모, 회사, 또는 다른 전통적인 권위자들에게 의지하지 않고 싶어 했다. 심리적 접근법은 비영리 부문을 비롯해 수많은 다양한 조직들로 퍼져나갔다. 1990년대에 비영리 부문은 정부의 재정 지원을 받는 사회복지 서비스를 제공하는 주요 통로가 되어 있었다.[13]

대학들도 이러한 심리 혁명의 선두에 섰다. 이를 대표적으로 보여주는 사례는 1987년에 스탠퍼드대학교의 '서구 문화' 강의 프로그램을 둘러싸고 일어났던 논란이다. 그해에 민권 운동가 제시 잭슨(Jesse Jackson) 목사는 일단의 스탠퍼드 학생들을 이끌고 "서구 문화는 물러가라!"고 외치며 행진 시위를 했다. 이 시위로 스탠퍼드대학교에 즉각 전국적인 관심이 쏠렸다. 이 대학의 '서구 문화'라는 강의에서 사용하는 교재는 15종으로 히브리 성경, 호메로스(Homeros), 아우구스티누스, 마키아벨리(Niccolò Machiavelli), 갈릴레오(Galileo Galilei), 마르크스, 다윈(Charles Darwin), 프로이트 등으로 이뤄져 있었다. 시위 학생들은 교재 구성을 확대해 비(非)백인과 여성 저자들도 포함해야 한다고 주장했다. 중요하거나 시대를 초월한 의미를 갖는 저작들이라는 것이 근거의 전부는 아니었다. 비백인과 여성 저자도 포함해야 학생들의 출신 문화권이 지닌 존엄성을 높일 수 있고 따라서 자존감도 높아진다는 것이 주요 이유였다.

커리큘럼 변경 요구 밑에 깔려 있는 심리적 동기는 서구 문화 강의를 둘러싼 최초 논쟁에서 스탠퍼드 흑인학생회(Black Student Union) 회장 빌 킹(Bill King)이 했던 아래의 말에서 분명하게 목격된다.

나는 교수들이 그들이 옳다고 생각하는 전통만을 지키려고 한다고 생각한다. (…) 그러나 그들은 이런 사상을 우리 모두에게 집중적으로 가르침으로써 로크와 흄(David Hume)과 플라톤이 말을 건네지 않는 학생들의 영혼을 망가트리고 있다. 또한 그들은 신입생들이 흄과 임호텝(Imhotep, BC 27세기경 최초의 피라미드를 설계한 이집트 재상 - 옮긴이)을, 마키아벨리와 알 말길리(Al Malgili, 15세기 알제리의 이슬람 학자 - 옮긴이)를, 루소와 메리 울스턴크래프트(Mary Wollstonecraft, 18세기 잉글랜드의 작가, 철학자, 여성 권리 운동가 - 옮긴이)를 함께 공부함으로써 학문적 시야를 넓힐 기회를 빼앗고 있다. (…) 그리스, 유럽, 북미 등 서구의 낡은 철학과 필독서 목록을 중심으로 구성된 현재의 서구 문화 강의 프로그램은 잘못된 것이다. 게다가 학생들이 인식조차 못하는 사이에 그들에게 정신적, 정서적인 피해를 입힌다.[14]

킹의 말에서 흥미로운 점은 커리큘럼 변경을 요구하는 이유가 전적으로 심리적인 측면에 초점이 맞춰져 있다는 사실이다. 그는 현재의 커리큘럼이 소수 인종 및 여학생들의 "영혼을 망가트리고" 있으며 "학생들이 인식조차 못하는 사이에 그들에게 정신적, 정서적인 피해를 입힌다"고 주장한다. 필독서의 범위를 넓히는 것은 꼭 교육적으로 중요한 지식과 교양을 얻기 위해서만이 아니다. 그것은 무엇보다도 소외됐던 학생들의 자존감을 높여주고 자아에 대한 만족감을 향상시켜준다.[15]

심리 치료 모델은 근대적 정체성 개념이 낳은 결과물이었다. 이 모델에서는 우리 모두에게 잠재력이 실현되지 못한 깊은 내면의 자아가 있으며 규칙과 역할과 기대치를 부과하는 외부 사회가 우리의 발전을 방해한다고 보았다. 따라서 각 개인이 그 내면 공간을 파헤쳐 탐색하는 일도, 동시에 제약적인 규칙에서 우리를 해방시켜줄 혁명적 어젠다도 필요하다. 심리 치료 전문가들은 개인의 내면에 들어 있는 실질적인 내용물에는, 그리고 외부 사회가 공정한가 아닌가 하는 추상적 질문에는 관심이 없었다. 그들의 목표는 단지 환자들이 자신에 대해 느끼는 만족감을 높이는 일이었으며 이를 위해서는 자아 존중감을 향상시키는 일이 필요했다.

심리 치료 모델의 부상은 오늘날 선진 자유민주주의 국가들에서 정체성 정치를 탄생시키는 산파 역할을 했다. 어느 곳에서나 정체성 정치는 존엄성을 인정받으려는 투쟁에 해당하기 때문이다. 자유민주주의는 모든 국민이 하나의 '개인'으로서 갖는 존엄성을 평등하게 인정하는 것을 전제로 한다. 시간이 흐르면서 평등한 인정의 범위는 양적으로 그리고 질적으로도 확장되어왔다. 다시 말해 기본적 권리를 가진 국민으로 인정받는 사람들의 숫자가 늘어났고 단순히 공식적 권리뿐만이 아니라 실질적인 자존감도 인정하는 방향으로 나아갔다.

존엄성은 점차 대중화되고 있었다. 그런데 자유민주주의 국가의 정체성 정치는 민족이나 종교 같은 집단적, 비자유주의적 형태의 정체성과 다시 만나기 시작했다. 각자의 개별성 대신에 타인들과의 동일함을 인정받고 싶어 하는 개인들이 많아졌기 때문이다.

11장

정체성에서
정체성들로

1960년대에는 세계 여러 선진국에서 일련의 새로운 사회 운동이 강하게 일어났다. 미국에서 일어난 민권 운동은 독립선언문에 담겨 있으며 남북전쟁 이후 헌법에 추가된 인종적 평등이라는 약속을 이행할 것을 국가에 요구했다. 이후 등장한 페미니즘 운동에서는 여성에 대한 평등한 대우를 외쳤으며, 이는 노동 시장에 여성이 대량 유입되도록 자극한 동시에 그런 대량 유입으로부터 영향을 받은 현상이기도 했다. 성 혁명은 성생활이나 가족과 관련된 전통적인 규범들을 뒤흔들었으며, 환경 운동은 인간과 자연의 관계를 바라보는 태도를 새로운 프레임으로 제시했다. 또한 이후에는 장애인, 북미 원주민, 이민자, 게이와 레즈비언, 트랜스젠더의 권리 증진을 요구하는 여러 운동도 등장하게 된다.

유럽에서도 1968년 5월 프랑스의 68혁명(프랑스에서 대학생과 노동자 계층을 중심으로 시민들이 정부와 기존 권위주의 질서에 저항하며 대규모 시위와 총파업을 벌인 사회 개혁 운동 – 옮긴이) 이후 이와 유사한 사회 운동이 급증했다. 과거 프랑스의 좌파는 강경 공산주의자들을 중심으로 형성됐으며 장 폴 사르트르(Jean-Paul Sartre)를 비롯한 많은 유명 지식인들이 공산주의에 동조했다. 그들의 어젠다는 산업화

시대의 노동자 계층과 마르크스 혁명에 초점이 맞춰져 있었다. 하지만 68혁명 당시에는 그런 주제들 대신에 미국을 뒤흔들고 있던 것과 똑같은 여러 사회 이슈가 전면에 부상했다. 즉 소수자 및 이민자의 권리, 여성의 지위, 환경 문제 등에 대한 목소리가 높아졌다. 이제 프롤레타리아 혁명은 당대의 유럽이 직면한 문제들에 대한 해법과 무관해 보였다. 프랑스 전역을 휩쓴 학생 시위와 노동자들의 대규모 파업은 비슷한 시기에 독일, 네덜란드, 스칸디나비아반도 등지에서 일어난 시위들과도 맥을 같이 하고 있었다. 좌파 주도적이었던 이 '68년 세대'는 이제 더는 계급 투쟁에만 골몰하지 않고 다양한 소외된 집단의 권리 신장을 요구했다.

이런 사회 운동들은 자유민주주의가 모든 시민의 존엄성을 평등하게 인정해야 한다는 이상으로부터 나온 것이었다. 하지만 민주 사회들은 스스로 표방하는 그 목표에 부합하지 못하고 있었다. 시민들이 각자의 인격과 능력에 따라 평가받지 못하고 집단의 구성원인지 여부에 관한 특정한 가정들을 토대로 평가받는 경우가 허다했다.

미국에서는 부끄럽게도 이런 종류의 편견이 오랫동안 공식 법규 안에 자리 잡고 있었다. 흑인 아이들을 백인 아이들과 같은 학교에 다니지 못하게 하거나, 판단력이 부족하다는 이유로 여성에게는 선거권을 주지 않았던 것이다. 하지만 그런 법규들이 바뀌어 학교에서 인종차별 정책이 사라지고 여성도 선거권을 얻게 된

후에도 사람들이 집단을 기준으로 사고하는 습관은 하루아침에 사라지지 않았다. 차별과 편견, 무시라는 정신적 짐은 여전히 사람들의 의식 속에 깊이 박혀 있었다.

새로운 사회 운동들이 등장한 1960년대는 많은 이들이 이미 정체성이라는 관점으로 세상을 바라볼 준비가 되어 있는 시대였으며 사회가 여러 제도를 통해 개인의 자존감 증진이라는 임무를 기꺼이 수행하고 있던 때였다. 1960년대 이전에 정체성에 관심을 갖는 사람들은 대체로 개인적 잠재력을 실현하길 원하는 이들이었다. 그러나 1960년대에는 위와 같은 사회 운동들이 전개되면서 많은 이들이 자연스럽게 자신의 목표나 지향점을 자신이 속한 집단의 존엄성과 연결지어 생각하게 됐다. 전 세계의 민족 운동들을 연구한 결과는 개인의 자존감이 해당 개인이 속한 집단이 받는 존중과 연관돼 있음을 보여줬다. 따라서 정치적인 상황은 개인적인 상황에 영향을 미치곤 한다.[1] 각각의 사회 운동은 이제껏 보이지 않는 존재로 억눌려 있던 사람들을 대변했다. 그들은 보이지 않는 존재로 살아온 현실에 분노하면서 자신들의 내적 가치를 공적으로 인정해줄 것을 요구했다. 이로써 오늘날 우리가 현대의 정체성 정치라고 부르는 것이 탄생했다. 표현만 새로울 뿐 사실 이들 집단은 과거에 민족주의나 종교를 중심으로 한 정체성 운동에 나타났던 투쟁 방식과 관점을 그대로 보여주고 있었다.

각각의 소외된 집단은 스스로를 넓은 정체성 관점으로 볼 것인가, 아니면 좁은 정체성 관점으로 볼 것인가를 선택할 수 있었다. 다시 말해 자신들을 사회의 주류 집단과 똑같이 대우해 달라고 요구할 수도 있고, 또는 자신들의 독립적인 정체성을 주장하면서 주류 사회와 '다른' 존재로서 존중해 달라고 요구할 수도 있었다. 그리고 시간이 흐를수록 후자의 전략이 지배적인 경향이 되어갔다. 마틴 루디 킹 주니어 목사의 초기 민권 운동은 그저 미국 사회가 흑인을 백인과 동등하게 대우해 달라는 요구였다. 당시의 민권 운동가들은 백인들의 삶의 방식을 지배하는 규범과 가치를 공격하거나 미국의 기본적인 민주 제도를 바꿔야 한다고 요구하지 않았다. 그러나 1960년대 말에는 블랙 팬서스(Black Panthers), 네이션 오브 이슬람(Nation of Islam) 같은 단체들이 흑인들이 자신만의 고유한 전통과 의식(意識)을 갖고 있다고 주장했다. 이들은 흑인들이 사회가 원하는 흑인의 모습과 상관없이 흑인들 자신의 현재 모습에 자부심을 가져야 한다고 강조했다. 윌리엄 홈스 보더스 시니어(William Holmes Borders, Sr.)가 쓴 시의 구절로, 제시 잭슨 목사가 즐겨 암송했던 "나는 가난할지언정 특별한 사람이다!"라는 말은 그런 관점을 함축적으로 보여줬다. 흑인들의 진정한 내적 자아는 백인들의 그것과 다를 뿐만 아니라 적대적인 백인 사회에서 흑인으로서 성장한 독특한 경험에 의해 만들어진 것이었다. 그 독특한 경험은 폭력과 인종차별, 사회적 무시로 이뤄져 있었고 다른 환경에서 성장한 사람들은 결코 이해할 수 없는 것이었다.

이런 테마는 최근 들어 백인 경찰에 의한 흑인 사망 사건들로 더욱 거세진 '흑인의 생명은 소중하다' 운동에서도 채택됐다. 마이클 브라운(Michael Brown)이나 에릭 가너(Eric Garner)처럼 백인 경찰에 의해 사망한 희생자들을 위해 정의를 구현해야 한다는 요구였던 이 운동은 시간이 흐르면서 미국 흑인들이 겪는 현실을 사람들에게 인식시키려는 운동으로 확장됐다. 타네하시 코츠(Ta-Nehisi Coates)를 비롯한 여러 흑인 작가는 오늘날 아프리카계 미국인에 대한 경찰 폭력을 노예제와 폭력으로 얼룩진 기나긴 역사적 기억과 연결지어 설명했다. 그런 기억이 흑인과 백인의 서로 다른 삶의 체험을 바탕으로 두 집단의 관점 사이에 간극을 만들어낸다는 것이다.[2]

페미니즘 운동에서도 이와 동일한 양상이 나타난바 흑인 민권 운동의 경우보다 더 빠르고 강력하게 전개됐다. 초기 민권 운동과 마찬가지로 전반적인 페미니즘 운동에서는 일터, 교육 현장, 법정 등에서 여성을 동등하게 대우해야 한다는 요구에 초점을 맞췄다. 하지만 초반부터 나타난 페미니즘 사상의 중요한 한 줄기에서, 여성의 의식과 삶의 경험은 남성과 근본적으로 다르며 페미니즘 운동의 목표가 단순히 여성이 남성처럼 생각하고 행동하도록 촉진하는 것이 되어서는 안 된다고 주장했다. 시몬 드 보부아르(Simone de Beauvoir)는 1949년에 펴낸 영향력 있는 저작《제2의 성(The Second Sex)》에서 여성의 삶의 경험과 신체가 그들을 둘러싼 가부장적 사회에 의해 강하게 규정되고 있으며 남성은 그런 경험을 결코 이해할 수 없다고 주장했다.[3] 이와 같은 관점을 더 극단적 형태로 표현한 인물은 페미니스트 법학자 캐서린 매키넌(Catharine MacKinnon)이다. 매키넌은 성교를 강간과 "구분하기 어렵다"고 말하고 현재이 강간 관련법이 강간범의 관점에서 쓰여 있다고 주장했다. 또한 그런 법을 만든 사람들이 전부 강간범은 아니지만 "그들은 강간하는 이들과 같은 집단의 구성원이며, 강간범이 강간을 하는 이유는 강간범이 아닌 이들과의 공통점에 있다. 그 공통점이란 남성성, 그리고 남성적 규범에 대한 공감이다"라고 말했다.[4]

각 집단에게 외부인은 가질 수 없는 고유한 정체성이 있다는 생각은 1970년대부터 대중문화에서 사용 빈도가 급증한 '체험'이라는 표현에도 반영되어 있었다.[5] '경험(experience)'과 '체험(lived experience)'의 구분은 19세기에 많은 사상가들이 골몰했던 독일어 개념인 '에르파룽(Erfahrung)'과 '에를레프니스(Erlebnis)'의 차이에서 유래한다. 에르파룽은 타인과 공유할 수 있는 내용으로, 예컨대 사람들이 여러 실험실에서 화학 실험을 구경하는 경우에 쓸 수 있는 말이다. 반면 에를레프니스('Erlebnis'에는 삶을 뜻하는 단어 'Leben'이 들어 있음)는 경험에 대한 주관적 인식을 의미하며 반드시 타인과 공유할 수 있는 것은 아니다. 독일 철학자 발터 벤야민(Walter Benjamin)은 1939년에 쓴 글에서 현대인의 삶이 일련의 "충격 경험"들로 이뤄져 있고, 이 때문에 개인들이 삶을 전체적으로 조망할 수 없으며 에를레프니스를 에르파룽으로 전환하기 어렵다고 주장했다. 벤야민은 이런 상황을 부정적으로 보면서 자신이 사는 시대를 공동의 기억이 와해되어 일련의 개별적 경험들로 변해버리는 "새로운 야만성의 시대"라고 규정했다.[6] 우리는 체험을 강조하는 관점의 연원을 따라 올라간 지점에 '존재감'을 강조하면서 외부 사회의 관점 및 공통된 규범보다 개인의 주관적인 내면 감정을 더 중시했던 장 자크 루소가 있다는 점을 상기할 필요가 있다.

에르파룽과 에를레프니스는 각각 경험과 체험에 해당한다. 후자의 표현은 시몬 드 보부아르를 통해서 영어에 들어왔다. 《제2의 성》의 제2부 제목인 'L'expérience vécue'가 영어의 'lived experience'로 옮겨진 것이다. 보부아르는 여성의 체험이 남성의 체험과 다르다고 주장했다. 여성의 주관적 경험에 대한 강조는 주관성의 인지도와 위상을 높였고 이는 인종, 민족성, 성 지향성, 장애 등에 따른 집단 및 범주들에도 적용되었다. 이들 각각의 범주 안에서도 사람들은 다른 체험을 갖고 있었다. 즉 게이나 레즈비언의 체험은 트랜스젠더와 달랐고, 메릴랜드주 볼티모어에 사는 흑인 남성의 체험은 앨라배마주 버밍엄에 사는 흑인 여성의 체험과 달랐다.

체험이 사람들 의식의 중심에 새롭게 자리 잡은 현상은 장기간에 걸친 근대화의 전반적 특성과 맞물려 있다(앞서 살펴봤듯 근대화는 정체성 문제를 등장시킨 배경이었다). 근대화는 필연적으로 복잡한 사회를 낳는다. 이 사회는 정교한 분업, 시장경제의 필수 조건인 개인들의 이동성을 특징으로 한다. 또 사람들이 시골에서 도시로 이동하면서 다양한 문화적 배경을 가진 개인들이 같은 공간에 살게 된다. 현대 사회에서는 통신 기술과 소셜 미디어의 발전으로 이런 사회적 변화들이 한층 가속화됐다. 이런 기술 발전은 생각이나 관심사가 비슷한 개인들이 지리적으로 멀리 떨어져 있어도 쉽게 소통할 수 있게 해준다. 이런 세상에서는 체험이, 따라서 정체성이 급속도로 빠르게 확산되기 시작한다. 유튜브 스타나 페이스북 커뮤니티처럼 말이다. 또 그만큼 빠르게 약화되는 것은 구(舊)개념으로서의 '경험', 즉 다양한 집단이 경계선을 넘어 공유할 수 있는 관점 및 정서다.

학교, 의료 센터, 여러 사회복지 기관을 통해 심리 치료와 자존감 증진이 대중화되면서 이들 기관은 사람들의 물질적 조건뿐만 아니라 정신(즉 사회 운동들의 추진력이 된 대등 욕망)도 기꺼이 보살필 준비가 돼 있었다. 이로 인해 성장한 소수 인종과 여성들의 의식이 70~80년대에 한층 더 강해지는 동안 그들의 소외된 삶의 경험을 이해하고 표현하는 데 사용할 어휘와 프레임은 이미 만들어져 있었다. 과거에 각 개인의 문제였던 정체성이 이제는 자신들만의 고유한 체험을 바탕으로 형성된 고유한 문화를 가졌다고 여겨지는 집단의 소유물이 됐다.

'다문화주의(multiculturalism)'는 실질적인 다양성을 가진 사회를 표현하는 말이다. 하지만 이제 다문화주의는 각각의 개별 문화와 각각의 체험을, 특히 그동안 보이지 않는 존재로 무시되거나 가치를 제대로 인정받지 못한 이들을 평등하게 인정하려는 정치적 계획을 위한 용어로도 사용됐다. 고전적 자유주의에서는 평등한 개인들의 자율성을 보호하는 것을 중시했지만, 다문화주의라는 새로운 이데올로기는 각 문화의 평등한 존중을 강조했다. 해당 문화가 그 구성원인 개인들의 자율성을 약화시킨다 하더라도 말이다.

원래 다문화주의는 프랑스어를 쓰는 캐나다인이나 무슬림 이민자, 아프리카계 미국인 등의 커다란 문화적 집단들과 관련지어 사용되곤 했다. 하지만 이들 집단도 독특한 경험을 가진 점점 더 작고 구체적인 집단들로, 또 다양한 종류의 구분이 교차하면서 정의되는 집단들로 세분화됐다. 예컨대 유색인종 여성의 삶은 인종이라는 렌즈만으로 또는 성별이라는 렌즈만으로는 이해할 수 없었다.[7]

집단들의 정체성으로 초점이 이동하는 것을 가속화한 또 다른 요인은 거시적인 사회경제적 변화를 달성할 정책을 만들기가 갈수록 어려워진 상황이었다. 1970년대와 1980년대에 많은 선진국에서 진보 진영은 존재의 위기에 직면해 있었다. 20세기 전반에 강경 좌파를 이끈 중심 이념은 노동자 계급과 프롤레타리아 혁명을 강조하는 마르크스주의였다. 마르크스주의자들과 달리 민주주의를 받아들인 사회민주주의 좌파는 그와는 다른 어젠다를 추구했다. 즉 복지를 확대해 더 많은 이들에게 사회적 보호를 제공하고자 했다. 마르크스주의자든 사회민주주의자든, 이들 좌파는 국가의 힘을 이용해 사회경제적 평등을 증진하는 것이 목표였다. 모든 국민에게 사회복지의 문을 열어주고 부와 소득을 재분배하는 것을 추구했다.

그런데 20세기의 끝이 가까워질수록 이와 같은 전략이 지닌 한계가 분명해졌다. 마르크스주의 좌파는 소련과 중국의 공산주의 사회가 기괴하고 억압적인 독재 체제로 변해버린 현실을 목격해야 했다. 이들 체제는 공산주의자인 니키타 흐루쇼프(Nikita Khrushchyov)와 미하일 고르바초프(Mikhail Gorbachev)에게마저 비판받았다. 한편 대다수 산업화된 민주 국가의 노동자 계급은 점차 부유해져 중산층에 통합되기 시작했다. 공산주의 혁명과 사유재산 폐지는 더 이상 호소력 있는 어젠다가 될 수 없었다.

사회민주주의 좌파 역시 막다른 길에 이르렀다. 국가 복지의 확대라는 그들의 목표는 1970년대의 오일 쇼크와 경제 침체로 인해 재정 압박이라는 현실에 부딪혔다. 정부는 돈을 찍어내는 것으로 대응했고 이는 인플레이션과 금융 위기로 이어졌다. 재분배 정책은 비뚤어진 인센티브를 만들어내 열심히 일하려는 의욕과 저축률과 기업가 정신을 저하시켰고, 다시 이는 재분배에 사용할 수 있는 파이의 규모를 제한했다. 린든 존슨(Lyndon Johnson) 대통령이 추진했던 위대한 사회(Great Society, 미국 내 빈곤 퇴치를 위해 시행된 사회복지 혁신 정책 – 옮긴이)를 비롯한 여러 야심찬 노력에도 불구하고 소득 불평등은 여전히 사회 깊숙이 자리 잡고 있었다. 소련이 1991년 붕괴하고 중국이 1978년부터 시장경제 체제로 전환한 이후, 마르크스주의 좌파는 거의 몰락했고 사회민주주의자들은 자본주의와의 평화로운 공존을 모색했다. 또한 좌파는 우파와 마찬가지로 베트남전쟁 패배와 워터게이트 스캔들 이후 정부에 대해 점점 더 환멸을 느끼게 되었다.

거시적인 사회경제적 변혁의 가능성이 점차 소멸되어가는 와중에 1990년대에 들어 좌파는 정체성 정치와 다문화주의를 채택하기 시작했다. 이들은 여전히 평등을 중요한 이념으로 삼았지만 그 성격이 과거와 달랐다. 즉 과거에는 노동자 계급이 처한 삶의 조건들을 강조했다면 이제는 사회 주변부에서 소외된 다양한 집단의 요구들(종종 심리적인)을 강조했다. 많은 사회운동가들은 기존 노동자 계층과 그들의 노조를 그들보다 더 열악한 처지에 놓인 이민자나 소수 인종 집단의 곤경에 공감할 줄 모르는 특권층으로 바라보기 시작했다. 인정 투쟁은 개인들의 경제 불평등이 아니라 새로운 집단들 및 해당 집단들의 권리를 목표로 삼았다. 그 과정에서 과거의 노동자 계층은 관심권 밖으로 밀려났다.

언제나 미국보다 강경 좌파의 입지가 굳건했던 프랑스를 비롯한 유럽 각국에서도 이와 비슷한 상황이 전개됐다. 68혁명 이후 변화한 새로운 유럽에 전통 마르크스주의자들의 혁명적 목표는 더 이상 어울리지 않았다. 좌파의 어젠다는 문화로 옮겨갔다. 이제 깨부숴야 할 대상은 노동자 계층을 착취하는 기존 정치 질서가 아니라 자국 및 개발도상국들의 소수 인종 집단을 억누르는 서구 문화 및 가치관이라는 헤게모니였다.[8] 전통 마르크스주의에서는 서구 계몽주의의 많은 기본 개념을 받아들였다. 즉 과학과 이성, 역사의 진보, 전통 사회에 대해 근대 사회가 갖는 우월성에 대한 믿음이 그것이다. 반면 새로운 문화적 좌파는 니체를 더 추종했고 상대주의를 선호했으며 기독교도를 공격하고 서구 계몽사상의 토대였던 민주적 가치를 비판했다. 서구 문화는 식민주의와 가부장제, 환경 파괴를 양산하는 근원으로 여겨졌다. 이런 비판적 시각은 이후 미국으로 흘러들어와 대학들을 중심으로 포스트모더니즘과 해체주의가 유행하기 시작했다.

유럽은 이념적 측면과 현실적 측면 모두에서 다문화적 성격이 더 강해졌다. 유럽 여러 나라에서는 제2차 세계대전 직후 노동력 부족을 해결하기 위해 대규모 이주 노동자들을 받아들이면서 이민자 공동체(무슬림 비율이 높았다)가 증가했다. 초기에 이 공동체의 운동가들은 이민자와 그 자녀에게도 평등한 권리를 인정해 달라고 요구했지만, 사회적 위치 상승과 사회적 통합을 가로막는 장애물에 번번이 가로막혀 좌절을 맛보았다. 그러다가 1979년의 이란 혁명(이란에서 입헌군주제인 팔라비 왕조가 무너지고 이슬람 종교지도자가 최고 권력을 갖는 체제가 수립된 혁명 – 옮긴이), 유럽의 살라피즘(이슬람 수니파 극보수주의) 모스크 건립 및 이슬람 교육에 대한 사우디아라비아의 지원 등에 고무받은 이슬람주의 단체들이 유럽에 등장했고, 이들 단체는 무슬림이 유럽에 통합되려고 애쓰는 대신 독자적인 문화 제도를 유지해야 한다고 주장했다. 유럽 좌파 진영의 많은 이들이 이런 트렌드를 수용했다. 유럽의 사회 시스템에 통합되는 쪽을 선택한 서구화된 무슬림보다 이들 이슬람주의자가 소외된 자들을 위한 더 진정성 있는 대변자라고 여기면서 말이다.[9] 프랑스에서는 일부 좌파들이 문화적 다원주의를 위해 전통적 세속주의를 버렸고 이들에게는 무슬림이 새로운 프롤레타리아 계급이 되었다. 이슬람주의자는 편협하고 비자유주의적이라는 비판은 인종차별 반대와 이슬람 혐오 타파라는 기치 아래 종종 무시됐다.

이처럼 미국과 유럽의 진보 좌파가 추구하는 어젠다가 변화한 것에는 긍정적 측면도 있고 문제점도 있다. 정체성 정치를 채택한 것은 이해할 만한, 그리고 필요한 일이었다. 각 정체성 집단들의 체험은 서로 다르고, 그런 만큼 해당 집단에 맞는 고유한 방식으로 접근해야 하는 경우가 많다. 특정 집단에 속하지 않은 외부인은 자신의 행동으로 그들에게 피해를 입히면서도 그 자신은 인식하지 못하는 경우가 많다. 미투 운동이 성희롱 및 성폭력을 세상으로 끌어낸 이후에야 많은 남성이 자신의 행동을 깨달은 것처럼 말이다. 정체성 정치는 관련된 사람들에게 의미 있는 도움을 주는 방향으로 문화와 행동 방식을 변화시키는 것을 목표로 삼는다.

또한 정체성 정치는 보다 구체적인 집단으로 눈을 돌려 그들이 겪는 부당함에 주목함으로써 문화 규범과 실질적인 공공 정책에 반가운 변화를 가져왔고, 이는 해당 집단들이 더 공정한 대우를 받을 수 있는 길을 열어줬다. '흑인의 생명은 소중하다' 운동으로 인해 미국 전역의 경찰들 사이에 소수 집단 시민을 대하는 방식에 대한 강한 자각이 형성됐다. 물론 경찰의 권력 남용 사례는 아직도 발생하고 있지만 말이다. 미투 운동은 성폭력에 대한 대중의 인식과 이해를 높였을 뿐만 아니라 이 문제와 관련된 기존 법규의 취약점에 대한 논의를 활성화하는 계기를 마련했다. 미투 운동의 가장 중요한 성과는 미국과 세계 곳곳의 일터에서 여성과 남성이 서로를 대하는 방식과 관련된 기준 및 규범을 폭넓게 변화시켰다는 점일 것이다.

따라서 정체성 정치가 이와 같은 역할을 한 것에는 아무 문제가 없다. 그것은 불공평과 부당함에 대한 자연스럽고 불가피한 반응이다. 하지만 정체성을 특정한 구체적인 방식으로 해석하거나 주장하기 시작할 때 정체성 정치의 문제점이 부각된다. 일부 진보 세력에게 정체성 정치는 대부분의 자유민주주의 국가에서 사회경제적 불평등이 갈수록 심화돼온 30년간의 추세를 반전시킬 방법에 대한 진지한 고민을 대신하는 편리한 대용물이 되었다. 엘리트 교육 기관이라는 영역 안에서 문화적 이슈에 대한 목소리를 높이는 일은 관련 예산을 책정하거나 회의적인 입법자들을 설득해 정책을 바꾸는 일보다 더 쉽다. 가장 눈에 띄는 정체성 정치의 표현은 1980년대부터 대학 캠퍼스들에 등장했다. 해당 집단의 소득이나 사회적 여건을 변화시키는 일에 비하면 여성과 소수 인종 저자의 책을 포함하도록 대학 커리큘럼을 바꾸는 일은 훨씬 더 쉽다. 최근 들어 정체성 인정 요구의 초점이 된 많은 집단(예컨대 실리콘밸리의 여성 임원들, 할리우드의 여성 배우와 영화제작자들)은 소득 분포에서 최상위에 가까이 있는 이들이다. 그들에게 더 확실한 평등이 주어지도록 돕는 것은 물론 바람직한 일이지만, 소득 상위 1퍼센트와 나머지 99퍼센트의 확연한 격차를 해소하는 데에는 아무 도움이 안 된다.

이는 점점 더 좁게 정의되는 소외된 집단에 초점을 맞출 때 발생하는 두 번째 문제를 우리에게 상기시킨다. 국민들의 더 많은 비중을 차지하며 그동안 외면받아온 기존 집단은 관심에서 멀어진다는 점이다. 미국의 백인 노동자들 상당수가 최하층으로, 즉

1970~1980년대 아프리카계 미국인들의 삶과 비슷한 수준으로 전락했다. 하지만 농촌 및 노동자 밀집 사회의 마약성 진통제 남용이 급증한 현상이나 농촌의 빈곤한 한 부모 가정에서 자라는 아동들에 대해 걱정하는 목소리가 좌파 사회운동가들로부터 들려온 적은 적어도 최근까지는 거의 없었다. 오늘날 진보 좌파에게는 산업 자동화가 야기하는 대량 실업 문제를 해결할, 또는 기술 발전으로 흑인과 백인, 남성과 여성을 막론하고 모든 미국인이 겪을 수 있는 소득 격차 문제를 해결할 전략이 없다. 유럽의 좌파 정당들도 유사한 문제를 겪고 있다. 프랑스의 공산주의 및 사회주의 정당들은 최근 수십 년간 극우 정당인 국민전선에게 상당한 수의 유권자를 잃었고, 독일의 사회민주당은 앙겔라 메르켈(Angela Merkel) 총리의 시리아 난민 수용 방침을 지지한 후 2017년 총선에서 많은 유권자를 잃었다.[10]

현재와 같은 정체성 관점에 수반되는 세 번째 문제는 그것이 표현의 자유를, 더 넓게는 민주주의 유지에 필요한 이성적 토론을 위협할 수도 있다는 것이다. 자유민주주의 사회는 사상의 자유 시장에서, 특히 정치적 영역에서 누구나 자유롭게 의견을 표현할 권리를 보호한다. 그런데 정체성에 대한 집착은 깊은 숙고를 통한 토론의 필요성과 충돌해왔다. 각 정체성 그룹의 체험에 초점을 맞추는 과정에서는 이성적으로 고찰한 내적 자아가 아니라 감정적으로 경험한 내적 자아가 더 중시된다. 한 논평가는 이렇게 말한다. "오늘날의 정치 문화는 미시적 차원에서 개인들의 의견과 그들 각자가 남다르고 영구적이며 진정하다고 믿는 자아의 결합을 특징으로 한다." 따라서 진심을 다해 견지하는 의견이, 그런 의견을 포기하도록 압박할 수도 있는 이성적 숙고와 담론을 제치고 특권을 얻는다.[11] 때로는 특정한 주장이 누군가의 자아 존중감에 상처를 준다는 사실만으로도 그 주장을 접을 타당성이 충분한 것으로 여겨진다. 오늘날 소셜 미디어에 의해 확산되는 짧은 형태의 담론들이 이런 추세를 더 자극한다.[12]

정치철학자 마크 릴라(Mark Lilla)가 설명했듯 서로 다른 정체성 집단들의 연합으로 좌파 진영을 세우려는 정치 전략에도 문제가 있다.[13] 오늘날 미국 정치 시스템의 기능 장애와 퇴보는 계속되는 극심한 양극화와 관련돼 있다. 정치 양극화 속에서 민주, 공화 양당이 툭하면 벼랑 끝 전술로 맞서왔고 이제는 국가의 모든 제도 및 조직마저 양극으로 분열될 위험마저 감지된다. 이 같은 양극화의 책임은 종종 좌파와 우파에 공평하게 돌아가지 않는다. 예를 들어 토머스 만(Thomas Mann)과 노먼 오른스타인(Norman Ornstein)은 공화당이 티파티 세력으로 대표되는 극단적 방향으로 민주당보다 훨씬 더 빠르게 이동해왔다고 주장했다.[14] 그러나 좌파 역시 극단으로 치달은 것은 마찬가지다. 그 과정에서 공화당이고 민주당이고 할 것 없이, 특정 이슈에 대해 뚜렷한 입장을 갖고 대중 예비 선거에 적극적으로 개입하는 이슈 활동가들의 인센티브에 적극적으로 반응하고 있다. 정체성 이슈에 강력한 관심을 갖는 활동가들은 전체 유권자의 뜻을 대변하기 힘들다. 사실 이들의 관심사는 주류 유권자들에게 외면받는 경우가 많다. 게다가 특정 집단의 체험을 강조하는 현대 정체성의 바로 그 특성 때문에 진보 연합 '내에서' 갈등이 일어나기도 한다. 예를 들어 '문화적 전유(cultural appropriation)'를 둘러싼 논란으로 진보적 흑인들과 진보적 백인들이 서로 대립하는 사례가 발생했다.[15]

현재 좌파가 보이고 있는 정체성 정치에 수반되는 마지막(그리고 어쩌면 가장 중요한) 문제는 그것이 우파 진영에서 정체성 정치가 부상하는 것을 촉진했다는 점이다. 정체성 정치는 '정치적 올바름(political correctness)'을 강조하는 분위기를 낳으며, 이 정치적 올바름에 대한 거부감이 우파 세력을 결집시키는 주요 동력이 됐다. 정치적 올바름이 2016년 미국 대선에서 핵심 이슈였으므로 잠시 이 용어의 기원을 살펴볼 필요가 있겠다.

정치적 올바름은 특정한 용어를 사용해 공개적인 발언을 하는 경우 도덕적으로 거센 비난을 받을 가능성이 있는 상황과 관련해 쓰이는 말이다. 모든 사회에는 그 사회에서 타당하다고 여기는 기본 관점에 어긋나므로 공개적 논의에서 표현하는 것이 금기시되는 특정한 견해나 관점이 있다. 자유민주주의 사회에 사는 시민은 히틀러가 유대인을 학살한 것이 옳다고, 또는 노예제가 자애로운 제도였다고 믿거나 사적인 자리에서 그렇게 말할 자유가 있다. 개인이 이런 견해를 표현할 권리는 미국 수정헌법 제1조에 따라 헌법적 보호를 받는다. 하지만 그런 견해를 지지하는 정치인이 있다면 당연히 그에게는 거센 도덕적 비난이 쏟아질 것이다. 그런 견해는 미국 독립선언문에 분명히 명시된 평등의 원칙에 위배되기 때문이다. 표현의 자유에 관해 미국과 같은 절대적 관점을 갖지는 않은 유럽의 많은 민주주의 국가에서도 그런 종류의 발언을 오랫동안 법률로 금지해왔다.

그런데 정치적 올바름을 추구하는 사회적 현상에는 이보다 훨씬 더 복잡한 측면들이 동반된다. 계속해서 새로운 정체성 집단이 규정되고 용인 가능한 발언에 대한 기준 및 근거도 변하기 때문에 일일이 다 따라가기 버거운 상황이다. '맨홀(manhole)'은 이제 '메인터넌스홀(maintenance hole)'로 불리고, 풋볼 팀 워싱턴 레드스킨스(Washington Redskins)는 북미 원주민에게 모욕적인 이름이라고 비판받는다('maintenance hole'은 남자를 뜻하는 'man'을 뺀 중립적 표현이며 'redskin'은 북미 원주민을 지칭하는 속어임 – 옮긴이). 또 '그(he)', '그녀(she)'라는 단어를 부적절한 상황에서 사용하면 인터섹스(intersex, 신체적으로 남성 또는 여성이라는 이분법적 규정에서 벗어난 성별적 특징을 가진 사람 – 옮긴이)나 트랜스젠더들에 대한 몰이해로 여겨진다. 유명한 생물학자 E. O. 윌슨(E. O. Wilson)은 성별 간 나타나는 일부 차이가 생물학적 근거를 갖는다고 말한 것 때문에 머리에 물세례를 맞았다. 이와 같은 표현들은 민주주의의 근본이념들과 관련해서는 아무 의미를 갖지 않는다. 다만 이 표현들은 특정 집단의 존엄성을 위태롭게 하고 해당 집단이 겪는 문제와 고난에 대한 인식 내지는 공감이 부족함을 드러낸다.

정치적 올바름을 극단적으로 강조하는 것은 좌파 진영에 있는 비교적 소수의 작가, 예술가, 학생, 지식인들이다. 그런데 보수 언론에서는 이들의 주장을 가져다가 좌파 전체를 대변하는 목소리로 확대 해석한다. 이와 같은 현실은 2016년 미국 대선에서 목격된 이례적인 현상의 이유를 설명해줄지도 모른다. 그것은 트럼프 후보가 다른 정치인이었다면 정치 생명이 끝났을지도 모를 행동과 발언을 하고서도 핵심 지지층 사이에서 인기가 식지 않았던 현상이다. 선거 유세 기간에 트럼프는 장애인 기자를 조롱했고, 여성들의 몸을 더듬은 일을 자랑하며 떠벌렸던 사실이 드러났다. 또 그는 멕시코 사람들을 강간범과 범죄자라고 표현했다. 많은 트럼프 지지자들이 그가 했던 모든 말에 찬동하지는 않았을지 몰라도 그들은 트럼프가 정치적 올바름을 추구해야 한다는 압력에 위축되지 않았다는 사실에 박수를 보냈다. 트럼프는 우리 시대를 정의하는 자기 진실성이라는 윤리를 완벽하게 실천하는 인물이었다. 유권자들이 보기에 트럼프는 거짓말쟁이에다 악의적이고 편견이 심하고 대통령답지 않은 후보일지언정 적어도 자신이 생각하는 것을 말하는 사람이었다.

정치적 올바름에 정면으로 맞섬으로써 트럼프는 정체성 정치가 그 탄생지였던 좌파에서 우파로 이동하는 데 결정적 역할을 했다. 이제 정체성 정치는 우파 진영에도 뿌리를 내리고 있다. 좌파의 정체성 정치는 특정 정체성들만 인정하고 다른 정체성들은 무시하거나 폄하하는 경향이 있었다. 예컨대 유럽 계열의 민족(즉 백인), 독실한 기독교 신앙심, 농촌 거주자들, 전통적인 가족 가치관 등을 무시했다. 현재 트럼프의 지지층인 노동자 계층의 다수는 자신들이 그동안 엘리트층에게 무시되어왔다고 느끼고 있다. 할리우드에서는 강인한 여성이나 흑인, 또는 게이 캐릭터가 등장하는 영화들을 만들지만 백인 노동자들을 중요하게 다루는 영화는 거의 없으며 가끔 있다 하더라도 그들을 조롱하곤 한다(월 페럴(Will Ferrell)이 출연한 영화 〈텔라데가 나이트(Talladega Nights)〉를 떠올려보라). 미국과 영국, 헝가리, 폴란드 등 여러 나라의 많은 농촌 지역 주민들은 자신들의 전통적 가치가 도시 엘리트층에게 심각한 위협을 받는다고 느낀다. 이들은 세속적 문화 때문에, 즉 이슬람교나 유대교를 비판하지 않으려고 조심하면서도 자신들의 독실한 기독교 신앙심은 편협함의 표시라고 여기는 세속적 문화 때문에 자신들이 희생당했다고 생각한다. 이들은 엘리트 미디어가 정치적 올바름에 치중하면서 자신들을 위험에 빠트린다고 믿는다. 2016년 새해맞이 축제가 진행되던 쾰른에서 대부분 무슬림 남성으로 이뤄진 무리가 집단 성폭력을 저질렀을 때 독일 주류 언론이 이슬람 공포증 확산을 우려해 이 사건을 며칠간 보도하지 않았던 경우처럼 말이다.

　우파 쪽에서 목격되는 가장 위험한 정체성 정치는 인종과 관련된 것이다. 트럼프 대통령은 인종차별주의적 견해를 공공연하게는 표현하지 않으려는 신중한 태도를 보여왔다. 그러나 그는 인종차별주의를 지지하는 개인 및 집단들의 지지를 반갑게 받아들였다. 대선 후보 시절 그는 백인 우월주의 단체 KKK의 전 리너 데이비드 듀크(David Duke)가 표명한 지지를 단칼에 거부하지 않고 애매모호한 태도를 보였다. 또 트럼프는 2017년 8월 버지니아주 샬러츠빌에서 '우파여 단결하라(Unite the Right)' 집회가 벌어졌을 때 폭력 사태의 책임이 "양쪽 진영 모두에게" 있다고 말했다(이 집회는 미국 남북전쟁 때 남부연합군을 이끈 로버트 리(Robert E. Lee) 장군의 동상 철거에 항의하는 백인우월주의자들이 주도했고, 이들과 반(反)인종차별주의 세력이 충돌해 여러 사상자가 발생했다 – 옮긴이). 트럼프는 흑인 운동선수와 유명인들을 서슴없이 비판했다. 미국은 남부연합 영웅들의 동상을 철거하는 문제를 둘러싸고 갈수록 더 심하게 분열됐고 트럼프는 기꺼이 이 이슈를 정치적으로 이용했다. 트럼프가 부상한 이후 미국 정치계의 주변부에 있던 백인민족주의는 한층 더 주류 운동에 가깝게 변화했다. 백인민족주의 지지자들은 이렇게 주장한다. 그동안 '흑인의 생명은 중요하다' 운동이나 동성애자 권리, 또는 라틴계 유권자들에 대해 이야기하는 것은 정치적으로 허용됐고 그들은 특정한 정체성을 중심으로 합당하게 결집할 수 있는 집단으로 여겨졌다. 하지만 '백인'이라는 말로 자아 정체성을 규정하는, 또는 나아가 '백인의 권리'를 중심으로 정치적으로 결집하는 사람들은 즉각 편견에 사로잡힌 인종차별주의자라고 여겨진다.

다른 자유민주주의 국가들에서도 비슷한 상황이 벌어진다. 유럽에서 백인민족주의는 오랜 역사를 갖고 있으며 파시즘이라는 이름으로 불렸다. 1945년 제2차 세계대전 종전과 함께 종말을 맞은 파시즘은 그동안 신중하게 억제돼왔다. 그러나 최근 일어난 사건들로 인해 파시즘을 억제해왔던 고삐가 풀리고 있는 듯하다. 2010년대 중반 난민 사태 발생 이후 동유럽 시민들은 무슬림 이민자들이 이 지역의 인구학적 균형을 바꿔놓을지 모른다는 우려로 일종의 패닉에 빠졌다. 2017년 11월 폴란드에서는 독립기념일을 맞아 약 6만 명의 시민이 수도 바르샤바의 거리에서 "순수한 폴란드, 백인들의 폴란드", "난민은 물러가라!" 등의 구호를 외치며 행진을 했다(폴란드는 다른 유럽 국가들에 비하면 상대적으로 적은 수의 난민을 수용한 나라였음에도 말이다). 폴란드의 우파 포퓰리즘 성향의 집권당인 법과정의당은 이 시위자들과 거리를 뒀지만, 트럼프가 그랬듯 시위대의 목표에 전적으로 반대하지는 않는다고 암시하는 애매모호한 입장을 밝혔다.[16]

좌파 정체성 정치의 옹호자들은 우파에서 정체성을 내세우며 하는 주장들은 합당하지 않고 소수 인종, 여성, 그 밖의 소외된 집단들의 정체성 주장과 도덕적으로 동급으로 취급될 수 없다고 주장할 것이다. 우파의 주장은 역사적으로 특권을 누려왔고 지금도 누리고 있는 지배적인 주류 문화의 관점이라고 말이다.

이런 주장은 분명 일리가 있다. 소수 집단이나 여성, 또는 난민에게 불공평하게 혜택이 주어지고 있다는 보수 진영의 인식은 매우 과장돼 있다. 정치적 올바름이 사회의 모든 부분에서 미쳐 날뛰고 있다는 생각이 그럴듯이 말이다. 소셜 미디어도 이런 인식이 퍼지는 데 큰 역할을 한다. 말 한마디나 어떤 사건 하나가 인터넷으로 급속히 퍼져나가 특정 집단 전체를 대표하는 것처럼 여겨질 수 있기 때문이다. 그러나 소외된 집단의 많은 구성원의 삶은 여전히 과거와 크게 다르지 않다. 아프리카계 미국인들은 계속 경찰 폭력의 대상이 되고 있고 여성들은 여전히 성희롱과 성폭력을 당하고 있다.

한편 주목할 만한 점은 우파가 정체성과 관련된 언어 및 프레임을 좌파로부터 끌어와 수용했다는 사실이다. 다시 말해 내가 속한 집단이 피해자다, 우리 집단이 처한 상황과 우리가 겪는 고통은 사회로부터 외면당하고 있다, 이런 상황에 책임이 있는 사회 및 정치 구조를(즉 미디어와 정치 엘리트층을) 깨부숴야 한다라는 프레임을 똑같이 사용한다. 좌파고 우파고 할 것 없이 이제 정체성 정치는 대부분의 사회적 이슈를 바라볼 때 사용하는 렌즈가 됐다.

자유민주주의 사회가 외부인의 진입을 허용하지 않는 특성을 가진, 갈수록 늘어나는 정체성 집단들을 중심으로 세워지는 것은 바람직하지 않다. 정체성 정치는 그 특성상 똑같은 현상의 출현을 자극할 수밖에 없다. 정체성 집단들이 서로를 위협적인 존재로 보기 때문이다. 경제적 자원을 둘러싼 싸움과 달리 정체성 인정 요구는 대개 협상이 불가능하다. 인종, 민족성, 성별에 따른 사회적 인정에 대한 권리는 고정된 생물학적 특성을 토대로 하며, 그런 권리는 여타의 재화와 거래할 수도 없고 약화시킬 수도 없다.

　좌파와 우파의 일부 운동가들이 믿는 바와 달리 정체성이란 생물학적으로 결정되는 것이 아니다. 물론 정체성 형성은 경험과 환경에 영향을 받지만 정체성은 좁은 관점으로도, 넓은 관점으로도 정의할 수 있다. 내가 특정한 방식으로 태어났다고 해서 반드시 특정한 방식으로 생각해야 하는 것은 아니다. 체험도 결국 다수가 공유하는 경험으로 변화시킬 수 있다. 사회는 소외되고 배제된 이들을 보호해야 하지만 동시에 숙고와 합의를 통해 공동의 목표도 달성해야 한다. 좌파와 우파 모두 점점 더 좁은 집단의 정체성을 보호하는 어젠다를 추구하는 방향으로 나아가는 것은 결국 소통의 가능성과 필요한 집단행동의 가능성을 위협한다. 이에 대한 해법은 정체성이란 개념 자체를 버리는 것이 아니다. 정체성은 현대인들이 자신과 사회를 바라보는 방식에 이미 너무 깊숙이 들어와 있다. 우리에게 필요한 해법은 현재의 자유민주 사회가 지닌 실질적인 다양성을 고려하는 보다 넓고 통합적인 국민 정체성을 정의하는 일이다. 이것은 12장과 13장에서 다룰 주제이기도 하다.

12장

국민 정체성

2011년 아랍의 봄 민주화 운동 이후 시리아는 끔찍한 내전으로 치달아 지금까지 약 40만 명이 목숨을 잃었다. 유엔난민기구(UN High Commissioner for Refugees)의 발표에 따르면 480만 명이 시리아를 탈출했고(이 중 100만 명은 유럽으로 향했다) 660만 명이 시리아 내에서 피난민이 됐다. 이는 내전 발발 무렵 인구가 1,800만 명이었던 나라에서 벌어진 상황이다. 시리아 내전의 영향으로 이웃 국가인 터키, 요르단, 레바논, 이라크의 정치도 불안정해졌고 유럽 난민 사태가 유럽연합을 뒤흔들었다.

시리아는 한 나라에 분명한 '국민 정체성(national identity)'이 부재할 때 어떤 일이 벌어질 수 있는지 보여주는 극단적인 예다. 시리아 내전의 직접적 원인은 2011년 아랍의 봄 물결에 영향을 받은 국민들이 바샤르 알아사드 독재 정권에 저항하면서 평화적 시위를 벌인 일이었다. 알아사드는 권좌에서 내려오기는커녕 군사력을 동원해 유혈 진압을 시작했다. 이에 알아사드에 반대하는 시위대도 폭력으로 대응했으며, 이 내전에 외부 세계의 관심이 쏠리면서 ISIS에 가입하려는 외국인들이 시리아로 들어오기 시작했다. 또한 터키, 사우디아라비아, 이란, 러시아, 미국이 개입하면서 시리아 내전은 한층 복잡한 양상을 띠었다.

이와 같은 일련의 상황의 기저에는 종파 갈등이라는 현실이 깔려 있었다. 1970년 쿠데타 이후부터 2000년까지 시리아 대통령을 지낸 하페즈 알아사드(Hafiz al-Assad)와 그의 사망 후 곧바로 대통령직을 물려받은 그의 아들 바샤르 알아사드는 알라위파였다. 이슬람 시아파의 분파인 알라위파는 내전 발발 이전 시리아 인구의 약 12퍼센트를 차지했다. 나머지 인구의 대다수는 수니파였고, 그밖에는 상당수의 기독교도와 야지디 교도, 기타 소수 종교 집단으로 구성돼 있었다. 또한 아랍인, 쿠르드족, 드루즈족, 투르크멘족, 팔레스타인인, 체르케스인 등 종족 구성이 다양해 민족적, 언어적 분열도 존재했으며 때로는 이들 사이에서도 종교적 갈등이 발생했다. 그리고 폭력적인 극단주의자들과 온건 이슬람주의자들, 좌파 세력, 자유주의자들 사이에 이념적 분열도 존재했다. 알라위파가 시리아 정치의 지배 세력이 될 수 있었던 데는 역사적 배경이 있었다. 식민지 시절 프랑스가 분할 통치 전략을 펴는 동안 소수 종파인 알라위파를 보호하고 이들을 프랑스군에 입대시켰으며, 알라위파는 신분 상승을 위한 무대로 군을 활용하면서 군부의 핵심 세력으로 영향력을 키웠던 것이다. 알아사드 부자의 통치 기간 내내 알라위파는 시리아 내의 다른 종파 집단들에게 증오와 반발의 대상이었다. 정권이 유지될 수 있었던 것은 알아사드 부자의 강압적인 독재 통치 때문이었다. 시리아라는 국가 공동체에 대한 충성심이 거의 없는 현실은 특정 종파나 종족 그룹, 종교에 대한 충성심보다 더 힘이 셌고, 2011년 폭압적인 정부에 대한 대대적인 항거 직후 이 나라는 산산이 분열되고 말았다.

약한 국민 정체성은 그동안 중동의 여러 나라에서 주요 문제였다. 예멘과 리비아는 실패한 국가의 모습을 보여줬고 아프가니스탄과 이라크, 소말리아는 내란에 시달려왔다. 다른 개발도상국들은 이들 나라보다는 안정된 모습을 보였지만 현재 여전히 약한 국민 정체성과 관련된 문제들에 휩싸여 있다. 사하라 이남 아프리카 국가들이 바로 그러하며 이들 국가의 약한 국민 정체성은 발전을 방해하는 큰 장애물이다. 예컨대 케냐와 나이지리아는 민족적, 종교적으로 분열돼 있다. 그나마 안정이 유지되는 것은 서로 다른 민족 집단이 돌아가면서 정권을 잡고 국민들을 약탈하기 때문이다.[1] 그 결과 남은 것은 극심한 부정부패와 빈곤, 경제 발전 실패뿐이다.

반면 일본과 한국, 중국은 근대화가 시작되기 훨씬 전에도 확고한 국민 정체성을 갖고 있었다. 이 나라들은 19세기에 서구 열강들이 몰려들기 전 과거부터 국민 정체성이 강했다. 이 세 나라가 20세기와 21세기 초에 비약적으로 성장할 수 있었던 이유의 일부는, 국제 교역과 투자에 문을 열어젖히는 동안 자신들의 정체성과 관련된 내적 질문을 해결할 필요가 없었기 때문이다. 물론 이들도 내전이나 외세의 점령, 분열을 겪었다. 하지만 그런 갈등과 위기가 안정되고 난 후에는 주권 국가로서의 지위와 공통의 국가적 목표를 토대로 나라를 세워나갈 수 있었다.

국민 정체성의 출발점은 한 나라의 정치 체제(민주 체제든 아니든)가 지닌 정당성에 관한 공통된 믿음이다. 국민 정체성은 공식적인 법과 제도에 담길 수 있다. 예컨대 교육을 통해 아이들에게 나라의 역사를 어떻게 가르칠지, 또는 어떤 언어를 나라의 공식 언어로 삼을 것인지 등을 법과 제도로써 규정하는 것이다. 그러나 국민 정체성은 거기서 더 나아가 문화와 가치관이라는 영역과도 관련된다. 다시 말해 국민들이 자신을 바라보는 방식도 국민 정체성을 형성시키는 주요 구성 요소다. 자신의 연원이 어디인가, 무엇을 가치 있게 여기는가, 공통된 역사적 기억이 무엇인가, 공동체의 진정한 구성원이 되기 위해서는 무엇이 필요한가 등에 대한 인식이 여기에 포함된다.[2]

현대 사회에서 다양성(즉 인종, 민족, 종교, 성별, 성적 지향 등을 토대로 하는 다양성)은 실제 삶의 현실인 동시에 하나의 가치이기도 하다. 여러 가지 측면에서 다양성은 사회에 이롭다. 다양한 종류의 관점과 행동양식을 접하는 것은 많은 경우 혁신, 창의성, 기업가 정신을 촉진할 수 있다. 다양성이 존재하는 사회는 흥미로운 여러 관심사와 자극물을 제공한다. 1970년도에 워싱턴DC는 주로 두 인종으로만 구성된 지루한 도시였고 가장 이국적인 음식을 먹어

볼 수 있는 곳은 코네티컷 애비뉴에 있던 중국 음식점 옌칭 팰리스(Yenching Palace) 정도였다. 하지만 오늘날 워싱턴DC 일대는 엄청난 수준의 민족적 다양성을 목격할 수 있는 곳이 됐다. 에티오피아, 페루, 캄보디아, 파키스탄 음식까지 먹을 수 있고 소수 민족 거주 구역이 곳곳에 존재한다. 도시의 국제화는 다른 종류의 흥미로운 문화적 요소들도 촉진했다. 젊은이들이 몰려들면서 새로운 음악과 예술, 기술을 함께 가져왔고 과거에 존재하지 않던 새로운 지역들이 형성됐다. 워싱턴뿐만 아니라 시카고, 샌프란시스코, 런던, 베를린 등 세계 곳곳의 다른 대도시권에서도 이와 유사한 현상이 일어났다.

또한 다양성은 회복력을 위해서도 중요하다. 환경생물학자들은 단일재배 작물이 유전적 다양성의 부족 때문에 병충해에 매우 취약한 경우가 많다고 지적한다. 사실 유전적 다양성은 유전적 변이와 적응을 토대로 이뤄지는 진화 과정의 동력이기도 하다. 세계 곳곳에서 종의 다양성 감소에 대한 우려가 나오는 것은 그것이 장기적으로 생물체의 회복력을 위협하기 때문이다.

마지막으로, 앞에서 살펴봤던 개인의 정체성 탐구라는 문제도 있다. 종종 사람들은 개성이 사라진 균질한 존재로서 주변 문화에 흡수되고 싶어 하지 않는다. 특히 해당 문화권에서 출생하지 않은 경우에는 더 그렇다. 사람들에게는 자신의 독특한 자아가 억눌리는 대신에 그것을 인정받고 싶은 욕구가 있다. 또 자신의 조상을 잊지 않고 싶어 하며 자신의 기원을 알고 싶어 한다. 때로는 빠르게 사라져가는 토착 언어를, 그리고 과거의 삶을 상기시켜주는 전통 관습을 지키고 싶어 한다.

그러나 한편으로 다양성이 무조건 좋은 것만은 아니다. 시리아와 아프가니스탄은 매우 다양한 민족으로 구성돼 있지만 그런 다양성이 창의성과 회복력 대신에 폭력과 갈등을 낳고 있다. 케냐의 다양성은 여러 민족 집단들 간의 분열을 심화하고 정치 부패를 양산한다. 오스트리아-헝가리 제국은 제1차 세계대전에 앞선 수십 년 동안 민족적 다양성 때문에 붕괴에 가까워졌다. 제국 내의 여러 민족 집단이 더는 공통된 정치 구조 안에서 공존할 수 없다고 생각한 것이다. 제국의 수도인 19세기말의 빈은 작곡가 겸 지휘자 구스타프 말러(Gustav Mahler), 시인이자 극작가인 후고 폰 호프만슈탈(Hugo von Hofmannsthal), 정신분석학자 프로이트를 배출한 여러 민족의 용광로였다. 그런데 제국 내 민족들(세르비아인, 불가리아인, 체코인, 오스트리아계 독일인 등)이 각자의 국민 정체성을 주장하고 독립 열망이 커지면서 이 지역에는 폭력과 편협함이 퍼지기 시작했다.[3]

국민 정체성이라는 말은 이 시기에 부정적인 이미지를 얻게 됐다. 민족에 근거한 배타적인 종족민족주의와 연관짓는 인식이 생겨났기 때문이다. 종족민족주의는 자기 집단에 속하지 않는 이들을 핍박하고 타국에 사는 동족들을 위해 필요하다면 서슴없이 외국인에게 공격적인 태도를 취했다. 그러나 국민 정체성이라는 개념 자체에 문제가 있는 것이 아니었다. 문제는 국민 정체성이 특정 민족을 강조하고 편협하며 공격적이고 비자유주의 특성이 강한 형태를 띨 때 발생했다.

국민 정체성이 그런 형태로 변질되는 것은 필연적인 일이 아니다. 국민 정체성은 자유주의적이고 민주적인 가치를 중심으로, 그리고 다양한 공동체의 공존과 번성에 기여하는 공동의 경험을 중심으로 구축할 수 있다. 인도와 프랑스, 캐나다, 미국은 이와 같은 길을 모색해온 대표적인 나라다. 그런 폭넓은 의미의 국민 정체성을 수립하는 일은 성공적인 현대 정치 질서의 유지를 위해 필수적이며, 그 이유는 다음과 같다.

첫 번째 이유는 물리적 안정 때문이다. 국민 정체성의 부재가 가져올 수 있는 극단적인 결과는 국가 붕괴와 내란이다(앞서 언급한 시리아나 리비아의 경우처럼 말이다). 하지만 그 외에도 약한 국민 정체성은 국가 안정성과 관련된 다른 심각한 문제들을 야기한다. 큰 정치 단위는 작은 정치 단위보다 더 강력한 힘을 가지며 자신을 더 효과적으로 보호할 수 있다. 또한 자신의 이익과 일치하는 방향으로 국제 사회 환경에 영향을 미치기에 더 유리한 포지션을 획득한다. 예를 들어 만일 스코틀랜드가 잉글랜드와 통합되지 않고 독립 국가로 남았다면 영국은 지정학적 무대에서 지난 수세기 동안 했던 것과 같은 역할을 하지 못했을 것이다. 마찬가지로 에스파냐의 경우도 만일 가장 부유한 지역인 카탈루냐가 분리 독립한다면 국력에 타격을 입을 것이다. 고도로 분열된 국가는 힘이 약해진다. 바로 그래서 푸틴의 러시아가 유럽 곳곳의 분리 독립 운동에 조용한 지지를 보내온 것이고 정치 분열을 증가시키기 위해 미국 정치에 개입한 것이다.[4]

국민 정체성이 중요한 두 번째 이유는 통치의 질을 좌우하기 때문이다. 훌륭한 통치(즉 효과적인 공공 서비스와 낮은 부정부패)는 입법과 행정을 담당하는 국가 관리들이 자신의 이익보다 공공의 이익을 우선시해야만 가능해진다. 제도적으로 부패한 사회에서는 정치인과 관료들이 자신이 속한 민족 집단이나 종교, 종족, 가문, 정당의 이익을 채우는 데에, 또는 자기 자신의 호주머니를 채우는 데에 공공의 자원을 유용한다. 사회 전체의 이익에 헌신할 의무감을 느끼지 못하기 때문이다.

국민 정체성의 세 번째 기능은 경제 발전을 촉진한다는 것이다. 국민들이 자신의 나라에 대한 자부심이 없으면 나라를 위해 일하려는 의욕도 없어진다. 일본과 한국, 중국의 강한 국민 정체성은 개인의 부 축적보다는 자국의 경제 발전에 집중하는 엘리트층을 낳았다. 특히 급속한 경제 성장이 이뤄지던 초반에 말이다. 이런 종류의 공공 지향성은 발전 국가(developmental state, 정부가 개발을 최우선 국가 목표로 정하고 가용 자원을 최대한 동원하는 국가 형태. 국가 주도의 경제 성장과 산업화, 전략 산업의 육성 등을 특징으로 한다 – 옮긴이)의 기초였고, 사하라 이남 아프리카나 중동, 라틴아메리카 등지에서는 훨씬 드물게 목격됐다.[5] 특정 민족이나 종교를 중심으로 한 정체성 집단들은 해당 집단 내에서 거래하는 것을 선호하고, 국가의 힘을 자기 집단의 이익을 도모하는 데만 이용하는 경향이 있다. 이런 방식은 이주한 지 얼마 안 되는 이민자 공동체에게 도움이 될지도 모르지만 결국 그들의 경제적 성공은 그들을 둘러싼 보다 큰 사회에 동화될 수 있는 능력에 좌우된다. 경제는 구매자와 판매자의 정체성과 상관없이 거래가 이뤄지는 최대한 넓은 시장을 기반으로 발전할 수 있다. 물론 국민 정체성이 타국을 적대적 경쟁자로 보는 보호무역주의의 근거가 되지 않는다면 말이다.[6]

넷째로, 국민 정체성은 넓은 반경의 신뢰를 만들어낸다. 신뢰는 경제 교환과 정치 참여를 촉진하는 윤활유 같은 역할을 한다. 신뢰의 토대가 되는 것은 비공식적 규범과 공통의 가치를 바탕으로 사람들이 서로 협력함으로써 형성되는 무형의 자산인 사회적 자본이다. 개별 정체성 집단들은 그 구성원들 사이의 신뢰를 증진하지만 이 경우 사회적 자본의 형성은 종종 해당 집단의 울타리를 벗어나지 못한다. 사실 강한 정체성은 해당 집단 구성원과 외부인 사이의 신뢰를 '약화'시키는 경우가 많다. 사회는 신뢰를 바탕으로 번영할 수 있으며 진정한 번영을 위해서는 신뢰의 반경이 최대한 넓어져야 한다.[7]

국민 정체성이 중요한 다섯 번째 이유는 경제 불평등을 완화하는 견고한 사회안전망을 유지하기 위해서다. 사회 구성원들 각자가 커다란 대가족의 일원이라고 느끼면서 서로에 대해 높은 신뢰를 갖고 있으면 소외되고 약한 동료 구성원을 돕는 사회복지 프로그램을 훨씬 더 기꺼이 지지한다. 스칸디나비아반도의 강력한 복지 국가들을 뒷받침하고 있는 것은 이들 국가가 가진 확고한 국민 정체성 감각이다. 반면 타집단과 서로 공통점이 거의 없다고 느끼는 이기적인 집단들로 분열된 사회의 구성원들은 자신이 한정된 자원을 놓고 서로 경쟁하는 제로섬 게임에 참여하고 있다고 여기기 쉽다.[8]

마지막으로, 국민 정체성은 자유민주주의라는 체제의 존속을 가능하게 한다. 자유민주주의는 국민과 정부 사이에, 그리고 국민들끼리 맺는 암묵적 계약이며 이 계약 하에서 국민들은 정부가 더 기본적이고 중요한 다른 권리들을 보호할 수 있도록 자신의 자유나 권리 일부를 포기한다. 국민 정체성은 이 계약의 정당성을 기반으로 형성될 수 있는 무엇이다. 만일 국민들이 같은 정치 공동체의 일원이라고 느끼지 못하면 그 나라의 체제는 제대로 기능하지 못한다.[9]

그런데 효과적인 민주주의를 위해서는 단순히 민주주의 체제의 기본 이념 및 규칙을 받아들이는 것 이상의 무언가가 필요하다. 민주주의 문화가 제대로 작동해야 하는 것이다. 사회 구성원들의 합의는 자동적으로 형성되지 않는다. 사실 민주 사회는 평화롭게 조화시키고 중재해야 하는 다양한 이해관계와 견해, 가치관이 모여 있는 공간일 수밖에 없다. 이 때문에 민주 사회에는 숙고와 토론이 필요하며 그런 숙고와 토론은 구성원들이 특정한 행동 규범들을 받아들여야만 가능해진다. 종종 국민들은 공공의 선을 위해 자신이 좋아하지 않거나 원치 않는 결과도 받아들일 줄 알아야 한다. 관용과 상호 공감의 문화가 편파적이고 당파적인 이익 추구보다 더 우선해야 한다.

정체성은 투모스에 뿌리를 두고 있으며 사람들이 자신의 정체성을 인지하고 경험할 때는 자부심, 수치심, 분노 등의 감정이 큰 역할을 한다. 나는 이것이 이성적 토론과 숙고를 약화시킬 수도 있다는 점을 이미 앞에서 설명했다. 그런데 한편으로는 만일 국민들이 자부심과 애국심을 갖고서 입헌 정치와 인간 평등이라는 이념에 어느 정도 비이성적인 애착심을 갖지 않는다면 민주주의 사회는 생존할 수 없을 것이다. 그런 정서적 애착심은 이성적으로만 보면 절망하는 것이 옳아 보일 만큼 사회가 위기를 겪을 때 사회를 지탱시키는 힘이 된다.

국민 정체성과 관련해 가장 큰 고민거리를 던져준 정책 이슈는 이민 및 난민 문제다. 이민과 난민 문제는 현재 유럽과 미국에서 포퓰리스트 민족주의가 약진하는 현상을 가속화한 주요 동력이다. 프랑스의 국민전선, 네덜란드의 자유당, 오르반이 이끄는 헝가리 피데스당, 독일의 '독일을 위한 대안', 영국의 브렉시트 지지 세력은 반이민과 반유럽연합을 주장한다. 그런데 대다수 포퓰리스트들에게 반이민과 반유럽연합은 결국 동일한 문제다. 이들이 유럽연합에 강하게 반대하는 것은 자국 국경을 통제할 주권을 유럽연합이 빼앗는다고 생각하기 때문이다. 유럽연합은 노동력 이동과 경제 성장을 위해 1985년 솅겐 조약(Schengen agreement)을 체결함으로써 대부분의 회원국 내에서 시민들이 별도의 비자 없이 자유롭게 이동할 수 있게 했다. 또한 유럽연합은 유럽에 들어온 난민들에게 폭넓은 권리를 제공해왔으며 이 권리들은 각국의 법정이 아니라 유럽인권재판소(European Court of Human Rights)에 의해 시행된다.●

이런 시스템은 의도했던 효과를 발휘해 더 생산적으로 활용될 수 있는 지역으로 노동 인구가 이동하는 것을 도왔고 정치적 박해의 희생자들에게 안전한 피난처를 제공했다. 그러나 동시에 많은 유럽연합 회원국에 외국 태생 시민들의 숫자를 크게 증가시키는 결과도 낳았으며 이 이슈는 시리아 내전으로 유럽에 유입되는 난민이 2014년 급증하면서 크게 대두됐다.

정치학자 졸탄 하즈널(Zoltan Hajnal)과 마리사 아브라하노(Marisa Abrajano)의 자료에 따르면 미국에서도 유권자들이 공화당

● 비자 없이 이동이 가능한 솅겐 존(Schengen zone)은 EU 회원국 또는 유로존과 겹치지만 완전히 일치하지는 않는다. 아일랜드 등 일부 EU 회원국과 영국은 솅겐 존에 포함되지 않고, 아이슬란드와 노르웨이 같은 비(非)EU 국가들은 실질적인 솅겐 존에 해당한다.

후보에게 표를 던지는 주요 이유가 계급이나 인종에서 이민자 문제로 바뀌어왔다.[10] 1960년대 민권 운동 직후 아프리카계 미국인들이 민주당 진영으로 편입된 것이 이후 미국 남부를 공화당의 텃밭으로 변화시킨 결정적 계기가 됐다고 보는 시각이 일반적이다. 오늘날은 이민자 이슈가 그와 비슷한 역할을 하고 있다. 멕시코 및 무슬림 이민자에 대한 반대는 2016년 대선 당시 트럼프 후보의 선거 운동에서 핵심 주제였으며 이는 대통령이 된 지금도 마찬가지다. 이민자에 반대하는 보수 진영이 특히 주목하는 것은 현재 미국 내에 살고 있는 것으로 추정되는 약 1,100~1,200만 명의 불법체류자다. 유럽의 경우와 마찬가지로 반이민을 외치는 정치인들은 미국 정부가 남부 국경을 넘어오는 사람들을 통제할 권리를 제대로 행사하지 못하고 있다며 통탄한다. 그러니 트럼프가 멕시코와의 국경에 "크고 아름다운" 장벽을 짓겠다고 약속한 것이다.

이민자 집단이 사람들의 반발을 불러일으킨 것은 그리 놀랍지 않은 현상인지도 모른다. 그동안 세계 곳곳에서 이민자 수가 증가해왔고 그에 수반되는 문화적 변화도 컸으며 일부 경우에는 역사적으로 전례 없는 수준에 이르렀기 때문이다. 다음 페이지의 표는 최근 약 60년 동안 세계 여러 부국의 인구 가운데 외국 태생 개인들의 비율을 보여준다. 미국의 경우 그 비율이 20세기 시작점을 전후로 이민자가 대량 유입된 직후였던 1920년대만큼이

OECD 국가들의 외국 태생 인구 비율

	1960	1970	1980	1990	2000	2013	2015	2016
오스트레일리아	...	...	...	22.769	23.037	27.713	...	...
오스트리아	10.57	9.06	9.54	10.33	10.395	16.704	18.2	...
벨기에	...	...	...	...	10.328	15.508	16.3	...
캐나다	...	...	...	15.234	17.36	19.993	...	...
덴마크	...	...	...	3.689	5.781	8.478	...	...
핀란드	...	0.705	0.811	1.27	2.631	5.594	6	...
프랑스	7.49	8.31	10.64	10.4	10.13	12.04	...	...
독일	...	...	...	...	12.402	12.776	13.3	...
그리스	6.3	10.19	1.798	6.06	10.28	...	...	12.7
헝가리	...	3.89	3.45	3.35	2.885	4.525	5.1	...
아일랜드	2.58	4.41	6.54	6.49	8.665	16.42	16.9	...
이탈리아	0.915	1.6	1.97	2.52	3.73	9.457	9.7	...
일본	0.56	0.587	0.65	0.871	1.02	...	...	1.4
한국	0.316	0.42	1.23	0.1	0.321	...	...	2.6
네덜란드	...	2	3.47	8.14	10.143	11.625	12.1	...
뉴질랜드	14.08	14.57	15.11	15.56	17.187	22.406	...	...
노르웨이	...	...	...	...	6.792	13.868	14.9	...
폴란드	...	...	...	7.75	5.6	...	1.6	...
에스파냐	0.696	0.95	1.31	2.12	4.891	13.439	12.7	...
스웨덴	...	6.55	7.52	9.22	11.314	15.973	17	...
스위스	...	13.41	16.87	20.73	21.864	28.303	27.9	...
영국	...	5.29	5.96	...	7.925	12.261	13.3	...
미국	...	...	...	7.919	11.024	13.079	13.44	...

출처: OECD

나 높다.

유럽과 미국의 포퓰리스트 정치인들이 추구하는 목표는 '우리의 나라를 되찾자'는 것이다. 그들은 다른 가치관 및 문화를 가진 이주자들 때문에, 그리고 국민 정체성이라는 개념 자체가 인종차별적이고 편협한 개념이라고 공격하는 진보 좌파 때문에 전통적 의미의 국민 정체성이 희석되면서 위태로워지고 있다고 주장한다.

그런데 그들이 되찾자고 외치는 것은 어떤 나라일까? 미국 헌법은 이런 문장으로 시작한다. "우리 합중국 국민은 보다 완벽한 연합을 형성하고, 정의를 확립하고, 국내의 평안을 보장하고, 공동 방위를 가능케 하고, 국민 복지를 증진하고, 우리와 우리의 후손들에게 자유의 축복을 보장하기 위해 이 아메리카합중국 헌법을 제정한다." 헌법은 국민에게 주권이 있으며 합법적인 정부가 국민의 의지로부터 나온다고 분명하게 명시한다. 하지만 그 국민이 누구인지는, 즉 개인이 국가 공동체에 포함될 수 있는 근거가 무엇인지는 정의하지 않고 있다.

미국 헌법의 이런 침묵은 몇 가지 중요한 질문을 낳는다. 애초에 국민 정체성이란 어떻게 생겨나는 것이며 어떻게 정의해야 하는가? 민주적 선택의 토대가 되는 주권을 가진 '국민'을 구성하는 것은 무엇인가? 실질적인 사회 현상인 동시에 이데올로기이기도 한 다문화주의는 공동의 시민 감각을 약화시키는가? 만일 그렇다면 다양한 집단이 함께 공유하는 국민 정체성을 재구축할 방법이 있는가?

미국 헌법에서 미국 국민이 누구인지 정의하지 않았다는 사실은 모든 자유민주주의 국가들이 생각해볼 만한 보다 넓은 차원의 문제를 암시한다. 정치이론가 피에르 마낭(Pierre Manent)은 대다수의 민주 정체가 이미 존재하고 있던 나라 위에, 즉 국민 정체성 감각이 이미 충분히 형성된 사회에 세워졌다는 사실에 주목한다. 그런데 이 나라들은 민주적 방식으로 만들어지지 않았다. 예컨대 독일, 프랑스, 영국, 네덜란드는 모두 비민주적 체제 하에서 영토와 문화를 둘러싼 기나긴, 그리고 때때로 폭력적인 정치적 싸움을 하는 와중에 만들어진 역사적 부산물이었다. 그리고 이들 나라에 민주 정체가 들어서자 각 나라의 영토 범위와 그 안에 사는 국민들이 자연스럽고도 당연하게 국민주권을 위한 토대가 됐다. 동아시아의 한국과 일본의 경우도 비슷하다. 한국과 일본은 민주주의 체제가 되기 수세기 전부터 이미 나라를 형성하고 있었으며 민주 정체를 선택하는 시점이 됐을 때 국민 정체성 문제를 논쟁하고 따질 필요가 없었다.[11]

마낭은 근대 민주주의 이론에 존재하는 중요한 공백 하나를 언급한다. 홉스, 로크, 루소, 칸트, 《연방주의자 논문집》 저자들, 존 스튜어트 밀, 이들 모두 세계가 이미 민주 정체 수립의 토대인 개별 국가들로 나뉘어 있는 상태를 가정하고 자신의 사상을 전개했다. 따라서 그들은 미국과 멕시코의 국경이 리오그란데강을 따라 그려져야 하는 이유가 무엇인지, 알자스 지방이 프랑스에 속해야 하는지 아니면 독일에 속해야 하는지, 퀘벡주가 캐나다의 일부가 돼야 하는지 아니면 '별개의 사회'가 돼야 하는지, 카탈루냐가 에스파냐로부터 분리 독립하는 것이 타당하다면 그 근거가 무엇인지, 이민자 수용의 적정 수준은 어느 정도인지 등을 설명할 수 있는 이론을 제시하지 않았다.

그런 이론을 세우는 일은 다른 이들에게 넘어갔다. 라가르드나 히틀러 같은 민족주의자들은 자국의 정체성을 정의하는 근거를 생물학적 특성에서 찾았으며, 세계 각 나라들이 아주 오랜 옛날부터 존재해온 인종적 공동체에 해당한다고 주장했다. 또 어떤 이들은 선대로부터 내려온 이른바 불변의 문화를 국가 정체성의 토대로 삼았다. 이런 이론들은 20세기 초 유럽의 극단적 민족주의를 정당화하는 근거가 됐으며 그 주창자들은 1945년 나치즘의 몰락과 함께 퇴출되었다.

한편 '글로벌 코스모폴리탄(global cosmopolitan)'이라고 부를 수 있는 이들은 국민 정체성과 국가주권이라는 개념 자체가 시대에 뒤진 낡은 것이므로 더 넓은 차원의 초국가적 정체성과 제도들로 대체해야 한다고 주장한다. 이런 관점에 근거를 제공하는 두 종류의 주장이 있다. 하나는 경제적, 기능적 측면에 초점을 둔 것으로, 이들은 오늘날 발생하는 문제들이 범위 면에서 글로벌한 성격을 띠므로 세계적인 차원에서 접근해 해결해야 한다고 말한다. 교역 및 투자, 대(對)테러 활동, 환경, 전염병, 마약, 인신매매 등과 관련된 다양한 문제들 말이다. 이들은 국가와 국민 정체성 개념은 국제적 협력을 방해하는 잠재적 장애물이므로 새로운 초국가적 규칙 및 조직들로 서서히 대체되어야 한다고 본다.

두 번째는 그보다 이론적인 것으로서 여기서는 국제인권법이 근거로 등장한다. 자유민주주의는 보편적인 인간 평등이라는 전제 위에 세워지며 그 평등은 각 나라의 국경과 상관없이 유효한 개념이다. 1948년 채택된 세계인권선언은 인간이 누구나 평등에 대한 선천적 권리를 지니며 그 권리가 모든 국가에 의해 존중받아야 함을 강조하는 국제법이 발전할 수 있는 기초가 됐다.[12] 인권법이 진화하는 동안 국가의 의무도 자국 국민뿐만 아니라 이민자와 난민의 권리도 함께 보호해야 하는 방향으로 진화했다. 일부 옹호자들은 이주에 대한 보편적 권리를 제안하기도 했다.[13]

이 두 주장은 어느 정도는 타당하다. 그러나 국민 국가들을 중심으로 구축되는 국제 질서에 대한, 또는 그런 국가들 내에 올바른 종류의 국민 정체성을 확립할 필요성에 대한 옹호론을 약화시킬 수 있을 정도는 안 된다. 국가가 시대에 뒤진 낡은 개념이므로 국제 기구들로 대체돼야 한다는 생각에는 결함이 있다. 왜냐하면 그런 국제 기구에게 민주적 책임을 지울 수 있는 효과적인 방법을 생각해낸 사람이 지금껏 아무도 없기 때문이다. 민주 제도의 기능을 좌우하는 것은 공통의 규범과 관점, 문화다. 이것들은 국민 국가의 차원에서만 존재할 수 있으며 국제적인 차원에서는 존재하지 않는다. 효과적인 국제 협력은 기존 국가들 간의 협력을 바탕으로 이뤄질 수 있으며 지금껏 그래왔다. 수십 년간 세계 여러 나라는 자국의 이익을 보호하기 위해 필요한 경우 자주권 일부를 기꺼이 포기하곤 했다.[14] 수많은 글로벌 현안을 해결하는 데 필요한 협력 조약들도 이와 같은 방식으로 접근할 수 있다.

　보편적인 인간 권리를 존중할 의무는 그동안 세계 대부분의 나라에서 자발적으로 맡아왔고 이는 마땅히 그래야 할 일이다. 그러나 모든 자유민주주의는 국가 조직이라는 토대 위에 세워지며 각국의 정치적 관할권은 각자의 영토 범위에 의해 제한된다. 그 어떤 국가도 자신의 관할권 밖에 있는 사람들을 보호할 무제한의 의무를 떠맡을 수는 없다. 그리고 모든 국가가 그렇게 하려고 시도할 경우 더 나은 세상이 될지도 불투명하다. 많은 나라가 난민들에게 피난처를 제공할 도덕적 의무를 느끼는 것은 타당하고 이민자를 환영할 수도 있겠지만, 그런 의무에는 경제적, 사회적으로 높은 비용이 수반될 가능성이 있으며 각 사회는 그런 의무를 다른 중요 사안들과 비교해 판단할 필요가 있다. 민주주의란 곧 국민에게 주권이 있음을 뜻하지만 그 국민이 누구인지 범위를 정할 방법이 없다면 국민들이 민주적 선택권을 행사하는 것도 불가능하다.

따라서 한 국가 내에서든 국제적으로든 정치 질서는 올바른 종류의 포괄적인 국민 정체성이 확립된 자유민주주의를 존속시키는 일에 달려 있다. 뒤에서는 그런 종류의 국민 정체성이 형성되는 과정과 그것이 향후 어떻게 변화할 수 있는가 하는 점을 살펴볼 예정이다.

13장

국민의식을
위한
내러티브

국민 정체성에 대한 이론을 정립하기는 쉽지 않다. 현존하는 많은 나라가 종종 폭력과 강압을 특징으로 하는 복잡하고 골치 아픈 역사적 투쟁을 거치며 생겨난 결과물이기 때문이다. 그렇게 생겨난 나라는 민주 제도를 세울 수 있는 기반이 되지만 그 민주 제도가 제대로 성과를 내느냐 여부는 인구적, 경제적, 정치적 변화로 인해 끊임없이 도전을 받는다.

국민 정체성이 형성되는 경로는 크게 네 가지로 볼 수 있다. 첫 번째는 한 나라의 정치적 경계선을 넘어 사람들을 이동시키는 것이다. 즉 새로운 영토로 이주민들을 보내거나, 특정 지역에 사는 사람들을 물리력을 동원해 강제로 퇴거시키거나, 그 사람들을 죽여 대대적으로 없애거나, 또는 이 셋 모두를 함께 시행한다. 이 중 세 번째 방식은 1990년대 발칸 전쟁 때 '인종 청소'라는 이름으로 불리기도 했으며 국제 사회로부터 당연히 비난을 받았다. 그런데 인종 청소는 과거에 오스트레일리아, 뉴질랜드, 칠레, 미국을 비롯한 여러 국가도 사용한 방식이다. 새로운 땅에 도착한 이주자들이 그곳에 원래 살던 토착 원주민들을 폭력적으로 내쫓거나 학살했던 것이다.

두 번째는 기존의 언어적 또는 문화적 인구 집단에 맞춰서 국경을 바꾸는 것이다. 역사적으로 볼 때 이는 통일 또는 분리 독립을 통해 이뤄졌다. 전자의 예는 1860년대와 1870년대 이탈리아와 독일의 통일이고, 후자의 예는 아일랜드 공화국이 1921년 영국으로부터 독립한 것, 우크라이나가 1991년 구소련으로부터 독립을 선언한 것 등이다.

세 번째는 소수 인구 집단을 기존의 민족적 또는 언어적 집단의 문화에 동화시키는 방식이다. 200년 전 프랑스는 여러 언어를 사용하는 나라였지만 시간이 흐르면서 프로방스어, 브르통어, 플라망어 등 다양한 지방 언어들이 서서히 파리 사람들이 사용하는 프랑스어로 대체됐다. 이와 유사하게, 아르헨티나 또는 미국으로 유입된 이민자들(특히 그들의 자녀)은 에스파냐어나 영어를 습득해 지배적인 문화에 적응하며 흡수되어 사회적 사다리의 상층부로 올라갔다. 인구의 90퍼센트 이상이 한족(漢族)으로 구성돼 민족 동질성이 뚜렷한 중국은 3천 년에 걸쳐 소수 민족의 문화적, 생물학적 동화가 진행된 결과물이다.

네 번째는 해당 사회의 현재 특성에 맞춰 국민 정체성을 재구축하는 것이다. 많은 민족주의자들의 견해와 달리 국가란 오랜 옛날부터 존재해온 인종적 공동체가 아니다. 국가는 상향식 및 하향식으로 이뤄지는 노력을 통해 사회적으로 건설되는 것이다. 그 건설을 맡은 이들이 국민의 특성과 문화적 습관에 맞게 의

도적으로 정체성을 형성시킬 수 있다. 일례로 인도 건국의 아버지인 마하트마 간디(Mahatma Gandhi)와 자와할랄 네루(Jawaharlal Nehru)는 다양한 언어와 민족, 종교가 뒤섞인 인도 사회의 통합을 지향하는 '인도의 이념(idea of India)'을 토대로 국민들을 이끌었다.[1] 독립 직후의 인도네시아와 탄자니아에서는 다양한 민족과 언어가 혼재하는 사회의 통합을 위해 국가 공용어를 새롭게 지정했다.[2]

국민 정체성 형성에 무엇보다 큰 역할을 하는 것은 시민권 및 거주와 관련된 규정, 이민과 난민 관련 법률, 공공 교육 제도에서 나라의 역사를 가르칠 때 사용하는 커리큘럼 등에 관한 정책이다. 상향식 프로세스에서는 '국민의식을 위한 내러티브'가 해당 사회의 음악가, 시인 등 예술가, 영화제작자, 사학자, 일반 시민들에 의해 만들어지고 공유된다. 이런 내러티브는 자신들이 어디에서 왔는지, 미래에 대해 어떤 염원을 품고 있는지를 담고 있다.

민주주의 사회에서 국민 통합이 이뤄지는 과정을 생생하게 보여주는 예는 영화 〈우리가 꿈꾸는 기적: 인빅터스(Invictus)〉에서 볼 수 있다. 이 영화는 1995년 럭비 월드컵 개최국이었던 남아프리카공화국의 이야기다. 1990년대 초반 인종차별 정책인 아파르트헤이트 폐지 직후의 남아공은 여전히 인종과 민족 노선에 따라 극심하게 분열돼 있었다. 이런 분열은 스포츠에서도 예외가 아니어서 백인들은 럭비를, 흑인들은 축구를 했다. 남아공의 첫 흑인 대통령 넬슨 만델라는 국민의식 고취에 스포츠가 중요한 역할을 할 수 있음을 간파하고, 대부분 백인으로 구성된 남아공 럭비 대표팀 스프링복스(Springboks)를 응원하는 분위기를 흑인 국민들 사이에 형성시키려고 노력했다. 하지만 그가 이끄는 정당인 아프리카민족회의(African National Congress)조차 이에 대한 반대가 심했다. 만델라는 자신의 계획을 억지로 따르도록 국민들과 당원들을 강제하는 대신 회유하고 설득하는 방식을 취했다. 결국 스프링복스는 럭비 월드컵 결승에서 최강 팀인 뉴질랜드의 올블랙스(All Blacks)를 꺾고 우승을 거머쥐었다. 올블랙스는 매 경기 전에 마오리족(뉴질랜드 원주민) 전사들의 춤인 하카(haka)를 추면서 국민 정체성을 드러내는 팀으로 유명하다.

위에서 설명한, 국민 정체성의 형성 방식 네 가지는 합의를 통한 평화로운 과정으로 이뤄질 수도, 폭력과 강압을 통해 이뤄질 수도 있다. 현존하는 모든 나라는 이 네 가지 중 일부의 조합으로 생겨난 역사적 결과물이며 어느 정도는 강압과 합의에 동시에 의지했다. 이민과 다양성 증가라는 현실을 겪는 오늘날의 자유민주 국가들이 마주한 도전 과제는 세 번째와 네 번째 방식을 동시에 꾀하는 것이다. 즉 다양성이 높아진 사회의 상황에 적합한 폭넓은 국민 정체성을 정의하고 아울러 사회에 들어온 새로운 구성원들을 그 정체성에 동화시키는 것이다. 그리고 이 과정에서 무엇보다 중요한 것은 자유민주주의 자체를 보존하는 일이다.

오늘날 유럽 사회가 고민하고 있는 국민 정체성 문제를 이해하려면 그동안 유럽연합이 지나온 길을 짚어볼 필요가 있다. 유럽연합의 아버지라 할 수 있는 로베르 쉬망(Robert Schuman)과 장 모네(Jean Monnet)는 유럽이 1차 및 2차 세계대전을 겪게 된 근원적 이유가 민족 중심의 배타적 국민 정체성 개념에 있다고 생각했다.[3] 그래서 이를 개선할 해결책으로 1951년 프랑스, 벨기에, 서독, 이탈리아, 네덜란드, 룩셈부르크, 이렇게 6개국이 참여하는 유럽석탄철강공동체(European Coal and Steel Community)를 창설했다. 이 기구는 독일의 군사적 재무장을 방지하는 한편 전쟁으로 황폐해진 유럽 지역의 교역 및 경제 협력을 촉진하려는 목적으로 만들어졌다. 유럽석탄철강공동체는 이후 유럽경제공동체(European Economic Community)로 발전했고 나중에는 유럽연합이 출범하기에 이른다. 회원국 수는 꾸준히 늘어 유럽연합은 28개국이 참여하는 공동체로 진화했다.

유럽연합의 아버지들은 각 회원국의 국민 정체성을 약화시키려고 노력하면서 20세기 전반에 맹위를 떨쳤던 공격적인 종족민족주의에 대한 해독제로서 '탈국가적' 유럽 의식을 형성시키고자 했다.[4] 회원국들 간의 경제적 상호 의존도가 높아지면 전쟁 발발 가능성이 낮아지고 정치적 협력도 커질 것이라는 게 이들의 예상이었다. 여러 모로 볼 때 이런 구상은 의도했던 성과를 낳았다. 이제는 양차 세계대전에서 적대국이었던 독일과 프랑스가 서로 전쟁을 벌일 가능성이 거의 없다. 오늘날은 고등 교육을 받은 유럽 젊은이들이 유럽연합 회원국 한 곳에서 태어나 다른 회원국의 학교에 진학하고, 또 다른 국가 출신인 누군가와 결혼을 하고, 유럽이나 그 밖의 먼 지역에서 일하는 경우를 흔하게 볼 수 있다. 그들은 자신의 출생 국적에 대한 의식을 갖고 있지만 그들의 삶은 유럽 전체와 긴밀히 연결돼 있다.

그러니 개별 국가들의 정체성을 약화시키려고 했던 '유럽'이 각국보다 더 확고한 정체성을 갖고 있는지는 의문이다. 유럽 공동체가 형성되던 초기에는 각 회원국의 국가적 정체성을 지나치게 큰 목소리로 강조하는 것이 정치적으로 용납되지 않았다. 특히 파시즘의 과거를 갖고 있는 독일과 에스파냐 같은 나라들은 더 그랬다. 이들 나라의 국민들은 국기를 흔들거나 국가를 부르는 것, 또는 자국 스포츠 팀을 너무 요란하게 응원하는 것을 자제했다. 그들에게 유럽은 의지가 되는 피난처이긴 하지만 꼭 선호하는 최종 목적지는 아닌, 그런 존재였다.

하지만 유럽연합 리더들은 대안적인 새로운 정체성을 구축하는 데 많은 노력을 쏟을 입장이 아니었다.[5] 그들은 단일한 유럽 시민권을 만들지 않았다. 시민권에 대한 규정은 여전히 개별 회원국들의 소관으로 남았다. 깃발이나 노래 같은 상징물도 늦게야 생겨났고 여러 회원국들이 공동의 시민 교육을 받지도 않았다. 무엇보다 가장 중요한 실패는 유럽연합 자체의 민주적 책임성과 관련된 부분이었다. 유럽연합 내에서 가장 핵심적이고 강력한 역할을 하는 집행위원회(European Commission)는 비선출 기술관료(technocrat)들로 이뤄진 기구였으며 유럽 내 단일 시장 확립을 주요 목표로 삼았다. 집행위원회는 각 회원국의 각료들로 구성된 각료이사회(Council of Ministers)를 통해 간접적으로만 유럽 시민들에게 책임을 졌다. 직접선거로 선출된 의원들로 구성되는 유럽의회(European Parliament)는 다소 제한적인 힘을 가졌고 따라서 의미 있는 투표율을 달성하거나 시민들의 적극적 관심을 얻는 데 실패해왔다. 유럽 시민들은 자신이 표를 행사하는 중요한 선거는 여전히 각자의 나라에서 치러지는 선거라고 생각했기 때문에 그들의 에너지와 정서적 애착은 자연히 그쪽으로 향했다. 그 결과 그들은 유럽 전체를 관리하는 기구나 제도에 대한 주인의식 또는 자신들이 그것을 통제한다는 의식이 희박했다.

따라서 엘리트층은 유럽연합 내에서 '더욱 긴밀한 연합'을 추구했지만 현실에서는 옛 국가 정체성들의 그림자가 마치 파티의 불청객처럼 계속 유럽에 서성댔다. 특히 새로운 유럽 공동체에서 가능해진 자유로운 이동을 활용할 수 없거나 그럴 생각이 없는 나이 들고 교육 수준이 낮은 유권자들 사이에서는 더욱 그랬다. 국가 정체성의 그림자는 결정적인 시기마다 고개를 들기 시작했으며 유럽연합의 존재에 위협을 가했다.

이런 상황이 생생하게 나타난 것은 유로화 위기 때였다. 1999

년 도입된 공동 통화인 유로화 제도 덕분에 그리스는 다른 유럽 연합 회원국들에서 낮은 금리로 흥청망청 돈을 빌려와 2000년 대에 경제를 활성화시켰다. 독일은 광범위한 복지 제도로 자국의 저소득층 국민을 기꺼이 지원하는 나라였지만 그리스가 디폴트 (채무 불이행) 위기에 빠지자 그리스 사람들에게까지 그런 후한 인심을 베풀 생각은 없었다. 그리스는 저축, 채무, 공공 부문 지원 같은 정책에 대한 접근법이 독일과 현저히 달랐다. 그리스의 주요 채권국이었던 독일은 유럽중앙은행(ECB), IMF 등 국제 기구들과 협력해 그리스에 혹독한 긴축 정책을 요구하는 구제금융 프로그램을 관철시켰다. 이로 인한 여파는 아직도 현재 진행형이다. 유로화 위기는 유로존의 북쪽 회원국들과 남쪽 회원국들 사이에 존재하는 깊은 균열을 드러냈다. 오늘날 이들은 각 회원국의 차이를 유로화 위기 이전보다 훨씬 더 깊게 실감하고 있다.

더 심각한 갈등은 이민 및 난민 관련 문제들을 둘러싸고 일어났다. 유럽에서 외국 태생 거주자 숫자는 1990년대와 2000년대에 급격히 증가하기 시작했다. 여러 이유 중 하나는 터키, 파키스탄, 모로코 등 무슬림 국가에서 온 초청 노동자들이 애초 예상과 달리 자국으로 돌아가지 않았기 때문이다. 오히려 이 노동자들은 가족을 데리고 와 자녀를 낳고 귀화국에 정착하기 시작했다. 또한 냉전 종식 이후 유럽연합이 급속히 발전하면서 동유럽에서 서유럽으로 이민자가 대거 유입됐다. 노동자들이 보다 부유한 나라에서 일자리를 얻으려고 이동한 것이다.

무슬림 국가들로부터의 이민은 유럽연합 회원국들로부터의 이민보다 유럽에서 항상 더 큰 논란거리였다. 그 이유는 다소 복잡했다. 어떤 경우에는 단순히 인종차별주의와 외국인 혐오증, 문화적 편견 때문이었다. 또 어떤 이들은 이주자들이 이민 온 사회에 '적응하지' 못할 것을 우려했다. 이민자와 그 자녀들이 자발적으로 형성한 폐쇄적인 지역에 살면서 이주 후 몇 년이 지나도 이민국의 언어를 배우지 않는 점에 대해 비난이 제기됐다.

이민 관련 논란은 미국의 9·11테러 발생, 그리고 뒤이어 알카에다가 런던과 마드리드에서 일으킨 일련의 테러 이후 한층 더 심해졌다. 이 사건들은 여러 유럽 국가에서 국민 정체성을 둘러싼 격렬한 논쟁을 촉발했다. 테러범들이 종종 해당 유럽 국가에서 나고 자란 시민이었기 때문이다. 특히 무슬림 이민자가 많은 나라 중 하나인 네덜란드의 경우 더 그랬다. 논란의 시발점은 동성애자임을 밝힌 정치인 핌 포르퇴인(Pim Fortuyn)이 무슬림은 동성애를 인정하지 않으므로 네덜란드의 관용적인 문화와 맞지 않는다며 무슬림 이민자들을 강력하게 막아야 한다고 주장한 일이었다. 포르퇴인은 2002년 5월 한 라디오 방송국 앞에서 무슬림이 아니라 동물 보호 운동가에게 피살당했다. 2004년 네덜란드의 영화제작자 테오 반 고흐(Theo van Gogh)는 그의 영화가 이슬람교를 모욕했다고 느끼고 격분한 모로코계 네덜란드 시민 모하메드 부예리(Mohammed Bouyeri)에게 살해당했다.

시리아 내전 발발 이후 이라크와 시리아를 거점으로 ISIS가 세력을 확장하기 시작한 이후 유럽에서는 폭력 및 테러 사태가 줄줄이 일어났다. 2015년 1월 파리의 시사풍자 신문 〈샤를리 엡도(Charlie Hebdo)〉 본사에서 벌어진 총격 테러, 같은 해 바타클랑 공연장을 비롯한 파리 곳곳에서 일어나 130명의 사망자를 낸 연쇄 테러, 2016년 3월 브뤼셀 공항의 폭탄 테러, 베를린과 런던, 니스, 뉴욕에서 보행자들을 향해 돌진한 트럭 테러 등이 그것이다. 상당수의 무슬림이 시리아 내전의 혼란을 틈타 급성장한 극단주의 세력을 통해, 그리고 인터넷으로 청년 전사들을 모집하는 이슬람 극단주의자들에 의해 급진적 성향으로 바뀌었다.

이 같은 테러 공격이 연이어 일어나자 시민권과 국민 정체성 문제에 관심이 집중됐다. 테러범들 중 다수가 그들이 공격한 나라의 시민이자 이민 2세대 무슬림이었기 때문이다. 유럽의 많은 나라에서 주류 사회에 제대로 통합되지 못한 채 불만을 품은 이민자들이 증가하고 있었다는 사실이 분명해졌다. 그중 소수는 해당 사회에서 옹호하는 가치들에 깊은 혐오를 품고 있는 듯했다.

현재의 유럽 상황에 비하면 과거에 국민 정체성이 맞았던 도전들은 그렇게 심각해 보이지 않는다. 어떤 의미에서 보면 다문화주의의 발흥지는 캐나다라고 할 수 있다. 프랑스어를 사용하는 캐나다 퀘벡주 사람들은 영어 사용자들의 주류 문화에 흡수되기를 거부하고 자신들의 언어와 교육 방식을 지킬 법적 권리를 요구했다. 1987년 타결된 미치호수협정(Meech Lake Accord)은 퀘벡주를 '별개의 사회(distinct society)'로 인정하는 내용을 골자로 한 헌법 개정안이었다. 이 개정안이 논란이 된 이유는 그것이 일종의 불평등한 인정을 담고 있다고 여겨졌기 때문이다. 즉 캐나다의 프랑스어 사용자들에게 영어 사용자들은 누리지 못하는 언어적 권리가 주어진다는 것이었다. 이 헌법 개정안은 시한 내 비준 실패로 결국 폐기됐지만, 캐나다 연방은 프랑스 사용자들과 이민자들이 프랑스어를 쓰도록 함으로써 퀘벡주의 특별한 문화적 권리를 계속 보호하고 있다.

무슬림 이민자들은 퀘벡의 민족주의자들과 달리 다문화주의의 한계를 시험하는 계기가 됐다. 퀘벡이 제시할 수 있는 가장 극단적인 요구가 실현됐다면 캐나다는 두 개의 국가로 쪼개졌을 것이다. 하지만 만일 퀘벡이 분리 독립했다 해도 민주주의의 가치에 근본적인 위협을 가하지는 않았을 것이다. 독립한 퀘벡은 여전히 높은 수준의 자유민주주의 국가로 남았을 것이기 때문이다. 프랑스어 사용 문화권의 요구가 가져오는 실질적인 영향은 캐나다의 언어 정책 및 규정과 관련된다(캐나다는 영어와 프랑스어를 공용어로 채택하고 있음). 학교에서 프랑스어를 배워야 하고 일상생활에서 간판이나 상품에 두 개의 언어를 병기해야 하는 영어 사용자들 입장에서는 정부의 언어 정책이 짜증스럽게 느껴졌기 때문이다.

하지만 무슬림 공동체가 갖고 있는 일부 문화적 신념 및 행동 방식은 퀘벡의 경우와 차원이 달랐다. 가장 극단적인 사례는 자신의 동료 시민들을 대상으로 테러 공격을 벌이는 무슬림들이었다. 그런 명백한 폭력은 어떤 사회에서도 용납할 수 없는 것이었다. 다른 행동 방식들은 좀 더 복잡한 성격을 지녔다. 많은 무슬림 여성은 집안에서 정해주는 방식에 따라 결혼을 했고 이는 여성이 자신의 배우자를 선택할 권리를 침해할 소지가 있었다. 강요된 결혼을 거부한 일부 불행한 여성들은 이른바 명예살인(honor killing, 일부 이슬람권 국가에서 가족의 명예를 더럽혔다고 생각되는 여자 가족 구성원을 남자 가족 구성원이 죽이는 관습 – 옮긴이)의 희생물이 됐다. 많은 엄격한 무슬림은 동성결혼이 유럽 전역에 퍼지고 있던 시기에도 동성애에 반대했다. 무슬림 집단들은 문화 존중이라는 이름하에 자신들을 다르게 대해줄 것을 요구했다. 즉 자신들이 여성을 차별해도 괜찮은 집단으로, 여성이 남성 의사에게 치료받는 것을 금지해도 괜찮은 집단으로 여겨지기를 바랐다. 그리고 이스라엘과 팔레스타인의 오랜 갈등의 결과로, 많은 무슬림이 제2차 세계대전 종전 이후 유럽에서 주의 깊게 억눌러온 반유대주의 정서를 드러냈다.

2000년대 들어 유럽 곳곳에서 시민권과 이민 문제, 국민 정체성에 관한 뜨거운 논쟁이 일어났다. 시민권은 양방향의 성격을 지닌다. 다시 말해 시민권은 시민에게 국가에 의해 보호받는 권리들을 부여하지만 동시에 의무들도 부여한다. 무엇보다도 국가의 원칙과 법률을 충실하게 지킬 의무를 부여한다. 시민권이 특히 골치 아픈 이슈가 된 것은 많은 유럽 국가들이 제공하는 복지 혜택 때문이었다. 사회계약의 기본 조건조차 받아들이지 않는 듯한 이민자들에게 그런 혜택을 제공하는 것은 타당하지 않다며 강력한 반발이 일어난 것이다. 그리고 일부 시민들은 과거의 이민자 집단과 달리 현재의 무슬림들이 유럽 국가의 문화에 효과적으로 동화되지 못할지 모른다는 점을 우려했다. 프랑스의 국민전선, 덴마크의 덴마크국민당, 네덜란드의 자유당 등 우파 정당들은 반이민 주장에 대중의 지지를 얻었고 그들의 요구를 수용하도록 자국의 주요 정당들에 압력을 가했다.

그 결과 유럽 여러 나라에서 자국의 시민권법을, 따라서 이민자들이 해당 사회의 온전한 구성원이 될 수 있는 기준을 다시 생각해보기 시작했다. 이민자 동화가 잘 이뤄지지 않는 데에는 그들이 적응하지 못한다는 일방적인 이유만 있는 것이 아니었다. 유럽 여러 나라에서 시민권 취득이 어렵다는 점도 작용했다는 얘기다. 시민권은 개인의 출생 시점에 출생지주의나 혈통주의에 따라 부여된다. 또는 출생 이후에 귀화를 통해 획득하기도 한다. 출생지주의는 특정 국가의 영토 내에서 태어난 사람에게 자동적으로 그 국가의 시민권을 부여하는 방식이고, 혈통주의는 부모의 국적을 기준으로 아이의 국적을 정하는 방식이다.[6] 미국은 오래전부터 항상 출생지주의 국가였지만 이 원칙이 모든 인종의 사람들에게 적용된다는 사실을 명문화한 것은 1868년 비준된 수정헌법 14조였다. 수정헌법 14조는 이렇게 명시하고 있다. "미국에서 태어나거나 귀화한 사람, 그 관할권에 속하는 사람은 모두 미국 시민이자 그 거주하는 주의 시민이다." 이민에 대해 비교적 열린 태도를 가진 오스트레일리아, 캐나다 등도 이와 비슷한 법규를 시행하고 있다.[7]

유럽 쪽을 살펴보면 프랑스는 역사적으로 정치적, 영토적 관점에서 시민권을 바라보는 국가였다. 프랑스는 엄밀히 말하면 혈통주의를 시행하지만 귀화 조건이 비교적 쉽기 때문에 이민 2세대, 3세대가 시민권을 거의 자동적으로 취득할 수 있다.[8] 전통적으로 프랑스는 국민의 자격을 논할 때 프랑스 공화국, 프랑스어, 프랑스 교육에 대한 충성심을 중시했다. 시인 레오폴 상고르(Léopold Senghor)는 세네갈인임에도 프랑스 문학에 기여한 공로를 인정받아 1983년 명망 높은 아카데미 프랑세즈(Académie Française, 프랑스어의 표준화 및 순화, 사전 편찬, 문학상 수여 등의 활동을 하는 프랑스의 가장 권위 있는 학술 기관 – 옮긴이)의 회원이 되었다.

반면 독일, 오스트리아, 스위스는(그리고 아시아의 일본과 한국도) 전통적으로 혈통주의를 근거로 시민권을 규정하며 외국인이 귀화하기가 어렵다. 2000년 출생지주의 요소를 일부 도입하기 전의 독일에서는 터키나 여타 중동 국가에서 온 이민자의 2세대나

3세대 출생자가 독일어를 완벽히 구사해도 시민권을 획득하기가 굉장히 어려웠다. 그에 반해 구소련이나 다른 동구권 국가에서 태어난 독일인은 독일어를 할 줄 몰라도 독일인 혈통이 입증되면 귀화할 수 있었다.[9] 일본은 선진국 중에서도 시민권 및 귀화와 관련해 매우 제한적인 제도를 갖고 있고 이민자 수용에 대해서도 소극적이라 OECD 국가들 중 인구 다양성이 가장 낮은 축에 속한다.[10]

유럽 국가들은 2000년대에 자국의 시민권법을 개정하기 시작했다.[11] 혈통주의에서 벗어나 이민 희망자들이 타당하게 충족시킬 수 있는 일련의 귀화 기준을 마련한 이런 변화는 일정 부분 사회 통합에 도움이 됐다. 시민권을 얻으려는 사람은 해당 국가의 역사에 관한 지식을 갖추고, 그 나라의 정치 제도를 이해하고, 그 나라의 언어를 어느 정도 유창하게 구사할 줄 알아야 했다. 하지만 일부 경우에는 시민권 획득 요건이 너무 까다로워서 이민자를 받아들이기 위해서가 아니라 배제하기 위한 목적으로 만들어진 것처럼 보이기도 했다. 일례로 독일의 바덴뷔르템베르크주에서는 동성결혼을 인정하는 것을 시민권 취득 조건으로 걸었다. 이 지역의 보수적인 가톨릭 전통에 비춰보면 고개가 갸우뚱거려지는 요건이었다.[12]

이 같은 공식적인 시민권 법규들 외에 노골적인 인종차별이나 그보다는 미묘한 다른 문화적 장벽도 이민자 동화를 방해했다.[13]

'독일 사람', '네덜란드 사람', '덴마크 사람'이라는 표현은 언제나 민족적 의미를 함축하고 연상시키는 말이었다. 예컨대 과테말라나 한국에서 태어나 미국으로 이민 간 사람은 귀화 선서를 한 순간부터 자신이 미국 사람이라고 당당하게 말할 수 있지만, 터키계 독일 국민들은 독일에서 태어났고 독일어를 모국어로 쓴다 할지라도 스스로 독일 사람이라고 말하기가 훨씬 더 어렵다. 네덜란드는 관용의 나라로 유명하지만 그 관용은 개인 자원의 통합이 아니라 한 사회에 공존하는 여러 공동체를 중심으로 형성돼 있다. 네덜란드 사회는 '지주화(支柱化, 네덜란드어로 verzuiling)'라는 말로 표현되는데, 이는 종교나 이념에 근거한 각각의 지주에 따라 사회가 여러 집단으로 분화돼 있는 것을 말한다. 이 나라에서는 개신교 공동체, 가톨릭 공동체, 세속적 공동체 등이 오랜 세월 각자의 동질적 성향에 따라 긴밀하게 뭉치면서 각자의 교육 기관, 신문사, 정당을 유지해왔다. 네덜란드에 많은 수의 무슬림이 들어오기 시작했을 때 이들은 대개 그들만의 공동체를 형성했고 아이들은 무슬림끼리 모인 학교에서 공부했다. 역사적으로 네덜란드의 시스템은 분화된 사회의 안정과 평화를 효과적으로 유지해왔지만 21세기에는 매우 다른 문화를 가진 이민자들을 동화시키는 데 장애물이 된다.

　유럽연합의 후발 가입국인 동유럽 국가들은 다른 문화를 가진 이주자들의 수용에 창립 회원국들보다 훨씬 더 소극적이었다.

1945년 이후 소련의 주도 하에 공산화가 진행된 동유럽 국가들은 그 후 사회적, 정치적 발전이 정체됐다. 서독이나 에스파냐와 달리 이들 국가는 극단적 민족주의가 지배했던 과거라는 문제와 씨름할 필요가 없었고 국민들에게 자유주의 가치를 심어주려고 애써 노력하지도 않았다. 이 나라들은 이민자를 받아들인 경험도 거의 없었고 다양성이 매우 낮았다. 1989년 이후 동유럽 국가들은 기꺼이 공산주의를 벗어던지고 유럽연합에 가입했지만 그 국민들 다수는 새로운 유럽의 확고한 자유주의적 가치들을 받아들이지 않았다. 그래서 헝가리 오르반 총리가 헝가리의 국민 정체성은 헝가리인의 민족성을 근거로 한다고 선언할 수 있었던 것이다. 히틀러가 독일의 정체성을 독일 혈통에 둬야 한다고 선언했던 것처럼 말이다. 동유럽의 많은 새로운 리더들은 유럽연합을 위협으로 간주했다. 그 주요 이유는 중동과 아프리카로부터 끝없이 이민자가 들어올 문을 열어주기 때문이었다.

유럽적 정체성을 완전히 받아들이지는 못했던 또 다른 회원국은 영국이었다. 영국에서는 유럽 통합에 회의적인 목소리를 크게 높이는 세력들이 오래전부터 있었다. 대표적인 세력은 보수당과 나이절 패라지(Nigel Farage)가 이끈 영국독립당(UKIP)이다.[14] 2016년 6월 영국의 유럽연합 탈퇴 결정은 영국 경제에 막대한 부정적 결과를 초래할 것으로 예상됐지만 국민투표에서 '탈퇴'에 표를 던진 많은 영국인에게 중요한 이슈는 경제가 아니라 정체성이었다. 영국 정체성의 역사적 유산이라는 관점에서 보면 이 투표 결과를 이해하는 데 도움이 될 것이다.

영국인들의 유럽연합 회의론은 영국 예외주의에 대한 오랜 믿음에 그 뿌리를 두고 있다. 잉글랜드가 1066년 노르망디공국에게 정복당한 이후 이 나라의 역사는 수백 년 동안 유럽의 역사와 밀접히 뒤얽히게 된다. 그러나 16세기 초 헨리 8세가 로마 교황과 관계를 끊고 영국 교회를 로마 교청청으로부티 분리해 성공회를 출범시켰고, 이때부터 영국만의 정체성 감각이 뿌리를 내리기 시작했다. 역사학자 앨런 스미스(Alan Smith)는 이에 대해 다음과 같이 적었다.

국가적 정체성과 그들만의 고유한 독특성에 대한 감각은 계속 자라나 엘리자베스 1세 치세 때 정점에 이르렀다. 이 시기에 영국 문학사를 통틀어 가장 영향력 있는 저작들 중 하나를 통해 영국의 정체성이 확연히 표현되었다. 존 폭스(John Foxe, 1516~1587, 잉글랜드 사학자)가 쓴 《행적과 업적(Acts and Monuments)》(로마 가톨릭 교회의 개신교 탄압 역사와 순교자들에 대해 기록한 책 – 옮긴이)은 (…) 개신교 잉글랜드가 노예처럼 종속된 유럽 대륙의 가톨릭교도들보다 더 우월할 뿐만 아니라 잉글랜드 국왕을 제외한 다른 모든 권위들로부터 완전히 독립적인 나라이자 하나님에게 '선택받은 나라'라는 이론의 완전한 선언이었다. (…) 그것은 잉글랜드와 훗날 영국의 국가 정체성을 표현하는 이론이었으며 이후 계속해서 생명력을 유지하며 힘을 떨쳤으나, 1970년대에 이르러 영국은 유럽공동체 가입으로 또다시 외부 권위체의 결정에 종속되었다.[15]

이런 특별하고 고유한 정체성 의식은 영국이 에스파냐 무적함 대를 격파한 일, 그리고 17세기 잉글랜드 내전과 함께 정치적 투쟁을 거치며 의회의 주권을 확립하고 잉글랜드 연방을 세운 일 등을 겪으면서 한층 강해졌다. 영국인들에게 이렇게 어렵게 얻은 자주권은 쉽게 포기할 수 없는 무엇이었다. 오늘날 브렉시트 찬성론자들의 수사에 귀를 기울여보면 유럽 대륙은 지금도 여전히 노예처럼 종속돼 있다. 단, 이번에는 로마 교황이나 황제가 아니라 유럽연합에 종속돼 있는 것이다.

그나마 부드럽게 표현했을 때 오늘날 유럽의 정체성은 혼란에 빠져 있다. 유럽연합 지지자들은 개별 회원국들의 정체성을 대신할 확고한 범유럽적 정체성을 형성하는 데 성공하지 못했다. 회원국 각국의 정체성은 끈질기게 유지되고 있으며 나라마다 그 성격도 확연히 다르다. 프랑스처럼 다양한 인구 집단을 수용하는 비교적 개방적인 나라도 있는가 하면 헝가리처럼 이민자 동화를 막는 장애물을 의도적으로 세우는 나라도 있다. 현재 유럽을 위협하는 것은 이민자들 자체라기보다는 이민자와 문화적 다양성이 만들어내는 정치적 반응이다. 그동안 목격돼온 반이민, 반EU 정서는 비자유주의적 성격이 강한 경우가 많아서 유럽 번영의 토대였던 개방적인 정치 질서를 훼손할 수도 있다. 이런 상황을 타개하는 열쇠는 정체성 자체를 거부하는 것이 아니라 민주적이고 개방적인 공동체에 대한 감각을 증진하는 방향으로 국민 정체성을 신중하게 형성시키는 데 있다.

내부분의 유럽 국가들에 비해 미국은 더 오래전부터 이민자를 경험해왔기에 그들을 받아들이고 동화시키는 과정에 더 알맞은 국민 정체성을 발전시켜왔다. 그러나 이 정체성은 오랜 세월에 걸친 정치적 투쟁의 결과물이었으며 아직도 완전히 자리 잡지는 못하고 있다. 미국의 국민 정체성은 2016년 트럼프 대통령 당선 이래로 일부 세력으로부터 강력한 도전을 받았다.

트럼프 선거 운동의 핵심 주제 중 하나는 이민 반대였다. 특히 멕시코와 무슬림 국가에서 오는 이민자들에게 강경한 태도를 보였다. 유럽의 반이민 세력과 마찬가지로 트럼프 지지자들 다수도 마치 자신의 나라를 누군가에게 빼앗겼다는 듯이 "우리의 나라를 되찾자"고 외친다. 2017년 8월 버지니아주 샬러츠빌에서 열린 '우파여 단결하라' 집회에서는 네오나치와 인종차별주의 단체들이 모여 나치의 구호인 "피와 땅(blood and soil)"을 외치고 나치즘을 연상시키는 횃불 행진을 했다. 이 집회를 두고 공화당 상원의원 벤 사스(Ben Sasse)는 트위터에 이런 글을 올렸다. "이들은 혐오스럽기 그지없고 미국이란 나라에 대한 이해가 전혀 없다. 신조(creed, 미국인들이 공유하고 있는 자유와 평등, 존엄성, 정의 등의 정치적 가치관을 의미 – 옮긴이)에 기반을 둔 이 나라는 '피와 땅'의 민족주의를 명백하게 거부한다."[16]

신조에 기반을 둔 나라라는 사스의 말은 박수를 보낼 만한 말이었다. 특히나 해당 집회에 나타난 위험하고 비뚤어진 감정에 공감하는 듯 보였던 대통령, 그리고 그를 비판하지 못하는 비굴한 공화당 의원들 앞에 던져진 말이었기에 더욱 그랬다. 그런데 미국의 국민 정체성은 하루아침에 생긴 것이 아니라 오랜 세월 동안 진화해온 것이다. 신조 중심의 정체성(creedal identity)은 수십 년간의 정치적 투쟁 이후에 형성됐으며 아직도 모든 미국인이 받아들이고 있지는 않다. 이 정체성이 형성된 역사적 경로를 잠시 살펴보자.

《연방주의자 논문집》에 실린 두 번째 글에서 존 제이(John Jay, 1745~1829, 미국의 정치인이자 '건국의 아버지들' 중 한 명 – 옮긴이)는 제안된 미국 헌법을 옹호하는 논지를 펼치기에 앞서 아래와 같이 서술했다.

신께서는 이 하나의 연결된 나라를 하나의 통일된 국민에게 기꺼이 내려주셨다. 이 국민은 같은 선조의 자손이고, 같은 언어를 말하고, 같은 종교를 믿고, 같은 통치 원리를 지지하고,

관습과 풍습이 매우 비슷하고, 공동의 계획과 무기와 노력으로
써 기나긴 끔찍한 전쟁에서 함께 싸워 모두를 위한 자유와 독
립을 고귀하게 달성해낸 이들이다.

우리는 여기서 제이가 미국 국민의 정체성을 구체적이고 좁
게 정의하고 있음에 주목할 필요가 있다. 즉 그것은 공통의 종교
(프로테스탄티즘), 민족(영국 혈통), 공통의 언어(영어), 동일한 공화주
의 원칙에 대한 신념을 근거로 한다. 미국 독립혁명 당시 급진적
인 사상가로 여겨졌던 토머스 페인(Thomas Paine, 1737~1809, 미국
독립에 사상적 기초를 제공한 영국 태생의 미국 저술가, 정치혁명가 – 옮긴이)마
저도 유럽의 모든 기독교도하고만 형제 관계를 맺을 것을 주장했
다. 토머스 제퍼슨(Thomas Jefferson, 1743~1826, 미국 독립선언문 기초
자, 미국 제3대 대통령 – 옮긴이)은 자신에게 '스코틀랜드인'의 피가 섞
여 있다는 사실에 회의적이었으며 유럽의 부적절한 지역으로부
터 미국으로 오는 이민자들을 우려했다. 제퍼슨은 그들이 "자신
이 살던 나라에서 어릴 적부터 보고 자란 그 나라의 통치 원칙을
가져올 것이고 만일 그것을 던져버릴 수 있다 해도 그 대신 무절
제한 방탕함을 들여올 것"이라고 생각했다.[17]

부적절한 사람들이 들어옴으로써 미국의 국민성이 타락할 것
을 우려한 것은 제퍼슨뿐만이 아니었다. 1840년대에 아일랜드의
가톨릭교도들이 대거 미국으로 이주했을 때는 이민 배척 운동이

일어났다. 종교의 자유를 찾아 아메리카로 건너온 청교도들에게는 가톨릭교도가 결코 반갑지 않았을 뿐만 아니라 술을 좋아하는 아일랜드인들 때문에 알코올중독이 퍼질 것을 우려했던 것이다. 이런 우려는 나중에 1917년 금주법 내용이 담긴 수정헌법 18조가 만들어지는 데에도 영향을 미쳤다. 또 당시 앵글로색슨 개신교도인 지배 엘리트층은 독일 이민자들을 달갑게 여기지 않았다. 전제군주의 통치에 익숙한 그들의 정서가 미국에 물들 것을 우려한 것이다. 이런 불안감은 미국의 제1차 세계대전 참전 이후 최고조에 달해 당시 많은 독일계 미국인이 자신의 혈통을 숨기려고 애썼다. 1880년대에 시작돼 존슨-리드 법(Johnson-Reed Act)이 제정된 1924년까지 계속된 대규모 이민 물결을 타고 미국에 도착한 수많은 남유럽 및 동유럽 사람들의 경우도 마찬가지였다. 존슨-리드 법은 국적별로 미국 이민자 수를 엄격히 제한하는 법률이었다.

다시 말해 종교와 민족은 많은 미국인이 자신의 정체성을 인식하는 핵심 요소였다. 하지만 이런 관점과 상반되는 신조적 내러티브 역시 역사적인 뿌리가 깊었다. 프랑스인 이민자 헥터 세인트 존 크레브쾨르(Hector St. John Crèvecoeur)는 1780년대에 쓴 글에서 미국을 "모든 민족뿐만 아니라 모든 종파도 섞여 공존"하는 "자유의 피난처이자 미래 국가들의 발상지, 괴로운 유럽인들을 위한 안식처"라고 표현했다. 조지 워싱턴(George Washington)

은 미합중국 출범을 앞두고 "부유한 자들과 훌륭한 이방인들뿐만 아니라 출신 국가와 종교를 막론하고 억압당하고 핍박받는 모든 사람을 받아들이는" 나라가 될 것이라고 말했다. 유럽의 기독교도들하고만 형제 관계를 맺어야 한다고 말했던 페인도, 미합중국을 "서로 다른 나라에서 왔고 다른 언어를 말하는 사람들"로 구성돼 있지만 "사회와 인권의 원리를 토대로 국가를 세우는 것민으로 모든 어려움이 극복되고 사회 각 부분이 긴밀하게 통합되는" 나라라고 생각했다.[18] 이와 같은 정서는 미국 국장(國章)에 새겨진 문구인 '노부스 오르도 세클로룸(Novus ordo seclorum, 시대의 새 질서)'과 '에 플루리부스 우눔(E pluribus unum, 여럿에서 하나로)'에도 그대로 담겼다.

미국 남북전쟁은 근본적으로 미국의 국민 정체성을 둘러싼 싸움이었다. 남부 주들은 명백히 정체성을 인종과 연결지으면서 비(非)백인은 시민 자격이 없다고 생각했다. 그들은 헌법의 기본 이념에 기대어, 노예제를 택할지 말지를 각 주에서 투표로 결정해야 하며 연방정부에게는 그 선택에 간섭할 권리가 없다고 주장했다. 이는 당시 노예제에 우호적이었던 스티븐 더글러스(Stephen Douglas) 상원의원의 주장이기도 했다. 반면 링컨은 헌법이 아니라 독립선언문에, 즉 독립선언문의 "모든 인간은 평등하게 태어났다"는 문구에 의지했다. 링컨은 더글러스와 맞붙은 토론에서 평등의 원칙이 각 주의 권리보다 우선한다고 주장했다. 개별 주들의 민주적 다수가 그 안에 사는 시민들의 기본 권리를 약화시킬 수 없다는 것이었다. 링컨은 연방을 지키기 위해 전쟁을 불사했지만 그는 처음부터 노예제와 그것이 평등이라는 근본이념에 제기하는 위협을 중요한 이슈로 생각하고 있었다.● 정체성을 바라보는 이런 확대된 관점은 그가 게티즈버그 연설에서 언급한 "새로운 자유의 탄생"이라는 말에도 담겨 있었다.[19]

남부의 패배로 전쟁이 끝난 직후 연이어 제정된 수정헌법 조항들은 보다 확장된 의미의 국민 정체성 형성에 기여했다. 즉 노예제 폐지를 명시한 수정헌법 13조, 미국에서 태어나거나 귀화한 모든 사람을 미국 시민으로 규정하고(출생지주의) 그들에게 적법절차에 관한 평등한 권리를 부여한 14조, 인종이나 피부색, 또는 과거의 노예 상태를 근거로 투표권 부여를 거부하지 못하게 한 15조가 그것이다. 부끄럽게도 이 조항들의 내용은 100년 후 민권운동 시대가 오기 전까지는 제대로 실현되지 못했으며 심지어 현재도 소수 인종 유권자의 선거권을 제한하려는 시도들 때문에 위협받고 있다. 그러나 위와 같은 수정헌법들을 통해 국민의 기본권리들을 보장해야 하는 연방정부의 역할과 더불어 인종적 제한을 벗어난 국민 정체성 원리가 공표된 것은 분명했다. 이는 대부

● 링컨은 두 번째 대통령 임기를 시작하는 취임 연설에서 이렇게 말했다. "(남북전쟁이 시작될 무렵) 이 나라 인구의 8분의 1이 흑인 노예였습니다. 그들은 나라의 모든 지역에 퍼져 있는 것이 아니라 남부 지역에 몰려 있었습니다. 노예 제도는 독특하면서도 강력한 이해관계를 구성했습니다. 우리 모두 그 이해관계가 남북전쟁의 원인이었다는 것을 잘 알고 있습니다."

분의 미국인들이 갖는 정체성 감각의 일부가 되었다.

20세기 중반에는 미국 사회의 인종적 다양성 때문에 국민 정체성을 종교나 민족적 조건으로 규정하기가 사실상 불가능해졌다. 20세기 시작점을 전후로 이민자가 대량 유입된 결과, 외국 태생 시민들의 비율이 전체 인구의 약 15퍼센트로 높아진 것이다. 이민자와 그 자녀 중 너무 많은 이들이 전통적인 종교적 또는 민속적 카테고리의 바깥에 있었기 때문에, 정치인들은 과거와 달리 이제 미국을 '기독교'의 나라 또는 '앵글로색슨'의 나라로 부를 수 없었다. 존 제이가 말했던 국민 정체성의 네 가지 특징(같은 종교, 같은 민족적 특성, 같은 언어, 공통의 통치 원리에 대한 지지) 중에서 이제 마지막 두 가지(같은 언어, 민주적 통치에 대한 공통된 지지)만 남게 됐다.●● 이것이 바로 사스 상원의원이 언급했던, 신조를 토대로 한 미국의 국민 정체성이었다.

이렇듯 신조 중심의 국민 정체성은 약 두 세기에 걸친 기나긴 정치적 투쟁의 결과로 형성됐으며 인종이나 민족, 종교에 근거한 과거의 정체성과의 단호한 단절을 나타냈다. 미국 국민들은 이런 본질적인 정체성에 자부심을 가져도 된다. 이 정체성은 입헌주의와 법치주의, 민주적 책임성이라는 공통의 정치 원리와 "모든 인간은 평등하게 태어났다"(물론 이제는 여기에 여성도 포함된다)는 원리

●● 영어는 통합적인 미국 정체성의 중요한 특징이다. 미국 공립학교들의 이중언어 또는 다중언어 교육이 논란의 대상이 되는 것도 그 때문이다.

에 대한 믿음을 토대로 한다. 이러한 정치적 관점은 계몽사상의 직접적인 영향을 받은 결과물이자 실질적인 다문화성을 특징으로 하는 현대 자유민주주의 국가의 통합을 가능케 할 유일한 토대다.

좌파와 우파 모두에서 점차 강하게 나타나고 있는 정체성 정치를 심각한 문제로 봐야 하는 이유는 인종, 민족, 종교 같은 고정된 특징에 입각한 정체성으로, 이미 커다란 비용을 치르고 패배를 겪은 정체성으로 회귀하는 모습을 보이기 때문이다.

좌파 진영에서 좁은 의미의 정체성 정치를 옹호하는 이들은 미국의 정체성이 다양성에 있다고, 또는 국민들이 그 다양성에 의해 통합된다고 말한다. 또 어떤 이들은 미국은 다양성이 너무 강해서 국민 정체성이 생겨날 수 없다고, 국민 정체성을 두고 고민하는 일은 무용하다고 주장한다. 최근 부상한 포퓰리스트 관점의 정체성을 고려해보면 사람들이 다양성이라는 덕목을 강조하는 것은 이해할 만하다. 또 미국이 다양성이 높은 사회라는 말도 옳다. 그러나 다양성 그 자체는 정체성의 토대가 될 수 없다. 그것은 아무런 정체성을 갖지 않는 것이 곧 미국의 정체성이라고 말하는 것과 같다. 또는 구성원들 간에 공통점이 없다는 사실을 받아들이고 대신 좁은 범위의 민족적 또는 인종적 정체성을 강조해야 한다고 말하는 것과 같다.

우파의 일부 사람들은 인종과 종교를 중심으로 한 과거의 정체성으로 후퇴했다. 공화당 부통령 후보였던 세라 페일린(Sarah Palin)은 소도시와 농촌 지역에 사는 국민들을 '진정한 미국인'으로 간주했다. 이는 도시에 사는 다양한 인구 집단을 의도적으로 배제한 말이었다. 트럼프는 여기서 한층 더 나아가 위험한 형태의 포퓰리스트 민족주의를 부채질하면서 국가에 대한 민족적 또는 종교적 정체성 관점을 재선언했다. 그는 2016년 선거 유세에서 "중요한 것은 국민의 통합뿐"이라고 말하면서 "나머지 사람들은 아무 의미가 없기" 때문이라고 했다.[20] 이는 사실상 '진짜 국민들'이 '나머지 국민들'을 쫓아내거나 강제로 배제해야 한다는 의미였다. 이것은 국민 통합이 아니라 내분으로 가는 길이다.

많은 민주주의 이론가들은 민주주의가 제대로 작동하려면 민주주의적 신조를 소극적으로 수용하는 것만으로는 충분하지 않다고 지적한다. 시민들이 특정한 긍정적인 덕목을 갖추는 일 역시 필요하다는 얘기다. 알렉시 드 토크빌은 특히 민주 사회 시민들이 배타적인 태도로 오로지 자신과 가족의 안녕만을 돌보려는 유혹에 빠질 수 있음을 경고했다. 토크빌에 따르면 민주주의가 성공하기 위해서는 애국심이 있고 적절한 지식을 갖추고 적극적이고 공공심이 있고 정치적 문제에 기꺼이 참여하는 시민들이 필요하다. 여기에 더해, 지금과 같은 양극화와 분열의 시대에는 시민들이 열린 마인드로 자신과 다른 관점에 관대한 태도를 갖고 민주적 합의를 위해 필요한 경우 자신의 견해를 기꺼이 굽히는 태도도 필요할 것이다.

새뮤얼 헌팅턴은 미국이 성공적인 민주 국가가 되기 위해서는 신조 중심의 정체성뿐만 아니라 특정한 문화 규범과 덕목들 역시 반드시 필요하다고 주장한 몇 안 되는 현대 정치사상가들 중 한 명이었다. 그는 마지막 저서 《새뮤얼 헌팅턴의 미국(Who Are We?)》에서 이렇게 말했다. "만일 미국이 17~18세기에 영국의 개신교도들이 아니라 프랑스나 에스파냐, 또는 포르투갈의 가톨릭교도들에 의해 건설됐다면 현재와 같은 미국이 되었을 것인가? 그렇지 않았을 것이다. 그것은 미국이 아니라 퀘벡이나 멕시코, 브라질일 것이다."[21] 헌팅턴은 앵글로색슨-개신교 문화, 즉 개신교도의 노동 윤리를 중심으로 만들어진 문화가 미국 정체성 형성에 꼭 필요한 요소였다고 설명했다.

헌팅턴은 인종차별주의자라는 비난을 받았고 더 최근에는 트럼프의 선배 격이라는 비난도 받았다.[22] 그러나 헌팅턴의 논지를 제대로 살펴본다면 설령 이민에 대한 그의 정책 처방에는 동의하지 않는 사람이라도 그에게 인종차별주의자라는 혐의는 씌울 수 없게 된다.

헌팅턴은 오로지 앵글로색슨 개신교도만 미국인이 될 자격이 있다는 의미에서 앵글로색슨-개신교 중심의 미국 정체성을 옹호한 것이 아니다. 그는 미국으로 건너온 앵글로색슨-개신교 이주민들이 이후 미국이 성공적인 민주주의 국가로 발전해나가는 데 결정적 역할을 한 문화를 가져왔다고 말한 것이다. 그들의 민족적 또는 종교적 정체성이 아니라 문화가 중요한 것이다. 내가 생각하기에 그의 이런 견해는 분명히 옳다.

헌팅턴이 강조한 그 문화의 요소들 중 하나는 개신교의 노동 윤리였다. 실제로 미국 국민은 많은 다른 나라의 국민보다 훨씬 더 열심히 일한다. 아시아 여러 나라의 국민보다는 덜하지만 분명히 대디수외 유럽인들보디는 더 열심히 일힌디.[23] 이런 노동 윤리의 역사적 기원이 실제로 미국 초기 정착 이주민들의 청교도주의에 있을지도 모른다. 하지만 오늘날 미국에서 열심히 일하는 사람들은 누구인가? 그 답에는 자신이 속한 컨트리클럽의 주주 배당금으로 먹고사는 앵글로색슨-개신교 시민뿐만 아니라 한국계 식료품점 주인이나 에티오피아 출신의 택시 기사, 또는 멕시코계 정원 관리인도 똑같이 들어간다. 우리는 열심히 일하는 노동 윤리에 역사적 유래가 있다고 인정할 수 있지만 그 노동 윤리가 민족적-종교적 근원, 즉 앵글로색슨-개신교 문화라는 본체에서 떨어져나와 이제는 모든 미국 시민의 공동 자산이 되었다는 사실 역시 인정해야 한다.

내가 보기에 멕시코 이민자들이 결국 앵글로색슨-개신교 문화의 가치 및 관습을 받아들이지 않을 것이라는 헌팅턴의 우려는 틀렸다. 실제로 그런 우려는 과장된 것으로 보이고 있다. 하지만 그가 다문화주의에 대한 오늘날 사회의 관점과 정체성 정치가 이민자 동화를 방해하는 불필요한 장애물을, 즉 과거 세대 이민자들 앞에는 존재하지 않았던 장애물을 세우고 있다고 우려한 점은 타당했다.

문제는 미국이 민족적, 종교적 정체성으로 돌아가느냐 마느냐가 아니다. 현재 미국의 숙명은 신조에 기반을 둔 나라가 되는 것이다. 이 말은 문화적으로 다양한 인구 집단으로 구성됐으며 민주주의를 지키고 싶은 다른 나라들에도 똑같이 해당된다. 그러나 민주주의를 제대로 작동시키기 위한 긍정적인 덕목들(특정 집단들에 묶이지 않은) 역시 필요하다. 오늘날 정체성을 인종이나 민족, 종교와 연결짓는 것은 부적절하겠지만, 훌륭하게 작동하는 민주주의 국가의 국민 정체성에 신조에 대한 소극적 수용 그 이상의 무언가가 필요하다고 말하는 것은 옳다. 즉 적절한 시민권 규정과 특정한 덕목의 실천도 필요하다. 신조 중심의 정체성은 성공적인 민주주의의 필요조건이지만 충분조건은 아니다.

14장

무엇을
할 것인가

우리는 정체성이나 정체성 정치에서 벗어날 수 없다. 정체성은 찰스 테일러의 표현대로 "우리 현대인들에게 전해져 내려온 강력한 도덕적 이상"이고, 투모스라는 보편적인 인간 본성을 토대로 하기 때문에 국경이나 문화권과 상관없이 힘을 발휘해왔다. 이 도덕적 이상은 우리가 충분히 인정받지 못한 진정한 내적 자아를 갖고 있으며 외부 사회가 우리를 억누르려 하는 잘못된 존재일지 모른다고 말한다. 또한 존엄성 인정에 대한 요구를 강화하고 그런 인정을 받을 길이 요원할 때 일어나는 분노를 표현할 언어를 우리에게 제공한다.

존엄성 인정을 요구하는 목소리가 사라지는 것은 가능하지도 않고 바람직하지도 않다. 그것은 프랑스 혁명에서부터 튀니지의 모욕당한 노점상 청년이 촉발한 시위에 이르기까지 수많은 대중 봉기를 점화시킨 불꽃이었다. 그들은 자신을 지배하는 정부에 영향력을 끼칠 수 있는 성인으로 대우받고 싶어 했다. 자유민주주의는 평등한 자유를 가진, 즉 집단 구성원으로서의 정치적 삶을 결정할 선택권과 주체적 행위력을 평등하게 가진 개인들에게 부여되는 권리들을 중심으로 수립된다.

그러나 많은 이들이 단순히 보편적인 인간 존재로서 평등하게 인정받는 것에 만족하지 못한다. 독재 정권 하에서 살 때는 민주 사회 시민의 권리들이 매우 소중하게 생각되지만 일단 민주주의 체제가 세워지고 나면 시간이 흐를수록 그런 권리들이 당연하게 여겨진다. 오늘날 동유럽에서 나고 자란 젊은이들은 부모 세대와 달리 공산주의 사회의 삶을 겪어보지 못했기 때문에 자신이 누리는 자유를 당연한 것으로 생각할 수 있다. 따라서 그들은 나른 것에 더 관심을 갖는다. 즉 발휘하지 못하고 숨겨져 있는 잠재력, 자신을 둘러싼 사회 규범과 제도 때문에 그 잠재력을 제대로 꽃 피우지 못하는 문제에 관심이 쏠린다.

게다가 자유민주주의 사회의 시민이라고 해서 반드시 실제 현실에서 정부나 다른 시민들에게 평등하게 존중받는 것은 아니다. 사람들은 피부색이나 성별, 출신 국가, 외모, 민족적 특성, 성적 지향을 근거로 판단당하곤 한다. 각 개인과 집단은 저마다 다양한 방식으로 차별이나 무시를 경험하고 또 저마다 존엄성을 인정받고자 한다. 따라서 정체성 정치에는 그 고유의 역학이 생겨난다. 각 집단이 희생당하고 피해자가 됐던 특정한 '체험'을 토대로 사회가 점점 더 작은 집단들로 쪼개지는 것이다.

정체성에 대한 혼란은 근대화된 세계의 삶에 자연스럽게 동반되는 현상이다. 근대화는 곧 끊임없는 변화와 혼란을 의미하고 과거에 존재하지 않았던 선택지들을 열어준다. 근대화는 이동성, 유동성, 복잡성을 특징으로 한다. 이런 유동성은 대체로 바람 직하다. 예컨대 여러 세대에 걸쳐 수많은 사람들은 선택권이 제 한된 전통 사회와 마을을 떠나 폭넓은 선택권이 존재하는 사회로 이동했다.

그런데 풍부한 자유와 선택이 존재하는 현대 사회는 사람들에 게 불안과 단절감도 안겨줄 수 있다. 그들은 이제 잃어버렸다고 생각하는, 즉 그들의 선조들이 한때 가졌었다고 여겨지는 공동체 와 틀 안에 들어 있던 삶에 향수를 느낀다. 그들이 원하는 진정한 정체성은 자신을 타인들과 묶어주는 정체성이다. 그래서 그들이 기존 권력 구조에게 버림받고 무시당해왔다고, 그리고 그들이 위 대함을 다시 인정받아야 할 중요한 공동체의 일원이라고 말해주 는 정치 지도자에게 끌릴 수 있다.

현재 많은 자유민주주의 국가는 중요한 선택의 기점에 서 있 다. 이 나라들은 급속한 경제적, 사회적 변화를 거쳐왔고 세계화 의 결과로 과거에 비해 사회의 다양성이 훨씬 더 강해졌다. 그러 자 과거 주류 사회에서 소외당했던 집단들이 인정을 요구하는 목 소리가 높아졌다. 그런데 그 집단들이 전면에 나오면서 뒤로 물러 난 다른 집단들은 자신의 사회적 지위가 격하됐다고 느끼기 시작 했고, 이는 분노와 반발의 정치로 이어졌다. 양측 모두에서 점점 더 좁은 정체성으로 향하는 현상 때문에 사회 전체 차원에서의 숙고 및 필요한 집단 행동의 가능성이 위협받는다. 이 상황이 지속된다면 결국 그 길의 끝에는 국가 분열과 실패가 있을 뿐이다.

그러나 현대의 정체성은 변화시킬 수 있는 것이다. 일부 개인들은 정체성이 생물학적 특성을 토대로 하므로 자신이 통제할 수 없는 것이라고 믿을지 모르지만 현대 사회는 여러 종류의 정체성을 갖고 살 수밖에 없는 곳이다. 그 정체성들은 다양한 차원에서 이뤄지는 사회적 상호작용에 의해 만들어진다. 우리는 인종, 성별, 식성, 교육, 관심사, 기호, 국가에 따른 정체성을 갖고 있다. 10대 청소년들은 자신과 친구들이 즐겨 듣는 음악의 특정한 하위 장르를 중심으로 정체성을 형성하기도 한다.

정체성 정치의 역학은 사회를 자꾸만 더 작고 이기적인 집단들로 분열시키는 것이다. 하지만 그와 반대로 보다 넓고 통합적인 성격의 정체성을 만드는 일 역시 가능하다. 각 개인의 잠재력과 체험을 부인해야만 그들이 타집단을 포함한 사회 전체 구성원과 가치 및 목표를 공유할 수 있음을 인정할 수 있는 것은 아니다. 에를레프니스가 모여 에르파룽이 될 수 있다. 체험은 명백한 경험이 될 수 있다. 그러므로 우리는 현대 사회의 정체성 정치에서 결코 벗어날 수 없겠지만 정체성 정치를 존엄성에 대한 보다 넓은 상호 존중의 방향으로 이끌고 갈 수는 있다. 민주주의의 기능을 더 확실하게 증진하는 방향으로 말이다.

현 상황에서 이와 같은 추상적 개념을 구체적인 정책으로 실현하려면 어떻게 해야 할까? 먼저 각 집단의 정체성 주장을 가속화한 특정한 학대와 부당 행위들을 저지하기 위해 노력할 필요가 있다. 예컨대 소수 인종에 대한 부당한 경찰 폭력, 일터, 학교, 기타 조직에서 일어나는 성폭행 및 성희롱이 그것이다. 정체성 정치를 비판하는 사람이라도 이것들이 구체적인 해결책이 필요한 실질적이고 시급한 문제가 아니라고 말하는 것은 옳지 않다.

아울러 그보다 거시적 어젠다로서 개별 집단들을 신뢰와 시민 의식의 토대가 될 수 있는 보다 큰 차원의 집단에 통합하는 일도 필요하다. 우리는 자유민주주의의 근본이념들을 바탕으로 한 신조 중심의 국민 정체성을 함양하고 공공 정책을 통해 이민자들을 그 정체성에 신중하게 동화시켜야 한다. 자유민주주의는 그 고유의 문화를 갖고 있으며 이 문화는 민주주의의 가치를 거부하는 문화보다 반드시 더 높이 존경받아야 한다.

최근 수십 년에 걸쳐 유럽의 좌파는 이민자를 자국 문화에 통합하는 일의 중요성을 간과하는 다문화주의를 지지하게 됐다. 그들은 인종차별 반대라는 기치 하에 각 문화의 평등한 존중을 강조하면서 이민자 동화가 제대로 이뤄지지 않고 있는 현실은 외면했다. 한편 포퓰리스트 우파는 민족이나 종교를 기반으로 했던 국가 정체성을, 이민자 집단이나 다양성이 거의 없었던 과거의 공동체를 향수에 젖어 바라본다.

미국에서는 정체성 정치로 인해 좌파가 여러 정체성 집단들로 분열됐으며 좌파의 가장 극단적인 정치운동가들이 이 집단들을 이끌고 있다. 여러 측면에서 좌파는 한때 자신의 가장 강력한 지지층이었던 정체성 집단, 즉 백인 노동자들에게서 멀어졌다. 이는 포퓰리스트 우파의 약진을 낳았고 우파 세력은 또 그 나름대로 자신의 정체성이 위협받는다고 느낀다. 그리고 자신이 부추길 수 있는 분노와 분열의 정도에 비례해 개인적 자부심을 느끼는 대통령이 포퓰리스트 우파를 선동하고 있다.

　유럽은 시민권법으로 구체화되는 국민 정체성을 재정의하는 일부터 시작해야 한다. 만일 유럽연합이 기본적인 자유민주주의 원칙들에 대한 헌신을 강조하는 자격 요건이 포함된 단일 시민권을 만들어 그런 시스템이 각국의 시민권법을 대체할 수 있다면 그것이 가장 이상적일 것이다. 이런 방식은 과거에 정치적으로 불가능했고, 현재는 유럽 곳곳에 포퓰리스트 정당들이 득세하고 있어서 훨씬 더 엄두를 내기 힘들어졌다. 만일 유럽연합이 집행위원회에서 유럽의회로 힘을 이동시킴으로써 민주적 성격을 강화하고, 공동 교육 시스템을 통해 유럽인들에게 심어줄 수 있는 적절한 상징과 내러티브를 만들어 유럽적 정체성 구축에 힘을 쏟는다면 도움이 될 것이다. 그러나 이 역시 각자 자국의 특권을 지키려고 애쓰며 그런 범유럽적 프로그램을 언제든 거부할 준비가 돼 있는 28개 나라들로 구성된 연합이 달성해내기는 힘들어 보인다. 따라서 어떤 행동이나 조치가 진행된다면 그것은 좋든 싫든 각 회원국 차원에서 이뤄져야 할 수밖에 없다.

여전히 혈통주의에 입각하고 있는 유럽 나라들의 시민권법은 한 민족 집단이 다른 민족 집단보다 특권을 누리지 않도록 출생지주의로 바뀔 필요가 있다. 이민자 귀화에 엄격한 요건을 부여하는 것은 십분 타당하며 미국은 오래전부터 그렇게 해오고 있다. 미국으로 귀화하려는 사람은 미국에서 최소 5년 이상 지속적으로 거주했음을 증명해야 함과 더불어 기본적인 영어를 읽고 쓰고 말할 줄 알아야 하고, 미국의 역사 및 정부에 대한 기본적인 지식이 있어야 하고, 바른 도덕성을 갖춰야 하고(즉 범죄 기록이 없어야 하고), 미국 헌법의 원칙과 이상을 지지해야 한다. 여기서 마지막 항목은 미국에 대한 충성을 맹세하는 다음과 같은 귀화 선서를 통해 약속한다.

> 나는 이전에 그 국민 또는 시민이었던 외국의 군주, 통치자, 국가, 또는 주권에 대한 모든 충성과 충절을 절대적으로 완전히 포기하고, 미국 내부와 외부의 모든 적에 맞서 미국의 헌법과 법률을 지지하고 수호할 것이며, 그것에 대해 진정한 믿음과 충성을 가질 것이며, 법이 요구할 경우 미국을 위해 무기를 들고 싸울 것이며, 법이 요구할 경우 미국 군대에서 비전투 임무를 수행할 것이며, 법이 요구할 경우 민간 주체의 관리 하에 국가적으로 중요한 임무를 수행할 것이며, 이 같은 의무를 그 어떤 은폐나 회피의 의도 없이 자발적으로 받아들임을 맹세로써

선언합니다. 신이여, 나를 도우소서.[1]

  오늘날은 이민이 증가하면서 이중 국적자도 과거에 비해 많이
늘어났다. 국제적 이동이 잦거나 여러 나라에 가족이 있는 사람
들의 경우 복수 국적을 갖고 있으면 매우 편리하다. 그러나 국민
정체성이라는 문제를 진지하게 고려해본다면 이중 국적은 다소
문제가 될 수 있는 제도다. 각 나라는 서로 상반되는 충성을 낳을
수 있는 서로 다른 정체성과 이해관계를 갖고 있다. 가장 쉽게 떠
올릴 수 있는 것은 군대 문제다. 만일 이중 국적자가 속한 두 나라
사이에 전쟁이 벌어진다면 그 개인이 어느 쪽에 충성해야 할지 애
매하다. 이는 세계 대다수의 국가에서 전쟁이 벌어질 확률이 낮아
진 오늘날 고려할 가치가 없는 문제처럼 보일지도 모른다. 그러나
미래에 군사적 충돌이 절대 일어나지 않을 것이라고 장담할 수는
없다. 그런 만일의 사태가 일어나지 않는다 할지라도 이중 국적은
심각한 정치적 문제들을 야기한다. 예를 들어 2017년 독일 총선
때 터키의 권위주의 대통령 레제프 타이이프 에르도안은 독일 내
의 터키계 유권자들에게 독일을 위한 최선의 선택이라고 여겨지
는 정치인이 아니라 터키의 이해관계에 도움이 될 정치인에게 표
를 던지라고 종용했다. 이런 상황에서 독일과 터키의 국적을 동
시에 갖고 있는 유권자는 터키 국적을 포기한 사람보다 어떤 후
보에게 투표할지 결정하기가 더 어려울 것이다.[2]

시민권 취득의 자격 요건을 변화시키는 것과 더불어 유럽 나라들은 민족 관점으로 국민 정체성을 바라보는 시각도 변화시킬 필요가 있다. 2000년대 초 시리아 출신의 독일 학자 바삼 티비(Bassam Tibi)는 독일의 국민 정체성을 위한 토대로 '라이트쿨투어(Leitkultur)', 즉 '주도 문화'라는 개념을 제안했다.[3] 라이트쿨투어는 자유주의적 계몽사상에 입각해 평등과 민주주의 가치들에 대한 신념을 뜻하는 말이었다. 하지만 좌파 진영에서는 민주주의 가치들이 다른 문화적 가치들보다 우월하다는 주장이라면서 티비의 사상을 비판했다. 이로 인해 좌파는 의도치 않게 이슬람주의자들뿐만 아니라 민족적 정체성을 굳건히 믿는 우파에게도 위안을 제공했다. 그러나 독일에는 바로 라이트쿨투어 같은 개념이, 즉 터키계 독일인도 스스로를 당연히 독일 국민이라고 말할 수 있는 규범적 변화가 필요하다. 이런 변화는 시작되고 있지만 아직 그 속도가 느리다.[4]

미래 언젠가는 범유럽적 정체성에 준하는 무언가가 등장할지도 모른다. 아마도 그 과정은 현재 유럽연합의 특징인 복잡하고 관료주의적인 의사 결정 구조의 바깥에서 일어나야 할 것이다. 지금까지 유럽인들은 스스로 자부심을 느껴 마땅한 훌륭한 문명을 만들었다. 자기 문화의 고유성에 대한 인식을 유지하면서도 다른 문화권에서 온 사람들을 아우를 수 있는 문명사회를 말이다.

유럽에 비해 미국은 오랜 이민의 역사를 배경으로 일찍부터 신조 중심의 정체성이 형성됐기 때문에 이민자에게 훨씬 더 관대했다. 유럽에 비해 미국에서는 귀화한 시민을 더 자랑스러워하며, 깃발을 든 기수단과 지역 정치인의 연설이 포함되는 등 귀화 행사도 화려하게 진행하는 편이다. 정치학자 시모어 마틴 립셋(Seymour Martin Lipset)이 지적했듯 덴마크나 일본에서는 '비(非)덴마크적'이라거나 '비일본적'이라는 표현이 일반적이지 않지만 미국에서는 '비미국적'이라는 비난을 받을 수 있다. 미국적 정신이란 민족성이 아니라 일단의 신념과 생활방식을 뜻한다. 개인이 전자에서 벗어나면 주목받지 않지만 후자에서 벗어나는 일은 주목받는다.

오늘날 미국은 남북전쟁 이후 형성된 신조 중심의 국민 정체성을 다시금 강조하고 좌파와 우파 양쪽의 공격으로부터 지켜내야 한다. 우파에서는 많은 백인민족주의자들이 미국을 인종이나 민족, 종교에 근거한 정체성으로 후퇴시키려고 한다. 벤 사스 상원의원이 의도했던 것처럼 이런 목소리들은 비미국적인 것으로서 단호히 거부해야 한다.

좌파의 정체성 정치는 희생돼온 특정 집단들을 강조함으로써 미국적 정체성의 정당성을 약화시키려고 시도해왔다. 때로는 인종차별과 성차별, 여타의 제도적 배타성이 미국의 DNA에 원래 들어 있다는 식의 수사를 전개하면서 말이다. 이런 차별들은 미국 사회의 특징이었고 지금도 나타나고 있는 것이 사실이며 정면으로 맞서 해결해야 하는 것이 옳다. 그러나 진보 진영의 내러티브가 꼭 그런 식으로 한정돼야 하는 것은 아니다. 다시 말해 미국이 여러 장애물을 극복하면서 그동안 존엄성을 인정하는 사람들의 범위를 계속 넓혀왔다는 사실에 초점을 둘 수도 있다는 얘기다. 이 내러티브는 링컨 대통령이 선언한 "새로운 자유의 탄생"의 일부였으며 그가 제정한 추수감사절에 미국인들이 되새기는 정신이기도 하다.

미국은 다양성이라는 이념에서 많은 혜택을 입었지만 다양성 그 자체를 중심으로 국민 정체성을 세울 수는 없다. 정체성은 입헌주의, 법치주의, 평등 같은 중요하고도 본질적인 개념들과 연결돼야 한다. 미국인들은 이런 개념들을 높이 평가한다. 그리고 그것들을 거부하는 사람을 국민에서 배제하는 것은 마땅히 옳다.

현대 사회의 실질적 다양성을 인정하는 적절한 종류의 신조적 정체성을 정의하고 나면 이민을 둘러싼 논쟁의 성격이 불가피하게 바뀌어야 할 것이다. 유럽에서든 미국에서든 현재 이민 논쟁은 우파와 좌파 사이에 극명하게 반대로 갈려 있다. 즉 우파는 이민을 전면 금지하고 현재 자국에 들어와 있는 이민자들도 원래 출신국으로 되돌려 보내자고 하고, 좌파는 정부가 이민자를 사실상 무제한으로 받아들일 의무가 있다고 말하고 있다. 그런 논란에서 벗어나 해당 국가의 신조적 정체성에 이민자를 보다 효과적으로 동화시킬 수 있는 전략에 초점을 맞춰야 한다. 효과적으로 동화된 이민자들은 사회에 건강한 다양성을 가져오며 그런 사회에서는 이민의 이점을 십분 활용할 수 있다. 제대로 동화되지 못한 이민자는 국가 발전에 장애물이 되고 경우에 따라서는 사회 안정을 위협하는 위험한 집단이 될 수도 있다.

유럽 국가들은 이민자의 효과적 동화에 대한 필요성을 말로는 인정하지만 실효성 있는 정책들이 뒷받침되지 못하고 있다. 나라마다 이민 문제에 대한 접근법이 상당히 달라서 이민 개혁 어젠다도 제각각이다. 현재 많은 유럽 국가가 이민자 통합을 방해하는 정책을 갖고 있다. 예컨대 네덜란드의 지주화 시스템이 대표적이다. 영국과 그 밖의 여러 유럽 국가에서는 기독교와 유대교 학교를 지원하는 것과 마찬가지로 무슬림 학교에도 공적 자금을 지원한다. 이민자 공동체가 특정 지역에 밀집되다 보니 해당 공동체의 아이들만 다니는 학교가 따로 세워지기도 하고, 또 그런 정부 지원에는 평등한 대우라는 취지가 담겨 있다. 그러나 이민자 동화를 목표로 삼는다면 이와 같은 교육 구조를 없애고 표준화된 커리큘럼을 가르치는 공통된 학교 시스템을 마련해야 한다. 네덜란드의 경우와 마찬가지로 그런 시스템을 당장 마련하는 것은 정치적으로 힘들어 보이지만 이민자 통합을 진지한 문제로 여기는 국가라면 그런 종류의 접근법이 꼭 필요하다.[5]

프랑스의 경우는 상황이 좀 다르다. 미국의 신조적 정체성과 유사하게 프랑스의 공화주의적 시민권도 프랑스 혁명의 자유, 평등, 박애 사상을 토대로 한다. 또한 프랑스에서는 1905년 제정된 정교분리(laïcité, 라이시테)법에 따라 종교와 정치를 공식적으로 엄격히 구분하고 있으며, 영국이나 네덜란드처럼 종교적 성격의 학교가 공적 자금을 지원받는 일이 불가능하다.[6] 프랑스의 문제점은 세 가지다. 첫째, 정교분리법의 존재 및 비종교적 국가라는 선언과는 별개로 프랑스 사회에는 여전히 많은 차별이 존재하며 이는 이민자들에게서 기회를 빼앗고 있다. 둘째, 프랑스 경제는 오랫동안 부진을 겪어왔고 이에 따라 전반적인 실업률이 이웃 독일보다 두 배나 높다. 프랑스에 거주하는 젊은 이민자들의 경우 실업률이 35퍼센트에 이르러 프랑스 전체 청년 실업률인 25퍼센트보다 훨씬 높다. 프랑스가 이민자 통합을 위해 해야 할 중요한 일 중 하나는 청년 이민자의 실업을 해결해 그들이 보다 나은 미래를 향한 희망을 갖게 하는 것이다. 예컨대 에마뉘엘 마크롱(Emmanuel Macron) 대통령이 추진해온 것과 같은 노동 시장 유연화를 통해서 말이다. 셋째, 그동안 프랑스의 국민 정체성과 프랑스 문화라는 개념 자체가 이슬람 혐오주의를 조장한다는 비판을 받아왔고, 좌파 진영의 많은 이들은 이민자 동화 자체를 정치적으로 받아들일 수 없는 것으로 여긴다. 또한 보편적 시민권이라는 공화주의적 이상을 지키는 일을 국민전선 같은 극우 정당들에게 맡겨놓아서는 안 된다.

미국에서 이민자 동화라는 어젠다의 출발점은 공교육 영역이다. 이민자 아이들이든 미국이 모국인 아이들이든 할 것 없이 기본 공민학(civics)에 대한 교육이 오래전부터 뒷전으로 밀려나 있었으며, 따라서 공민학 교육의 비중을 높일 필요가 있다. 또 유럽과 마찬가지로 미국에도 이민자 동화를 지연시키는 정책들이 있다. 예를 들면 뉴욕의 공립학교 시스템에서 13개 이상의 다양한 언어를 가르치는 것이 그렇다. 이중언어 또는 다중언어 프로그램은 영어가 비모국어인 학생들의 영어 습득 속도를 높여주는 방식이라고 홍보돼왔다. 그러나 이와 같은 프로그램은 영어 습득의 실질적 성과와는 상관없이 자신의 특권을 지키려고 애쓰는 교육 관료들을 낳았다.[7]

이민자 동화를 위해서는 훨씬 더 적극적인 수단이 필요한지도 모른다. 최근 수십 년간 미국과 여러 선진국의 법정에서는 시민권자와 비시민권자의 구분선을 서서히 약화시켜왔다.[8] 현재 비시민권자는 많은 법적 권리를 누리며 이는 마땅한 일이다. 여기에는 적법 절차, 표현, 결사, 종교 행위의 자유에 대한 권리, 그리고 교육 등 국가가 제공하는 다양한 서비스를 받을 권리가 포함된다. 또한 비시민권자는 시민권자와 같은 의무도 지닌다. 법률을 준수하고 세금을 납부해야 할 의무가 그것이다. 미국의 경우 배심원 출석 의무는 시민권자에게만 있지만 말이다. 비시민권자 중 등록된 체류자와 미등록 체류자의 구분은 그보다 더 뚜렷하고 엄격하게 돼 있다. 후자의 경우 추방 대상이기 때문이다. 그러나 미등록 체류자도 적법 절차에 대한 권리를 가진다. 시민권자에게만 부여되는 유일한 주요 권리는 투표권이다. 또한 시민권자는 출국 및 입국을 자유롭게 할 수 있고 국외로 나갔을 때 자국 정부의 보호를 받을 수 있다.

사소해 보일지 몰라도 이와 같은 구분을 유지하는 일은 중요하다. 기본적인 인권은 누구나 보편적으로 지니는 것이지만, 국가가 부여한 권리들을 온전하게 누리는 것은 국가 공동체에 소속되고 그 공동체의 규칙을 받아들임으로써 얻는 보상이다. 투표권은 특히 중요한데, 투표권은 각 개인이 국가 권력의 일부를 자기 몫으로서 받는 것이기 때문이다. 하나의 인간으로서 나는 시민 자격과 대의민주주의 참여에 대한 추상적 권리를 갖지만, 미국 시민권자로서의 나는 설령 이탈리아나 가나에 살고 있다 할지라도 그 나라에서 투표할 수 없다.

현대 자유민주주의 국가들은 시민의 권리(특히 투표권)를 보호해주는 것에 대한 대가로 시민들에게 많은 것을 요구하지 않는다. 국가 공동체 감각을 강화하는 방안으로 국가에 대한 봉사를 보편적 의무로 정하는 것을 생각해볼 수 있다. 이로써 시민의 자격에는 헌신과 희생도 필요하다는 사실을 강조할 수 있다. 국가에 대한 봉사는 군대 복무 또는 민간 부분 봉사로 가능하다. 이런 의무는 실제로 미국의 시민권 선서에도 들어 있다. 미국 시민권 선서에서는 법이 요구할 경우 나라를 위해 기꺼이 무기를 들고 싸우거나 민간 임무를 수행할 것을 명하고 있다. 만일 그런 국가 봉사 시스템이 적절히 확립된다면 젊은이들이 다른 사회 계층, 지역, 인종, 민족 출신의 타인들과 협력할 수밖에 없을 것이다. 오늘날 군 복무를 하는 이들이 그런 것처럼 말이다. 또한 공동의 희생이 동반되는 모든 형태의 활동이 그렇듯 그 역시 이민자들을 국가 문화에 통합하는 효과적인 방법이 될 것이다. 국가에 대한 봉사는 고전직 공화주의 이상의 현내적 버선에 해낭한다. 슥 시민들이 사적 이익만을 추구하게 놔두지 않고 공공심과 시민적 덕목을 장려하는 민주주의를 지향하기 위한 것이다.

유럽에서든 미국에서든 이민자 규모와 그 변화율 역시 중요하게 고려해야 할 측면이다. 이민자 수가 해당 국가에 원래 살고 있는 국민 수에 비례해 증가하면 그들을 주류 문화에 동화시키기가 훨씬 더 힘들어진다. 이민자 공동체가 일정한 규모에 도달하면 자급자족적 성격이 강해져 다른 외부 집단과 관계 맺을 필요성을 느끼지 못하게 되는 경향이 있다. 이들은 공공 서비스에 부담을 줄 수 있고 학교와 그들을 돕는 기타 공공 기관의 수용 능력에 한계를 가져올 수도 있다. 장기적으로는 이민자들이 공공 재정에 긍정적인 순효과를 가져올 가능성이 높지만, 이는 그들이 취업해 일을 하고 세금을 납부하는 시민이나 합법적인 거주자가 되는 경우에 한하는 얘기다. 또 대규모 이민자는 해당 국가에서 태어난 시민들이 받는 복지 혜택에 대한 지원을 약화시킬 수 있으며, 이

것은 유럽과 미국에서 이민 논쟁을 일으키는 요인 중 하나다.

자유민주주의 국가들은 이민자 수용을 통해 경제적, 문화적으로 큰 이로움을 얻는다. 그러나 각 나라는 명백히 자국 국경을 통제할 권리 또한 갖고 있다. 자유민주주의 정치 체제는 정부와 국민이 각자의 의무를 갖기로 하고서 맺는 계약을 토대로 한다. 시민권의 범위 및 선거권 소유자의 범위를 정하지 않는다면 이 계약은 의미가 없다. 모든 인간은 국적을 가질 기본 권리가 있고, 세계인권선언에 의하면 이 권리는 정당한 근거 없이 빼앗길 수 없는 것이다. 그러나 이는 어느 국가의 국적이든 무조건 가질 권리가 있다는 의미는 아니다. 더욱이 국제법에서는 자국 국경을 통제하거나 시민권 기준을 정해놓을 각국의 권리에 이의를 제기하지 않는다.[9] 우리는 난민들에게 동정과 연민, 지원을 마땅히 보내야 한다. 그러나 다른 도덕적 의무들과 마찬가지로 난민에 대한 의무에 접근할 때도 여러 현실적인 고려 사항을 기억해야 한다. 부족한 자원, 난민 문제 못지않게 중요한 다른 과제들, 난민 지원 정책의 정치적 지속 가능성 등을 충분히 감안해야 한다는 얘기다.

이런 차원에서 볼 때 유럽의 경우 유럽연합 전체의 외부 국경을 현재보다 더 효과적으로 관리할 방안을 찾아야 한다. 이는 사실상 이탈리아, 그리스 등 난민이 몰리는 회원국들에 물질적 지원을 제공함과 동시에 유럽으로 유입되는 이주자를 규제할 보다 강력한 권한을 제공해야 함을 의미한다. 유럽연합의 국경관리 기구인 프론텍스(Frontex)는 인력 및 재정 부족에 시달리고 있을 뿐만 아니라 난민 및 이민자 문제로 골머리를 앓는 당사자인 각 회원국들로부터 충분한 정치적 지원도 못 받고 있다. 유럽연합 전체의 외부 국경 문제가 해결되지 않는다면 회원국 간 자유로운 이동을 가능케 하는 셍겐 체제도 정치적 지속 가능성을 잃을 것이다.

미국의 상황은 다소 다르다. 그동안 미국은 이민법 집행에 너무 일관성이 없었다. 일관된 법 집행은 불가능한 것이 아니라 정치적 의지의 문제다. 이민자 추방은 오바마 행정부 들어 증가하기 시작했지만, 이 같은 추방 조치가 빈번하게 자의적으로 이뤄진다는 사실은 지속성 있는 장기 정책의 확립에 도움이 되지 않는다. 이민법 집행은 단순히 국경 장벽이나 밀입국 시도자들하고만 관련된 문제가 아니다. 미등록 외국인 체류자 상당수는 합법적으로 미국에 들어왔다가 비자 만료 후에도 돌아가지 않고 남아 있는 이들이기 때문이다. 이민법 집행은 고용주 처벌 제도를 통해 보다 효과적으로 이뤄질 수 있을 것이다. 이를 위해서는 노동자가 합법적 체류자인지 여부를 고용주가 확인할 수 있는 국민식별번호 제도가 필요하다. 이런 시스템이 아직 마련되지 못한 것은, 상당수의 고용주들이 싼 임금으로 고용할 수 있는 이민자를 선호하므로 이민법 집행 대리인 역할을 맡고 싶어 하지 않기 때문이다. 또 국민식별번호가 부여되는 국가신분증 제도에 미국인들이 유독 반대하기 때문이며, 그런 시스템이 국민 사생활을 감시하는 정부를 만들 수 있다는 불안감을 좌파와 우파를 막론하고 똑같이 제기한다.

그 결과 미국은 현재 미등록 외국인 체류자가 약 1,100~1,200만 명에 이른다. 이들 대다수는 상당 기간 미국 내에 거주하면서 적절한 일을 하고 가족을 부양하며 법을 준수하는 시민으로 살아간다. 그들이 미국 법을 어기고 미국에 들어와 있으므로 전부 범죄자라는 생각은 말도 안 되는 것이다. 물론 그중에는 범죄자도 있지만 국내에서 태어난 사람들 중에도 역시 범죄자는 있다. 또 미국 정부가 그들 모두를 강제로 추방해 원래 출신국으로 되돌려 보낼 수 있을 것이라는 생각도 터무니없기는 마찬가지다. 그 정도 규모의 프로젝트라면 스탈린의 소련이나 나치의 독일에서나 일어날 법한 일이다.

이민 개혁에 관한 기본적인 타협안의 가능성은 한동안 존재해 왔다. 즉 정부가 국경 보안을 강화하는 엄격한 집행 조치들을 실시하고 대신 범죄 경력이 없는 미등록 외국인들에게 시민권 취득의 길을 열어주기로 하는 것이다.[10] 이 타협안은 실제로 미국 국민 다수에게 지지를 받을 가능성이 있지만, 강경한 이민 반대자들은 그 어떤 종류의 '사면'도 필사적으로 반대하고 이민 찬성론자들은 기존 법규들을 더 엄격하게 집행하는 것에 반대 목소리를 높인다. 미국 정치 시스템의 양극화와 기능 장애가 이런 타협안을 좌초시키고 있다. 나는 다른 지면에서 이런 정치 현실에 비토크라시라는 이름을 붙인 바 있다. 비토크라시 정치에서는 소수의 견해가 다수의 합의를 쉽게 방해할 수 있다.[11]

미국이 진정으로 이민자들을 사회에 동화시키고 싶다면 위에서 언급한 방향으로 이민 시스템을 개혁해야 한다. 미국 시민권 취득과 귀화 선서는 동화라는 목적지로 가기 위한 중요한 과정이다. 일각에서는 미등록 외국인에게 시민권 취득의 길을 열어주는 것은 미국 법을 위반한 것에 대해 상을 주는 것이나 마찬가지이고 그들이 귀화를 원하는 합법적 외국인들을 제치고 새치기하도록 허용하는 것이라면서 위와 같은 개혁에 반대한다. 시민권 취득자의 공공 봉사 활동을 의무화한다면 그런 불만을 잠재우는 데 도움이 될지도 모른다. 미국은 국내에서 생산적인 활동을 하며 조용하게 살고 있는 수많은 미등록 외국인들이 결국에는 추방돼 출신 국가로 돌아갈 것이라는 환상을 가진 채 이민자 동화를 방해하는 불필요한 장애물을 만들고 있다. 한편 기존 법을 제대로 집행하지 못하는 정부의 무능력도 이 문제를 지속시키는 데 한몫을 한다.

효과적인 이민자 동화에 초점을 맞춘 공공 정책은 현재 유럽과 미국에서 득세하고 있는 포퓰리스트 세력의 기를 꺾어놓는 데 도움이 될 수도 있다. 이민 반대를 강력하게 외치는 집단들은 사실 서로 다른 관심사를 가진 사람들의 연합체다. 강경 집단이 외치는 이민 반대 주장은 인종차별주의와 편견에서 기인한다. 그들의 생각을 바꿔놓을 수 있는 방법은 거의 없다. 그들의 요구를 충족시켜줘서는 안 되며 우리는 도덕적 근거로 그들을 비판해야 한다. 한편 다른 이들은 이민자들이 결국 사회에 동화될 수 있을지 여부를 우려한다. 이들은 이민 자체를 반대하는 것이 아니라 이민자의 규모와 변화 속도, 기존 제도가 그런 변화를 감당할 수 있는 수용력에 대해 우려한다. 이민자 동화에 초점을 맞춘 정책을 시행하면 그런 우려를 해소하는 데, 또 그들이 편견에 휩싸인 반대론자들에게 물들지 않게 하는 데 도움이 될 것이다. 그리고 그런 결과와 상관없이 동화에 초점을 맞춘 이민 정책은 국민 결속력 강화에 긍정적인 역할을 할 것이다.

이민자, 난민, 시민권 관련 정책은 오늘날 일어나는 정체성 논쟁들의 중심을 차지하고 있다. 그러나 사실 문제의 범위는 그보다 훨씬 넓다. 정체성 정치는 애덤 스미스의 표현대로 가난하고 소외된 이들이 다른 사회구성원들에게 보이지 않는 존재가 되는 세상에 뿌리를 두고 있다. 사회적 지위의 상실에 대한 분노를 생성시키는 요인은 현실적인 경제적 곤궁이므로 그런 분노를 잠재우는 한 가지 길은 일자리와 소득, 안정에 대한 걱정을 경감시키는 것이다.

특히 미국에서는 대부분의 좌파가 빈곤층 삶의 여건을 개선할 거시적인 사회 정책을 고민하는 일을 이미 오래전에 중단했다. 그들에게는 불평등을 실질적으로 완화해줄 고비용 계획을 구상하는 일보다 존중과 존엄성을 외치는 일이 더 쉬웠다. 단, 대표적인 예외는 환자보호 및 부담적정보험법(ACA, 일명 '오바마 케어')을 통한 건강보험 개혁으로 미국 사회 정책에 획기적인 틀을 마련한 오바마 대통령이었다. ACA 반대자들은 흑인 대통령이 자신 같은 흑인 유권자들을 돕기 위해 만든 정책이라면서 거기에 정체성 이슈라는 프레임을 씌우려고 시도했다. 그러나 사실 ACA는 인종이나 여타의 정체성과 관계없이 부유하지 않은 미국 국민들을 돕기 위한 국가 정책이었다. 이 법안의 수혜자들 중에는 어떻게든 ACA를 폐지하겠다고 약속한 공화당 정치인들에게 투표했던 남부 농촌 지역의 백인들도 포함돼 있다.

정체성 정치가 그런 거시적인 정책의 수립을 더욱 어렵게 만들고 있다. 20세기 대부분의 기간 동안 자유민주주의 국가들의 정치는 넓은 차원의 경제 정책 이슈를 중심으로 돌아갔다. 진보 좌파는 예측 불가능한 시장의 변덕으로부터 국민을 보호하고 국가의 힘을 이용해 보다 공정하게 자원을 분배하는 것에 초점을 두었다. 반면 우파는 자유로운 기업 활동을 보장하고 모두가 시장 교환에 참여하는 것을 중요시했다. 공산주의, 사회주의, 사회민주주의, 진보, 보수 정당들은 국가 개입의 바람직한 수준을 어느 정도로 보는가, 평등과 개인의 자유 중 어느 쪽을 중시하는가에 따라 각기 좌파-우파 스펙트럼 어딘가에 위치했다. 민족적, 종교적, 또는 지역적 성격의 어젠다를 추구하는 정당을 포함해 중요한 정체성 집단들도 있었다. 그러나 제2차 세계대전 후부터 현재에 이르는 기간 동안 민주 정치의 안정성 유지에 중요한 역할을 한 것은 민주적 복지 국가의 타당성에 대체로 동의한 주류 중도좌파 및 중도우파 정당들이었다.

지금은 이런 합의가, 정체성 이슈에 골몰하는 새로운 세력들에게 강력한 반발을 받는 기성 지배층을 대변하는 무언가가 됐다. 이런 상황은 민주 정치의 미래에 커다란 도전을 제기한다. 20세기 초에 경제 정책을 둘러싼 다툼은 극렬한 대립을 낳았지만, 서로 상반되는 경제 비전이라도 절충안을 찾아 타협과 합의를 이루는 경우가 많았다. 반면 정체성 이슈는 절충해 조화시키기가 더 어렵다. 당신이 나를 인정하거나 인정하지 않거나, 둘 중 하나인 것이다. 존엄성을 인정받지 못하거나 보이지 않는 존재가 됐다는 분노의 기저에는 종종 경제적 원인이 깔려 있지만, 정체성을 둘러싼 싸움은 바로 그 경제적 문제를 구체적으로 개선할 수 있는 정책에 집중하지 못하게 만들곤 한다. 미국, 남아프리카공화국, 인도 등 인종적, 민족적, 종교적 계층이 형성돼 있는 나라들에서는 폭넓은 노동자 연합을 형성해 재분배를 위해 싸우기가 더 어려웠다. 사회적 지위가 상대적으로 높은 정체성 집단들이 아래쪽의 정체성 집단들과 협력하기를 거부했고 그 반대도 마찬가지였기 때문이다.

정체성 정치의 부상을 촉진한 요인 하나는 기술 변화였다. 1990년대에 처음으로 인터넷이 매스 커뮤니케이션을 위한 플랫폼이 되었을 때, 나를 포함한 많은 이들은 인터넷이 민주주의 가치를 널리 퍼트리고 증진하는 데 중요한 역할을 할 것이라고 생각했다. 정보도 일종의 힘이므로 인터넷이 누구나 정보에 쉽게 접근하게 해준다면 그만큼 더 많은 이들에게 힘이 분배되는 셈이다. 더욱이 소셜 미디어는 사람들을 동원하는 효과적인 수단이 될 가능성이 높아 보였다. 뜻이 맞는 사람들이 공통의 관심사를 중심으로 모일 수 있게 해주기 때문이다. 개인과 개인의 직접 연결을 특징으로 하는 인터넷은 사람들이 접할 수 있는 정보를 선별하고 걸러내는 모든 종류의 독재적 정보 통제자를 제거할 것으로 전망됐다.

그런 변화는 실제로 찾아왔다. 조지아의 장미 혁명, 우크라이나의 오렌지 혁명, 이란의 실패한 녹색 혁명, 튀니지 혁명과 이집트 타흐리르 광장의 민중 시위 등 권위주의 정부에 항거해 일어난 많은 봉기에서 신속한 전파력을 가진 소셜 미디어와 인터넷이 큰 역할을 했다. 평범한 국민들이 부당한 행태를 널리 알릴 수 있는 기술적 수단을 갖게 되자 정부가 비밀스럽게 국정을 운영하는 일이 과거보다 훨씬 더 힘들어졌다. 휴대폰과 동영상 녹화가 없었다면 '흑인의 생명은 소중하다' 운동도 급격히 확산되지 못했을 것이다.

그러나 시간이 흐르면서 중국 같은 권위주의 정부들은 체제 안정을 위협할 수 있다는 생각에 국민의 인터넷 사용을 통제하고 정치적으로 민감한 정보를 검열하기 시작했다. 러시아는 소셜 미디어를 경쟁 민주 국가들에 분열을 조장하는 무기로 활용했다.[12] 하지만 이런 거대한 외부 주체를 배제한다 해도, 소셜 미디어는 정체성 집단들에게 유용한 도구가 되어줌으로써 자유주의 사회의 분열이 가속화되는 데 일조해왔다. 소셜 미디어는 지리적 한계에 구애받지 않고 생각이 비슷한 사람들을 서로 연결해줬다. 또한 그들끼리 소통하면서 자신들이 선호하지 않는 사람과 견해를 외면하고 필터 버블(filter bubble, 아마존, 페이스북, 구글 등 거대 IT 기업들이 알고리즘 필터를 이용해 사용자 맞춤형 정보를 제공하고, 그런 정보에 의존하는 사용자가 점점 자신만의 울타리에 갇히는 현상 - 옮긴이)에 갇히게 되었다. 대면 인간관계가 일반적인 사회에서는 기이한 음모론을 믿는 사람의 숫자가 매우 적지만 온라인 세계에서는 음모론을 믿는 사람이 하루아침에 급격히 늘어날 수 있다. 소셜 미디어는 전통 미디어의 편집자, 사실 검증 전문가, 직업적 윤리 규정의 힘을 약화시킴으로써 질 낮고 그릇된 정보의 확산을 촉진했을 뿐만 아니라 정치적 반대 세력을 중상해 무너뜨리기 위한 고의적 행동을 용이하게 만들었다. 그리고 익명성은 예의를 지켜야 한다는 의무와 중압감을 제거하는 결과를 낳았다. 소셜 미디어는 사람들이 자신을 정체성 관점에서 바라보게 만드는 사회 분위기의 형성을 도왔을 뿐만 아니라 온라인 커뮤니티를 통해 새로운 정체성들이 등장하는 것도 촉진했다. 수많은 서브레딧(subreddit, '레딧'은 사용자가 글을 등록하면 다른 사용자들의 '업' 또는 '다운' 투표가 해당 글의 인기 순위에 즉시 반영되는 소셜 뉴스 웹사이트이며, 레딧 내에서 사용자들이 각자의 주제와 규칙을 갖고 운영하는 게시판을 '서브레딧'이라고 부른다 - 옮긴이)이 그런 역할을 했듯이 말이다.

미래에 내한 두려움은 소실을 통해, 특히 새로운 종류의 기술을 등장시켜 미래 세계를 그리는 공상과학 소설을 통해 생생하게 표현되곤 한다. 20세기 전반에 미래에 대한 두려움을 표현한 많은 소설에서는 개인성과 프라이버시를 말살시키는 거대하고 중앙집권적이며 관료적인 독재 시스템을 묘사했다. 조지 오웰 (George Orwell)은 《1984》에서 텔레스크린을 통해 사람들을 감시하고 통제하는 빅브라더(Big Brother)를 예견했고, 올더스 헉슬리 (Aldous Huxley)의 《멋진 신세계》는 국가가 생명공학 기술을 이용해 사회를 계급화하고 통제하는 세상을 묘사했다. 그러나 20세기 후반에 들어서는 환경 파괴 문제와 통제 불가능한 바이러스들이 주목받으면서 미래 디스토피아의 성격이 바뀌기 시작했다.

정체성 정치가 초래하는 불안감을 내다본 듯한 소설들도 있었다. 브루스 스털링(Bruce Sterling), 윌리엄 깁슨(William Gibson), 닐 스티븐슨(Neal Stephenson) 등 사이버펑크 작가들은 중앙집권화된 독재 권력에 지배당하는 미래 세계가 아니라 인터넷이라는 신기술이 촉진한 사회 분열을 특징으로 하는 미래를 그렸다. 스티븐 슨의 1992년 소설 《스노 크래시(Snow Crash)》에는 가상세계 '메타버스(metaverse)'가 등장하며 개인들은 그 안에서 가상의 분신 아바타를 갖고 서로 교류하면서 자신의 정체성을 마음대로 바꿀 수 있다. 소설 속에서 미국은 '버브클레이브(burbclave)'라는 거주 구역들로 분할돼 있는데 각각의 버브클레이브는 좁은 정체성 집단에 해당한다. 예컨대 '새로운 남아공'이라는 구역에는 남부연합 깃발(미국 남북전쟁 당시 노예제를 지지한 남부연합의 깃발로 일반적으로 인종차별의 상징임 - 옮긴이)을 가진 인종차별주의자들이 살고 '미스터 리의 더 위대한 홍콩'이라는 구역에는 중국계 이민자들이 사는 식이다. 한 동네에서 다른 동네로 여행할 때는 여권과 비자가 필요하다. CIA는 민영화돼 영리 조직으로 변했고 USS 엔터프라이즈호는 난민들을 태우는 배가 됐다. 연방정부의 권위는 미미한 수준으로 축소돼 연방 건물 몇 개가 위치한 구역만 차지하고 있는 정도다.[13]

우리가 현재 살고 있는 세계는 과도한 중앙집권화와 끝없는 분열이라는, 서로 상반되는 두 종류의 디스토피아로 동시에 향하고 있다. 예를 들어 거대 독재 체제를 세우고 있는 중국에서는 정부가 모든 국민의 거래 데이터를 수집하고 빅데이터 기술과 사회신용 시스템을 이용해 국민을 통제한다. 한편 세계의 다른 지역들에서는 중앙집권화된 제도가 무너지고, 실패한 국가가 등장하고, 양극화가 심해지고, 공동의 목표에 관한 합의가 약해지고 있다. 소셜 미디어와 인터넷은 물리적 장벽이 아니라 공통된 정체성에 대한 신념으로 외부와 담을 쌓는 자족적이고 독립적인 커뮤니티들의 등장을 촉진했다.

디스토피아 소설의 좋은 점은 그것이 현실화될 가능성이 거의 없다는 것이다. 우리는 현재의 흐름이 앞으로 훨씬 더 과장된 방식으로 전개되는 모습을 상상해봄으로써 유용한 경고를 얻을 수 있나.《1984》는 우리가 반드시 피해아 할 전체주의 사회를 보여주는 강력한 상징적 작품이 되어 인류에게 일종의 예방접종을 놓아준 셈이었다. 우리는 더 나은 세상을 충분히 상상해볼 수 있다. 다양성이 증가하는 사회 현실을 고려하되, 그 다양성 속에서 공동의 목표를 추구하고 자유민주주의를 약화시키기보다는 더욱 굳건하게 만들 비전을 제시하는 세상 말이다.

정체성은 포퓰리스트 민족주의 운동, 이슬람주의 과격 세력, 대학 캠퍼스에서 벌어지는 논쟁에 이르기까지 오늘날 많은 정치 현상의 기저에 깔린 공통 테마다. 우리는 우리 자신과 사회를 정체성의 관점으로 바라보는 것에서 벗어나지 못할 것이다. 그러나 우리 내면에 존재하는 정체성이 고정된 것도, 꼭 출생과 동시에 주어지는 것도 아니라는 사실을 기억해야 한다. 정체성은 분열로 가는 도구가 될 수 있지만, 통합으로 향하는 도구가 될 수도 있다. 결국에는 그것이 오늘날의 포퓰리스트 정치를 치료하는 해법일 것이다.

서문

1. Francis Fukuyama, "The Populist Surge," The American Interest 13 (4) (2018): 16-18.

2. Larry Diamond, "Facing Up to the Democratic Recession," Journal of Democracy 26 (1) (2015): 141-55.

3. Francis Fukuyama, "The End of History?," National Interest 16 (Summer 1989): 3-18; The End of History and the Last Man (New York: Free Press, 1992).

4. 여기서 나는 알렉상드르 코제브(Alexandre Kojève, 1902~1968)의 관점으로 헤겔을 해석하고 있다. 코제브는 유럽경제공동체가 역사의 종말을 상징적으로 보여주는 조직이라고 생각했다.

5. Francis Fukuyama, The Origins of Political Order: From Prehuman Times to the French Revolution (New York: Farrar, Straus and Giroux, 2011); Political Order and Political Decay: From the Industrial Revolution to the Globalization of Democracy (New York: Farrar, Straus and Giroux, 2014).

6. 시간을 내어 내 책을 꼼꼼하게 읽어준 이들에게 감사를 전한다. 특히 다음을 참고하라. Paul Sagar, "The Last Hollow Laugh," Aeon, March

21, 2017, https://aeon.co/essays/was-francis-fukuyama-the-first-man-to-see-trump-coming.

7. 시모어 마틴 립셋 기념 강연과 관련해서는 다음을 참고하라. Francis Fukuyama, "Identity, Immigration, and Liberal Democracy," Journal of Democracy 17 (2) (2006): 5-20. 2011년 11월 제네바 대학교에서 진행한 랫시스 재단 강연 "유럽의 정체성이 받는 도전들(European Identity Challenges)"과 관련해서는 다음을 참고하라. "The Challenges for European Identity," Global, January 11, 2012, http://www.theglobaljournal.net/group/francis-fukuyama/article/469/.

1장

1. Samuel P. Huntington, The Third Wave: Democratization in the Late Twentieth Century (Oklahoma City: University of Oklahoma Press, 1991).

2. Steven Radelet, The Great Surge: The Ascent of the Developing World (New York: Simon and Schuster, 2015), 4.

3. 글로벌 불평등 심화에 대한 포괄적 설명은 다음 자료를 참고하라. Branko Milanovic, Global Inequality: A New Approach for the Age of Globalization (Cambridge, MA: Belknap Press, 2016).

4. Diamond, "Facing Up to the Democratic Recession," 141-55.

5. Ali Alichi, Kory Kantenga, and Juan Solé, "Income Polarization in the United States," IMF Working Paper WP/16/121 (Washington, DC, 2017); Thomas Piketty and Emmanuel Saez, "Income

Inequality in the United States, 1913-1998," Quarterly Journal of Economics 118 (1) (2003): 1-39.

6. Viktor Orbán, "Will Europe Belong to Europeans?," speech given in Baile Tusnad, Romania, July 22, 2017, Visegrád Post, July 24, 2017, https://visegradpost.com/en/2017/07/24/full-speech-of-v-orban-will-europe-belong-to-europeans/.

7. Rukmini Callimachi, "Terrorist Groups Vow Bloodshed over Jerusalem. ISIS? Less So," New York Times, December 8, 2017.

8. Orbán, "Will Europe Belong?".

9. James D. Fearon, "What Is Identity (As We Now Use the Word)?," unpublished paper, November 3, 1999, http://fearonresearch.stanford.edu/53-2.

2장

1. Daniel Kahneman, Thinking, Fast and Slow (New York: Farrar, Straus and Giroux, 2013).

2. The Republic of Plato, trans., with notes and an interpretive essay, by Allan Bloom (New York: Basic Books, 1968), variorum sec. 439b-c.

3. Ibid., 439e-440a.

4. Ibid., 440a-b.

5. Ibid., 440e-441a.

6. 대등 욕망이 현실에서 나타나는 양상에 대한 설명은 다음을 참고하라. Robert W. Fuller, Somebodies and Nobodies: Overcoming

the Abuse of Rank (Gabriola Island, British Columbia: New Society Publishers, 2003).

7. Robert H. Frank, Choosing the Right Pond: Human Behavior and the Quest for Status (Oxford: Oxford University Press, 1985), 7.

3장

1. G. R. Elton, Reformation Europe, 1517-1559 (New York: Harper Torchbooks, 1963), 2.

2. Martin Luther, Christian Liberty, ed. Harold J. Grimm (Philadelphia: Fortress Press, 1957), 7-8.

3. Charles Taylor, Sources of the Self: The Making of the Modern Identity (Cambridge, MA: Harvard University Press, 1989), 18.

4. Elton, Reformation Europe, 196.

5. 다음을 참고하라. Taylor's Sources of the Self and Multiculturalism: Examining the Politics of Recognition (Princeton, NJ: Princeton University Press, 1994).

6. 다음을 참고하라. Arthur M. Melzer, The Natural Goodness of Man: On the System of Rousseau's Thought (Chicago: University of Chicago Press, 1990).

7. Jean-Jacques Rousseau, Oeuvres complètes de Jean-Jacques Rousseau, vol. 3 (Paris: Éditions de la Pléiade, 1966), 165-66.

8. Ibid., 165.

9. Jean-Jacques Rousseau, Les rêveries du promeneur solitaire (Paris: Éditions Garnier Frères, 1960), 17.

10. Charles Taylor, The Ethics of Authenticity (Cambridge, MA: Harvard University Press, 1992), 26.

11. 성행위는 자연스러운 것이었지만 가족은 그렇지 않았다는 루소의 생각은 행동의 현대성을 가진 인류에게는 해당하지 않는 말인 것 같다. 그러나 현대의 침팬지에게는 해당하고, 침팬지와 유사했다고 추정되는 인간의 조상에게도 해당했을 것이다.

12. 이 주제에 관한 더 자세한 내용은 다음에서 볼 수 있다. Fukuyama, Origins of Political Order, 26-38.

13. Frank, Choosing the Right Pond, 21-25.

4장

1. Alexandre Kojève, Introduction àla lecture de Hegel (Paris: Éditions Gallimard, 1947).

6장

1. Rex Glensy, "The Right to Dignity," Columbia Human Rights Law Review 43 (65) (2011): 65-142.

2. Samuel Moyn, "The Secret History of Constitutional Dignity," Yale Human Rights and Development Journal 17 (2) (2014): 39-73. 가톨릭에서는 인간의 존엄성이 수정되는 순간부터 생겨나며 침해될 수 없는 도덕적 지위를 갖는다고 주장했기 때문에 '존엄성'이라는 용어는 낙태를 둘러싼 논쟁에 빈번히 등장해왔다.

3. 렉스 글렌시는 '존엄성'이라는 표현이 《연방주의자 논문집》 중 제1편 (알렉산더 해밀턴 저)에 등장하지만 고위 관리들의 지위와 관련해서만 쓰였다는 점을 지적한다("Right to Dignity," 77).

4. Taylor, Ethics of Authenticity, 29.

5. David F. Strauss, The Life of Jesus, Critically Examined (London: Chapman Brothers, 1846).

6. Planned Parenthood of Southeastern Pennsylvania v. Casey, 505 U.S. 833.

7장

1. Johann Gottfried von Herder, Reflections on the Philosophy of the History of Mankind (Chicago: University of Chicago Press, 1968).

2. Ibid., 31.

3. 헤르더는 당대의 전제군주제를 열렬히 지지하지 않았으며, 전제군주제 가 북아메리카나 아프리카의 비(非)국가 사회보다 인간 행복에 더 이 롭다고는 생각하지 않았다. 다음을 참고하라. Johann Gottfried von Herder, J. G. Herder on Social and Political Culture (Cambridge: Cambridge University Press, 1969), 318-19.

4. Ernest Gellner, Nations and Nationalism (Ithaca, NY: Cornell University Press, 1983), 33, 35.

5. Fritz Stern, The Politics of Cultural Despair: A Study in the Rise of German Ideology (Berkeley: University of California Press, 1974), 19-20.

6. Ibid., 35-94 passim.

7. Olivier Roy, "France's Oedipal Islamist Complex," Foreign Policy, January 7, 2016; Olivier Roy, "Who Are the New Jihadis?," Guardian, April 13, 2017.

8. Richard Barrett, Foreign Fighters in Syria (New York: Soufan Group, 2014).

9. 다음을 참고하라. Omer Taspinar, "ISIS Recruitment and the Frustrated Achiever," Huffington Post, March 25, 2015.

10. Gilles Kepel, Terror in France: The Rise of Jihad in the West (Princeton, NJ: Princeton University Press, 2017); Robert F. Worth, "The Professor and the Jihadi," New York Times, April 5, 2017; Robert Zaretsky, "Radicalized Islam, or Islamicized Radicalism?," Chronicle of Higher Education 62 (37) (2016).

8장

1. Sheri Berman, "The Lost Left," Journal of Democracy 27 (4) (2016): 69-76. 또한 다음을 참고하라. "Rose Thou Art Sick," Economist, April 2, 2016.

2. Thomas Piketty, Capital in the Twenty-First Century (Cambridge, MA: Belknap Press, 2014), 20-25, 170-87.

3. 재산이 20억 달러 이상인 갑부의 수는 1987년에서 2013년 사이에 다섯 배 증가했다. 이들의 재산을 전부 합치면 아프리카 모든 국민의 재산을 합친 것보다 많다. Milanovic, Global Inequality, 41-45.

4. Ibid., 11.

5. Alichi, Kantenga, and Solé, "Income Polarization," 5.

6. Gellner, Nations and Nationalism, 124.

9장

1. Adam Smith, The Theory of Moral Sentiments (Indianapolis: Liberty Classics, 1982), 50-51.

2. Frank, Choosing the Right Pond, 26-30.

3. Ibid., 21-26. 또한 다음을 참고하라. Francis Fukuyama, Our Posthuman Future: Consequences of the Biotechnology Revolution (New York: Farrar, Straus and Giroux, 2001), 41-56.

4. Kahneman, Thinking, Fast and Slow, 283-85.

5. Federico Ferrara, "The Psychology of Thailand's Domestic Political Conflict: Democracy, Social Identity, and the 'Struggle for Recognition'" (manuscript presented at the international workshop "Coup, King, Crisis: Thailand's Political Troubles and the Royal Succession," Shorenstein Asia-Pacific Research Center, Stanford University, January 24-25, 2017).

6. 다음을 참고하라. William Julius Wilson, The Truly Disadvantaged: The Inner City, the Underclass, and Public Policy (Chicago: University of Chicago Press, 1988).

7. Charles Murray, Coming Apart: The State of White America, 1960-2010 (New York: Crown Forum, 2010); Robert D. Putnam, Our Kids: The American Dream in Crisis (New York: Simon and Schuster, 2015).

8. Anne Case and Angus Deaton, "Rising Morbidity and Mortality

in Midlife Among White Non-Hispanics in the Twenty-First Century," Proceedings of the National Academy of Sciences 112 (49) (December 8, 2015); "Mortality and Morbidity in the Twenty-First Century," Brookings Papers on Economic Activity, March 23-24, 2017.

9. U.S. Census Bureau, Current Population Survey online data tool.

10. Katherine J. Cramer, The Politics of Resentment: Rural Consciousness and the Rise of Scott Walker (Chicago: University of Chicago Press, 2016), 61.

11. Arlie Russell Hochschild, Strangers in Their Own Land: Anger and Mourning on the American Right (New York: New Press, 2016), 127.

12. Cramer, Politics of Resentment, 9.

13. Hochschild, Strangers in Their Own Land, 143.

10장

1. 인간 잠재력 운동에서 핵심 역할을 한 것은 에설런 연구소였다. 캘리포니아 특별위원회의 보고서는 에설런의 초대 소장들 중 한 명인 고(故) 버지니아 사티어(Virginia Satir)에게 헌정되었다.

2. Abraham Maslow, A Theory of Human Motivation (New York: Start Publishing, 2012).

3. Toward a State of Self-Esteem: The Final Report of the California Task Force to Promote Self-Esteem and Personal Social Responsibility (Sacramento: California State Department of Education,

January 1990), 18-19.

4. Ibid., 19, 24. 다음의 자료에서도 자존감의 보편적 필요성을 주장하고 있다. Robert W. Fuller, Dignity for All: How to Create a World Without Rankism (Oakland, CA: Berrett-Koehler Publishers, 2008).

5. Philip Rieff, The Triumph of the Therapeutic: Uses of Faith After Freud (Chicago: University of Chicago Press, 1966), 4, 13.

6. 전반적 개관을 위해서는 다음을 참고하라. Katie Wright, The Rise of the Therapeutic Society: Psychological Knowledge and the Contradictions of Cultural Change (Washington, DC: New Academia Publishing, 2010), 13-28.

7. Lionel Trilling, Sincerity and Authenticity (Cambridge, MA: Harvard University Press, 1972), 142.

8. Christopher Lasch, The Culture of Narcissism: American Life in an Age of Diminishing Expectations (New York: Norton, 1978), 10, 13.

9. Frank Furedi, Therapy Culture: Cultivating Vulnerability in an Uncertain Age (London: Routledge, 2004), 4-5, 10.

10. Robert H. Schuller, Self-Esteem: The New Reformation (Waco, TX: Waco Books, 1982). 슐러 목사의 책들은 일찍이 노먼 빈센트 필 (Norman Vincent Peale) 같은 저자들에 의해 그 전부터 형성돼온 미국의 자기계발서 전통에 포함된다. 예컨대 다음 책도 참고하라. Schuller's Success Is Never Ending, Failure Is Never Final: How to Achieve Lasting Success Even in the Most Difficult Times (New York: Bantam Books, 1990).

11. Bob DeWaay, Redefining Christianity: Understanding the Purpose Driven Movement (Springfield, MO: 21st Century Press, 2006).

12. Andrew J. Polsky, The Rise of the Therapeutic State (Princeton, NJ:

Princeton University Press, 1991), 158-64.

13. Ibid., 199-200.

14. 다음 자료에 실린 것을 재인용. Herbert Lindenberger, "On the Sacrality of Reading Lists: The Western Culture Debate at Stanford University," in The History in Literature: On Value, Genre, Institutions (New York: Columbia University Press, 1990), 151.

15. 대학이 심리 치료 임무를 수행하는 전반적인 트렌드는 다음 자료에 설명돼 있다. Frank Furedi, "The Therapeutic University," American Interest 13 (1) (2017): 55-62.

11장

1. Donald Horowitz, Ethnic Groups in Conflict (Berkeley: University of California Press, 1985), 141-43.

2. Ta-Nehisi Coates, Between the World and Me (New York: Spiegel and Grau, 2015), 7-10.

3. Simone de Beauvoir, The Second Sex (New York: Alfred A. Knopf, 1953).

4. Stuart Jeffries, "Are Women Human?" (interview with Catharine MacKinnon), Guardian, April 12, 2006.

5. 다음을 참고하라. Jacob Hoerger, "Lived Experience vs. Experience," Medium, October 24, 2016, https://medium.com/@jacobhoerger /lived-experience-vs-experience-2e467b6c2229.

6. 이 내용들은 모두 상기 언급한 회르거(Hoerger)의 글에 담겨 있다.

7. KimberléWilliams Crenshaw, "Mapping the Margins:

Intersectionality, Identity Politics, and Violence Against Women of Color," Stanford Law Review 43:1241-99, July 1991.

8. Mathieu Bock-Côté, Le multiculturalisme comme religion politique (Paris: Les Éditions du Cerf, 2016), 16-19.

9. Sasha Polakow-Suransky, Go Back to Where You Came From: The Backlash Against Immigration and the Fate of Western Democracy (New York: Nation Books, 2017), 23-24.

10. Theo Lochocki, "Germany's Left Is Committing Suicide by Identity Politics," Foreign Policy, January 23, 2018.

11. Maximillian Alvarez, "Cogito Zero Sum," Baffler, August 2, 2017, https://thebaffler.com/the-poverty-of-theory/cogito-zero-sum-alvarez.

12. 레베카 투벨(Rebecca Tuvel)이 〈히파티아: 페미니스트 철학 저널 (Hypatia: A Journal of Feminist Philosophy)〉에 "트랜스레이셜리즘 을 옹호하며(In Defense of Transracialism)"라는 글을 발표한 후 엄청 난 비판을 받은 일이 한 예다. 이 일과 관련된 글은 다음을 참고하라. Kelly Oliver, "If This is Feminism...," Philosophical Salon, May 8, 2017, http://thephilosophicalsalon.com/if-this-is-feminism-its-been-hijacked-by-the-thought-police/. 또한 다음도 참고하라. Kelly Oliver, "Education in an Age of Outrage," New York Times, October 16, 2017.

13. Mark Lilla, The Once and Future Liberal: After Identity Politics (New York: HarperCollins, 2017).

14. Thomas E. Mann and Norman J. Ornstein, It's Even Worse Than It Looks: How the American Constitutional System Collided with the New Politics of Extremism (New York: Basic Books, 2012).

15. 문화적 전유는 자신이 속하지 않은 다른 인종이나 민족, 또는 성별 집단의 문화를 이용하거나 그로부터 이익을 취하는 것을 말한다. 문화적 전유를 둘러싼 논쟁의 대표적인 예는, 화가 다나 슈츠(Dana Schutz)가 흑인 소년 에멧 틸(Emmett Till)의 훼손된 시체를 소재로 그린 작품을 전시하자 백인 여성 작가가 흑인들의 트라우마를 묘사했다는 이유로 해당 작품에 대한 철거 및 파괴 요구가 일어났던 일이다. 또 다른 사례에서는 캐나다작가협회(Canadian Writers' Union)에 몸담고 있던 한 편집자가 백인 작가들에게도 소수 인종이나 토착 원주민 출신의 캐릭터를 창조할 권리가 있다는 글을 쓰고 나서 거센 비판에 밀려 사임해야 했다. 두 경우 모두 비난의 대상이 된 당사자는 소수 집단 사람들의 경험과 고통에 공감하려고 노력한 진보 성향 개인이었다.

다나 슈츠를 비판한 하나 블랙(Hannah Black)의 글은 다음 웹페이지에서 읽을 수 있다. https://i-d.vice.com/en_uk/article/d3p84a/black-artists-urge-the-whitney-biennial-to-remove-painting-of-murdered-black-teenager-emmett-till. 또한 다음을 참고하라. Kenan Malik, "In Defense of Cultural Appropriation," New York Times, June 14, 2017; Lionel Shriver, "Lionel Shriver's Full Speech: 'I Hope the Concept of Cultural Appropriation Is a Passing Fad,'" Guardian, September 13, 2016.

16. Matthew Taylor, "'White Europe': 60,000 Nationalists March on Poland's Independence Day," Guardian, November 12, 2017; Anne Applebaum, "Why Neo-Fascists Are Making a Shocking Surge in Poland," Washington Post, November 13, 2017.

1. 다음을 참고하라. Michela Wrong, It's Our Turn to Eat: The Story of a Kenyan Whistle-Blower (New York: HarperPerennial, 2010). 또한 다음을 참고하라. Fukuyama, Political Order and Political Decay, 330-32.

2. Rogers M. Smith, Political Peoplehood: The Roles of Values, Interests, and Identities (Chicago: University of Chicago Press, 2015).

3. 제1차 세계대전 이전 시기 빈의 풍요로움과 그 붕괴의 비극에 대한 생생한 설명은 다음을 참고하라. Stefan Zweig, The World of Yesterday (Lincoln: University of Nebraska Press, 2013).

4. 트럼프 대통령이 푸틴에게 지지를 보낸 이후로 놀랄 만큼 많은 공화당 의원이 러시아에 우호적인 견해를 표현했으며 일부 의원들은 자신은 진보 성향 미국인들보다 푸틴을 더 신뢰할 것이라고 말했다. 앨라배마주 공화당 전국위원회 위원 폴 레이놀즈(Paul Reynolds)는 "만일 내 안녕을 푸틴에게 맡길 것인지 아니면 〈워싱턴포스트〉에게 맡길 것인지 선택해야 한다면 나의 선택은 무조건 푸틴이다"라고 말한 것으로 알려졌다. James Hohmann, "The Daily 202: As Roy Moore Declines to Step Aside, a Tale of Two Republican Parties Emerges," Washington Post, November 10, 2017; Zack Beauchamp, "Roy Moore Admires Vladimir Putin's Morality," Vox, December 8, 2017.

5. 급속한 발전이 일어난 동아시아 국가들에도 부정부패 문제가 있었지만 일반적으로 다른 나라들보다 그 정도가 약했다. 일본, 한국, 싱가포르, 중국 등에서는 엘리트층이 자국의 경제 발전에 집중함으로써 '발전 국가'를 실현할 수 있었다. 발전 국가가 르완다, 에티오피아 등 아프리

카 국가들이나 피노체트 독재 정권 하의 칠레에서도 추진된 것으로 여
겨지지만, 대체로 이 나라들은 엘리트층의 공공 지향성이 발전 동력으
로 작용하지 않은 예외 사례였다. 다음을 참고하라. Stephan Haggard,
Developmental States (New York: Cambridge University Press, 2018).

6. 다음을 참고하라. Francis Fukuyama, Trust: The Social Virtues and
   the Creation of Prosperity (New York: Free Press, 1995).

7. Ibid.; Robert D. Putnam, Bowling Alone: The Collapse and
   Revival of American Community (New York: Simon and Schuster,
   2000).

8. 이와 같은 주장은 다음 자료에 등장한다. Craig J. Calhoun, "Social
   Solidarity as a Problem for Cosmopolitan Democracy," in
   Identities, Affiliations, and Allegiances, ed. Seyla Benhabib, Ian
   Shapiro, and Danilo Petranovic (Cambridge: Cambridge University
   Press, 2007).

9. 국민 정체성이 현대 자유민주주의의 필요조건 중 하나라는 고전적 주
   장은 다음 자료에서 볼 수 있다. Dankwart A. Rustow, "Transitions
   to Democracy: Toward a Dynamic Model," Comparative Politics 2
   (1970): 337-63.

10. Zoltan L. Hajnal and Marisa Abrajano, White Backlash:
    Immigration, Race, and American Politics (Princeton, NJ: Princeton
    University Press, 2016).

11. Pierre Manent, "Democracy Without Nations?," Journal of
    Democracy 8 (1997): 92-102. 또한 다음을 참고하라. Fukuyama,
    Political Order and Political Decay, 185-97.

12. 세계인권선언의 기원에 대해서는 다음을 참고하라. Mary Ann
    Glendon, A World Made New: Eleanor Roosevelt and the

Universal Declaration of Human Rights (New York: Random House, 2001).

13. Martha C. Nussbaum, For Love of Country: Debating the Limits of Patriotism (Boston: Beacon Press, 1996); Craig J. Calhoun, "Imagining Solidarity: Cosmopolitanism, Constitutional Patriotism, and the Public Sphere," Public Culture 13 (1) (2002): 147-71; Samuel Scheffler, Boundaries and Allegiances: Problems of Justice and Responsibility in Liberal Thought (Oxford: Oxford University Press, 2000).

14. 다음을 참고하라. Stewart Patrick, Sovereignty Wars: Reconciling America with the World (Washington, DC: Brookings Institution Press, 2017); Stephen D. Krasner, Sovereignty: Organized Hypocrisy (Princeton, NJ: Princeton University Press, 1999).

13장

1. 이 내용은 다음 자료를 토대로 한다. Sunil Khilnani, The Idea of India (New York: Farrar, Straus and Giroux, 1998).

2. 이 사례는 다음에 소개돼 있다. Fukuyama, Political Order and Political Decay, 322-34.

3. 이 부분의 내용은 내가 했던 랫시스 강연 "유럽의 정체성이 받는 도전들(European Identity Challenges)"을 토대로 한다.

4. 이와 같은 견해는 위르겐 하버마스(Jürgen Habermas)가 개진했다. 특히 다음을 참고하라. Habermas, The Postnational Constellation: Political Essays (Cambridge, MA: MIT Press, 2001); "Citizenship and

National Identity: Some Reflections on the Future of Europe,"
Praxis International 12 (1) (1993): 1-19. 또한 다음을 참고하라.
Ghia Nodia, "The End of the Postnational Illusion," Journal of
Democracy 28 (2017): 5-19.

5. 유럽연합의 정체성 문제에 관해서는 다음을 참고하라. Kathleen
   R. McNamara, The Politics of Everyday Europe: Constructing
   Authority in the European Union (Oxford: Oxford University Press,
   2015).

6. T. Alexander Aleinikoff and Douglas B. Klusmeyer, eds.,
   From Migrants to Citizens: Membership in a Changing World
   (Washington, DC: Carnegie Endowment for International Peace, 2000),
   1-21; Gerhard Casper, "The Concept of National Citizenship
   in the Contemporary World: Identity or Volition?" (Hamburg,
   Germany: Bucerius Law School, 2008).

7. Aleinikoff and Klusmeyer, From Migrants to Citizens, 32-118.

8. Rogers Brubaker, Citizenship and Nationhood in France and
   Germany (Cambridge, MA: Harvard University Press, 1992).

9. Marc Morje Howard, The Politics of Citizenship in Europe (New
   York: Cambridge University Press, 2009), 119-34; Nergis Canefe,
   "Citizens v. Permanent Guests: Cultural Memory and Citizenship
   Laws in a Reunified Germany," Citizenship Studies 2 (3) (1998):
   519-44.

10. Chikako Kashiwazaki, "Citizenship in Japan: Legal Practice and
    Contemporary Development," in Aleinikoff and Klusmeyer, From
    Migrants to Citizens.

11. Sara W. Goodman, "Fortifying Citizenship: Policy Strategies for

Civic Integration in Western Europe," World Politics 64 (4) (2012): 659-98; Robert Leiken, Europe's Angry Muslims: The Revolt of the Second Generation, repr. ed. (Oxford: Oxford University Press, 2015). 최근 프랑스에서 일어난 테러 공격들에 비춰볼 때 로버트 레이켄(Robert Leiken)이 내린 여러 결론은 현재 시류에 약간 맞지 않아 보인다.

12. "Discussion Guide for the Naturalization Authorities—Status 01.09.2005," Country Commissioner for Data Protection Baden-Württemberg. September 1, 2005, https://www.baden-wuerttemberg.datenschutz.de/gesprachsleitfaden-fur-die-einburgerungsbehorden-stand-01-09-2005/. 또한 다음을 참고하라. Simon McMahon, Developments in the Theory and Practice of Citizenship (Newcastle upon Tyne, U.K.: Cambridge Scholars, 2012), 29ff.

13. 프랑스 무슬림들이 겪는 편견에 관한 경험적 근거는 다음을 참고하라. David Laitin, Claire L. Adida, and Marie-Anne Valfort, Why Muslim Integration Fails in Christian-Heritage Societies (Cambridge, MA: Harvard University Press, 2016).

14. 영국독립당의 역사는 다음을 참고하라. Robert Ford and Matthew Goodwin, Revolt on the Right: Explaining Support for the Radical Right in Britain (London: Routledge, 2014).

15. Alan G. R. Smith, The Emergence of a Nation-State: The Commonwealth of England, 1529-1660 (London: Longman, 1984), 89.

16. 2017년 8월 12일 트윗.

17. 다음 자료에 실린 것을 재인용. Smith, Political Peoplehood, 150,

152.

18. Ibid. 페인의 말은 다음 자료에 실린 것을 재인용. Gerhard Casper, "Forswearing Allegiance," in Jahrbuch des öffentlichen Rechts der Gegenwart, ed. Peter Häberle (Tübingen, Germany: Mohr Siebeck, 2013), 703.

19. 다음을 참고하라. Ramon Lopez, "Answering the Alt-Right," National Affairs 33 (2017): www.nationalaffairs.com/publications/detail/answering-the-alt-right.

20. William A. Galston, Anti-Pluralism: The Populist Threat to Liberal Democracy (New Haven, CT: Yale University Press, 2018), 39.

21. Samuel P. Huntington, Who Are We? The Challenges to America's National Identity (New York: Simon and Schuster, 2004), 59.

22. 다음을 참고하라. Carlos Lozada, "Samuel Huntington, a Prophet for the Trump Era," Washington Post, July 18, 2017.

23. OECD 통계에 따르면 미국인은 주당 평균 34.29시간 일하고, EU의 평균은 33.23시간, 한국의 평균은 39.79시간이다. 그러나 이 평균은 파트타임 근로자들을 포함한 결과다. 미국의 경우 파트타임 노동자가 상대적으로 더 많다. 미국의 풀타임 근로자의 주당 평균 노동 시간은 47시간이다. 다음을 참고하라. OECD (2018), Hours worked (indicator). DOI: 10.1787/47be1c78-en (accessed on February 14, 2018).

14장

1. 미국의 귀화 선서는 다음에서 볼 수 있다. https://www.uscis.gov/us-citizenship/naturalization-test/naturalization-oath-allegiance-

united-states-america. 귀화 선서의 자세한 역사는 다음을 참고하라. Casper, "Forswearing Allegiance," in Häberle, Jahrbuch. 또한 다음을 참고하라. T. Alexander Aleinikoff, "Between Principles and Politics: US Citizenship Policy," in Aleinikoff and Klusmeyer, From Migrants to Citizens.

2. 귀화 선서의 내용과 달리 미국은 이중 국적도 허용하게 되었다. 이는 의회의 심사숙고에 의한 결과가 아니라 정치적 편의에 따른 여러 사법적, 행정적 결정이 낳은 결과였다. 다음을 참고하라. Casper, "Concept of National Citizenship".

3. Bassam Tibi, "Why Can't They Be Democratic?," Journal of Democracy 19 (3) (2008): 43-48.

4. 이런 종류의 변화는 다른 다문화 사회에서 때때로 언어를 통해 이뤄졌다. 1707년 연합법(Acts of Union)을 통해 스코틀랜드가 그레이트브리튼 연합왕국으로 통합됐을 때 잉글랜드 사람들은 자신들을 '잉글랜드인'이 아니라 웨일스, 스코틀랜드, (당시에는) 아일랜드 사람을 모두 포괄하는 정체성인 '영국인'이라고 부르기 시작했다. 러시아어에서 '루스키(русский)'라는 형용사는 러시아의 민족성과 관련된 표현인 반면 '로시스키(российский)'는 예컨대 무슬림 체첸인이든 다게스탄 사람이든 상관없이 러시아 연방의 국민을 뜻할 때 사용한다.

5. "Muslim Identities and the School System in France and Britain: The Impact of the Political and Institutional Configurations on Islam-Related Education Policies," paper presented for the ECPR General Conference, Pisa, September 2007; Jenny Berglund, Publicly Funded Islamic Education in Europe and the United States (Washington, DC: Brookings Institution, 2015); Marie Parker-Johnson, "Equal Access to State Funding: The Case of Muslim

Schools in Britain," Race, Ethnicity and Education 5 (2010): 273-89.

6. 프랑스에도 예외는 있다. 프랑스 정부는 알자스 지방에 있는 종교적 성격의 학교들을 지원하는데, 이는 이 지역 소유권을 둘러싸고 독일과 갈등이 잦았던 복잡한 역사의 영향 때문이다.

7. 주민발의안 227(Proposition 227, 일명 이중언어 교육 금지법) 시행 이후 이민자 아이들의 영어 습득 성과가 향상됐다는 일부 증거에도 불구하고 이 법안은 2016년 폐지되고 이중언어 교육을 부활시키는 내용의 주민발의안 58(Proposition 58)이 통과됐다. 다음을 참고하라. Edward Sifuentes, "Proposition 227: 10 Years Later," San Diego Union-Tribune, November 8, 2008.

8. Daniel Jacobson, Rights Across Borders: Immigration and the Decline of Citizenship (Baltimore, MD: Johns Hopkins University Press, 1996), 8-11.

9. 외국인이 특정 국가의 국경을 넘는 순간부터는 상황이 좀 달라진다. 미국과 유럽, 그리고 여러 자유민주주의 국가의 국내법은 미등록 외국인을 포함해 비시민권자에게도 권리를 부여한다. 이는 어떤 수단을 통해서라도(합법이든 불법이든) 특정 국가의 국경을 넘으려는 강력한 동기를 이주자들에게 제공한다. 또한 국경 통제를 원하는 국가들에게는 물리적 장벽을 세우거나, 해상 차단을 시행하거나, 입국 시도자를 국내법이 적용되지 않는 국외 지역으로 보냄으로써 이주자들을 막으려는 동기를 제공한다. 다음을 참고하라. Casper, "Forswearing Allegiance," in Häberle, Jahrbuch; Moria Paz, "The Law of Walls," European Journal of International Law 28 (2) (2017): 601-24.

10. 이와 같은 포괄적 이민 개혁 법안은 다음 자료에서 제안되었다. Brookings-Duke Immigration Policy Roundtable, "Breaking

the Immigration Stalemate: From Deep Disagreements to Constructive Proposals," October 6, 2009.

11. 비토크라시는 미국 정치 시스템의 일부인 견제와 균형의 원리 때문에 잘 조직된 소수 집단이 다수의 지지를 받는 결정을 거부할 수 있게 되는 정치 현실을 말한다. 다음을 참고하라. Fukuyama, Political Order and Political Decay, chap. 34, pp. 488-505.

12. 다음을 참고하라. Juan Pablo Cardenal et al., Sharp Power: Rising Authoritarian Influence (Washington, DC: National Endowment for Democracy, December 2017).

13. Neal Stephenson, Snow Crash (New York: Bantam Books, 1992).

존중받지 못하는 자들을 위한 정치학

제1판 1쇄 발행 | 2020년 4월 20일
제1판 4쇄 발행 | 2024년 6월 3일

지은이 | 프랜시스 후쿠야마
옮긴이 | 이수경
펴낸이 | 김수언
펴낸곳 | 한국경제신문 한경BP
책임편집 | 김종오
교정교열 | 이근일
저작권 | 박정현
홍보 | 서은실 · 이여진 · 박도현
마케팅 | 김규형 · 정우연
디자인 | 장주원 · 권석중
본문디자인 | 디자인 현

주소 | 서울특별시 중구 청파로 463
기획출판팀 | 02-3604-590, 584
영업마케팅팀 | 02-3604-595, 583   FAX | 02-3604-599
H | http://bp.hankyung.com   E | bp@hankyung.com
F | www.facebook.com/hankyungbp
등록 | 제 2-315(1967. 5. 15)

ISBN 978-89-475-4581-5   03300